포인트 절기설교

박 종 순 목사 외 25인

한국문서선교회

머리말

한국문서선교회는 꾸준히 한국교회 문서선교를 위해 양서들을 펴냈습니다. 열악한 상황이지만 굴하지 않고 문서 활동을 펴 나온 점을 치하하는 바입니다.

그동안 한국교회를 사랑하는 목회자 필진의 참여로 해마다 '구역예배'를 위한 지침서를 펴냈고 그 가운데 절기에 적합한 설교들을 선별하여 「포인트 절기설교」를 편찬하게 되었습니다.

돌이켜보면 선배 목회자들은 목회자료 빈곤시대를 살면서 목회활동을 했습니다. 그러나 상황이 바뀌어 지금은 목회관련 신간들과 설교집들이 봇물처럼 쏟아져 나오고 있습니다. 깊고 풍성한 책들이 대형 서가를 채우고 있습니다.

그러나 문제는 꼭 필요한 책, 도움 되는 책, 가치 있는 책을 대하는 것은 결코 쉬운 일이 아닙니다. 바람이 있다면 「포인트 절기설교」가 목회자들에게 도움이 되었으면 하는 것이고, 절기설교의 좋은 길잡이가 되었으면 하는 것입니다. 교회는 성장하고 대형화 되고 있지만 목회현장은 척박해가고 있다는 우려가 깊어지고 있는 이 때 「포인트 절기설교」가 목회자들을 돕고 곁에 머무는 사랑받는 책이 되기를 바라는 바입니다.

하나님께 영광을 한국문서선교회에 감사를 드립니다.

저자를 대표하여 박 종 순 목사

차 례

신년감사주일

1. 새해 약속 (창 28:20~22) / **13**
2. 부르짖어 드린 기도 (출 15:24~27) / **15**
3. 새사람이 되자 (삼상 10:5~12) / **17**
4. 겁 없는 사람들 (시 27편) / **19**
5. 네 눈을 들어 사방을 바라보라 (사 60:1~7) / **22**
6. 배가 되게 하소서 (마 13:1~9) / **24**
7. 오직 기도 (막 9:17~29) / **26**
8. 새롭게 하시는 예수 (고후 5:17~21) / **28**
9. 새롭게 된 사람들 (엡 4:21~32) / **31**
10. 예수와 함께 새해를 (빌 2:1~11) / **34**
11. 시작을 아름답게 (막 1:1~8) / **37**
12. 출발을 바로 하자 (약 4:13~17) / **40**
13. 여호와 닛시 (출 17:8~16) / **43**
14. 그릇을 준비하라 (왕하 4:1~7) / **45**
15. 오늘부터 복을 주리라 (학 2:10~19) / **47**
16. 더욱더 큰 믿음 (요 20:24~29) / **49**
17. 새해의 새사람 (약 1:19~20) / **51**

종려주일

18. 십자가의 사랑 (마 27:27~57) / **55**

19. 십자가의 도(고전 1:18~31) / **57**
20. 은혜로 얻은 구원(엡 2:1~10) / **59**
21. 세 개의 십자가(마 16:24~28) / **62**
22. 십자가의 의미(고전 1:18~24) / **64**
23. 십자가의 열쇠(엡 2:16~18) / **66**
24. 고난의 목적(벧전 1:6~7) / **68**
25. 고난과 두려움(계 2:10) / **70**
26. 예수님의 눈물, 땀, 보혈(요 6:52~55) / **72**
27. 예수님의 고난(사 53:5~6) / **74**
28. 십자가의 고난(마 27:46) / **76**
29. 십자가 위에서 남기신 교훈(눅 23:34~38) / **78**
30. 고난을 영화롭게 하신 예수님(히 5:7~10) / **80**
31. 십자가 사건의 참된 의미(롬 5:8) / **82**
32. 한없는 고통의 십자가(마 27:45~50) / **84**
33. 십자가와 부활(골 2:12~15) / **86**

부활주일

34. 부활하신 예수님(마 28:1~10) / **91**
35. 부활의 영성을 회복하라(요 20:24~29) / **94**
36. 나의 부활(고전 15:20~28) / **96**
37. 부활과 복음 신앙(고전 15:50~58) / **99**
38. 부활의 소망을 붙잡으라(벧전 1:3~7) / **102**
39. 거듭난 자들의 새 과제(마 28:16~20) / **104**
40. 예수 부활은 역사적 사실(막 16:1~11) / **106**

41. 부활의 증인들 (막 16:1~11) / **108**
42. 다시 사신 예수를 기억하라 (딤후 2:8) / **110**
43. 부활을 통해 주신 은혜 (눅 20:27~36) / **112**
44. 부활의 정확한 지식 (눅 24:38~39) / **114**
45. 예수의 부활과 연합된 생활 (롬 6:3~5) / **116**
46. 하나님이 정하신 구원의 목표 (고전 15:12~13) / **118**
47. 부활의 종교 (고전 15:23~26) / **120**
48. 예수님이 부활하신 이유 (눅 24:1~12) / **122**
49. 예수 부활의 능력 (고전 15:12~20) / **124**
50. 예수 살아나셨다 (마 27:57-28:6) / **126**
51. 부활의 승리 (막 16:1~8) / **129**
52. 부활의 신앙 (요 20:1~10) / **132**
53. 부활의 증언 (행 10:34~43) / **135**

어린이주일

54. 아빠, 무얼 하시는 거예요 (딤전 3:1~7) / **139**
55. 네 자녀를 노엽게 말라 (엡 6:1~4) / **141**
56. 어떻게 가르칠까 (마 6:25~30) / **143**
57. 자녀를 바르게 양육하는 가정 (엡 6:4) / **145**
58. 어린이 신앙양육 (신 4:9~12) / **147**
59. 신앙의 어머니 (삼상 1:19~28) / **150**
60. 신앙의 아버지 (욥 1:1~12) / **153**
61. 마땅히 행할 길을 가르치라 (잠 22:1~6) / **156**
62. 자녀교육의 성공과 실패 (엡 6:1~4) / **159**

63. 부모를 본받는 자녀들 (창 26:7~11) / **161**
64. 자식을 위한 부모의 축복 (창 27:22~40) / **163**
65. 그리스도인의 자녀교육 (시 127:3~5) / **165**
66. 디모데가 교육받은 가정 (딤후 1:3~7) / **168**

어버이주일

67. 팔에 안을 자녀가 없는 이들 (삼상 1:1~11) / **173**
68. 룻을 통해 배우는 부모 공경 (룻 1:15~22) / **176**
69. 주 안에서 부모에게 순종하라 (엡 6:1~3) / **179**
70. 부모 공경 잘하는 가정 (출 20:12, 룻 1:16~17) / **181**
71. 주 안에서 순종하는 가정 (엡 6:1~3) / **183**
72. 주 안에서 부모를 공경하라 (엡 6:1~3) / **185**
73. 내가 아버지를 봉양하리이다 (창 45:1~11) / **187**
74. 제5계명 (출 20:3~12) / **190**
75. 네 부모를 공경하라 (엡 6:1~3) / **192**

성령강림주일

76. 성령충만한 사람 (행 1:6~11) / **197**
77. 성령충만하기를 (행 10:44~48) / **199**
78. 성령의 명령 (행 11:10~18) / **202**
79. 오순절 성령강림 (행 2:1~13) / **204**
80. 생수가 흐르는 강 (요 7:37~39) / **207**
81. 성령이 하시는 일 (행 1:1~8) / **210**
82. 성령세례 (행 1:4~5) / **213**

83. 성령과 연합된 생활 (행 8:26~40) / **215**
84. 은사의 활용 (고전 12:7~11) / **217**
85. 성령을 근심시키지 말자 (엡 4:22~32) / **219**
86. 성령의 사람 베드로 (행 4:5~12) / **221**
87. 성령에 사로잡힌 바울 (행 9:10~22) / **224**
88. 성령충만을 받으라 (엡 5:18~21) / **227**
89. 새 힘을 주시는 여호와 (사 40:27~31) / **229**

추수감사주일

90. 잊어버린 자, 감사하는 자 (시 50:22~23) / **233**
91. 믿음으로 하는 감사 (고전 4:7) / **236**
92. 감사의 노래 (창 1:1, 시 136:26) / **239**
93. 참된 감사의 비결 (합 3:17~19) / **241**
94. 여기에 감사가 있습니다 (눅 17:11~19) / **244**
95. 순종하는 감사 (살전 5:18) / **247**
96. 여호와께 감사하라 (시 107:1~9) / **250**
97. 감사로 건너가는 징검다리 (마 6:25~34) / **253**
98. 범사에 감사하라 (살전 5:18~22) / **256**
99. 부족함이 없습니다 (시 23편) / **258**
100. 마땅히 감사할 것은 (살후 2:13~15) / **261**
101. 감사의 실천 (신 26:1~11) / **263**
102. 미리 드리는 감사 (합 3:1~2, 16~19) / **265**
103. 하나님께 대한 감사 (시 100편) / **267**
104. 감사하는 생활 (시 121편) / **270**

105. 온전한 감사 (요 12:1~11) / **273**
106. 감사의 유익 (골 2:6~7) / **275**
107. 환난 중에도 감사합시다 (고후 1:8~11) / **277**

대강절

108. 자다가 깰 때 (롬 13:11~14) / **281**
109. 여호와의 길을 예비하라 (사 40:1~11) / **284**
110. 종말시대를 사는 지혜 (벧전 4:7~13) / **287**
111. 준비하는 지혜 (사 62:10~12) / **290**
112. 예수님은 다시 오신다 (계 1:7~8, 히 9:28) / **292**

성탄절

113. 크리스마스의 소동 (마 2:1~12) / **297**
114. 그의 충만한 데서 받으니 (요 1:1~18) / **300**
115. 흑암에 비췬 큰 빛 (마 4:12~17) / **303**
116. 위로를 기다리는 자 (눅 2:25~39) / **305**
117. 아름다운 선물 (마 2:1~12) / **307**
118. 베들레헴에서 나셨네 (마 2:1~12) / **310**
119. 큰 기쁨의 좋은 소식 (눅 2:8~11) / **313**
120. 별빛 따라 가는 길 (마 2:1~10) / **316**
121. 지상 최대의 선물 (요 3:12~17) / **319**
122. 동방박사들의 경배를 본받자 (마 2:1~12) / **322**
123. 죄인을 부르러 오신 예수님 (마 9:9~13) / **324**
124. 기회를 놓친 여관집 주인 (눅 2:1~14) / **326**

125. 베들레헴에서 나신 주님 (미 5:2~4) / **328**
126. 참 빛이 세상에 왔습니다 (요 1:1~13) / **330**
127. 복된 좋은 소식 (사 52:7~10) / **333**
128. 은혜 위에 은혜 (요 1:1~18) / **336**
129. 하나님께 영광, 땅에 평화! (눅 2:1~14) / **338**

송구영신예배

130. 이길 때까지 (마 12:9~21) / **343**
131. 두 번째 기회 (욘 3:1~5) / **346**
132. 인생궤도 수정과 복 (룻 1장) / **348**
133. 아름다운 마지막을 위하여 (딤후 4:7~18) / **351**
134. 주인이 돌아와 결산할새 (마 25:14~21) / **353**
135. 네 보던 일을 셈하라 (눅 16:1~8) / **356**
136. 영원을 사모하라 (벧전 1:13~25) / **359**
137. 만물의 마지막이 가까이 왔으니 (벧전 4:7~11) / **361**
138. 한 해의 반성 (사 51:1~3) / **364**
139. 새해를 향한 행진 (막 10:32-11:14) / **367**
140. 시간의 흐름 (벧후 3:8~10) / **369**
141. 여기까지 우리를 도우셨다 (삼상 7:1~14) / **372**
142. 날수를 계수하는 지혜 (시 90:1~12) / **375**
143. 지난 일 년을 돌아보며 (엡 2:10~13) / **378**
144. 금년에도 그대로 두소서 (눅 13:6~9) / **381**

신년 감사 주일

✽✽✽✽✽✽✽✽✽

박종순⁽순⁾　임택진⁽택⁾　정필도⁽도⁾

* 설교자의 표시는 (　)안의 약자로 표기했습니다.

1. 새해 약속 (창 28:20~22)

　창세기는 천지창조의 이야기와 족장들의 삶과 신앙을 기록한 족장들의 이야기입니다. 특히 아브라함, 이삭, 야곱, 요셉의 이야기가 많은 부분을 차지하고 있습니다. 그 가운데 야곱은 이삭의 둘째 아들로 태어나 고향에서 살다가 형인 에서와의 갈등 때문에 고향을 떠나게 되었습니다.
　본문은 야곱이 벧엘 들판에서 하룻밤을 보내며 겪은 이야기와 그가 하나님께 드린 약속에 관한 것입니다. 그는 기도를 통해 세 가지 소원을 말씀드리면서 세 가지를 서원했습니다. 그의 세 가지 소원은 첫째, "나와 함께 계셔서 내가 가는 이 길에서 나를 지키시고"라는 것입니다. 둘째, "먹을 떡과 입을 옷을 주시어"라는 것입니다. 셋째, "내가 평안히 아버지 집으로 돌아가게 하시오면"이라는 것입니다. 그는 현실적인 것들을 구했습니다. 그러나 야곱 신앙의 진면목은 그의 기도가 소원과 간구로만 끝난 것이 아니라는 것입니다. 지극히 일상적이고 평범한 것들을 구한 후에 하나님께 드린 약속이 있는데 그것들이야말로 신앙적이며 영적인 약속들이었다는 점입니다. 야곱의 약속은 세 가지로 구분됩니다.

1. "여호와께서 나의 하나님이 되실 것이요"(21절)

　"나의 하나님이 되실 것"이라는 첫 번째 약속은 중요한 고백입니다. 요한복음 20:28을 보면 부활하신 예수님을 만난 도마의 고백이 나옵니다. 그는 "나의 주님이시요 나의 하나님이시니이다"라고 고백했습니다. 도마의 고백처럼 고백은 주관적이어야 합니다.
　그리고 고백은 언제나 밖으로 표현되어야 합니다. 표현 못하는 신앙, 고백 못하는 믿음은 온전한 믿음이 아닙니다. "나의 하나님이 되실 것이요"라는 야곱의 약속은 한평생 하나님만 모시고 살겠다는 것입니다. 이교문화가 편만해 있었고, 도처에 우상숭배가 성행하고 있었던 상황에서 하나님만 섬기겠다는 약속은 신앙적 용기와 결단이 아니면 결코 쉬운 일이 아닙니다. 세속문화의 도전과 우상숭배 전통의 위협 속에서 사는 우리에게도 이러한 결단이 필요합니다. 하나님께 속할지 세상에 속할지를 결단해야 합니다.

2. "내가 기둥으로 세운 이 돌이 하나님의 집이 될 것이요"(22절)

두 번째 약속은 성전중심, 교회중심의 신앙생활을 하겠다는 것입니다. 그 당시는 교회가 없었을 때였고 성전도 없었을 때였습니다. 여기에서 말하는 하나님의 집은 하나님을 예배하는 처소라는 뜻입니다.

야곱은 수십 년의 세월이 흐른 뒤 벧엘을 찾아가 하나님께 드렸던 약속대로 그 곳에 돌기둥을 세우고 하나님께 제사를 드리게 된 것입니다. 위대한 신앙의 조상이 된 노아, 아브라함, 이삭, 야곱 모두 제단을 쌓고 하나님께 경배를 드린 공통점을 가지고 있습니다. 그들은 모두가 한마디로 예배중심, 교회중심의 신앙생활을 한 것입니다.

예배가 무엇입니까? 하나님을 만나는 것입니다. 하나님을 만나 교제하며 말씀 듣고, 말씀드리고 그 이름을 높이는 것이 예배입니다. 그런데 어떻게 예배를 소홀히 할 수가 있으며, 하나님을 만나기로 한 시간에 딴 데를 갈 수 있습니까? 누구라도 예배를 소홀히 해서는 안 됩니다. 금년 한 해 성전에 나와 예배하는 일에 최선을 다합시다.

3. "십분의 일을 내가 반드시 하나님께 드리겠나이다"(22절)

세 번째 약속은 하나님께 십일조를 드리겠다는 것입니다. 십일조를 드리겠다는 야곱의 약속은 곧 우리의 약속이 되어야 합니다. 말라기 3장에는 십일조를 안 드리는 것을 도둑질이라고 했습니다. 하나님께 내 신앙과 생활을 약속드립시다. 그리고 그대로 실천하는 한 해가 되십시다. (순)

2. 부르짖어 드린 기도(출 15:24~27)

오늘 말씀을 통해 기도를 방해하는 것들은 무엇이며, 기도 응답받는 비결과 그 응답의 내용은 어떤 것인가를 살펴보겠습니다.

1. 기도를 방해하는 것들

첫째, 고통입니다. 세상에는 두 종류의 사람이 있습니다. 고통 때문에 절망하고 낙심하며 기도를 포기하고 하나님을 떠나는 사람이 있는가 하면, 고통 때문에 더 기도하고 하나님께로 나아와 매달리는 사람이 있습니다. 승리는 자명합니다. 고통 때문에 하나님을 떠나면 고통과 실패의 종이 되고, 고통 때문에 하나님께로 더 다가서고 그 이름을 부르면 응답받고 승리하게 되는 것입니다.

둘째, 원망입니다. 24절을 보면 "백성이 모세에게 원망하여"라고 했습니다. '원망하다'는 말의 뜻은 '불평하다, 수군거리다'입니다. 원망하면 하나님과의 관계가 악화됩니다. 원망, 불평, 수군거림, 비아냥대는 것, 비난하는 것은 하나님과의 관계를 깨뜨리고 사람과의 관계도 깨뜨립니다. 또한 원망하면 기도가 안 됩니다. 원한, 앙심, 불평, 원망은 은혜를 가로막고, 말씀을 가로막고, 기도를 가로막습니다.

2. 응답받는 기도

첫째, 부르짖는 기도입니다. 25절을 보면 "모세가 여호와께 부르짖었더니"라고 했습니다. 부르짖었다는 것은 간절히 소리내어 기도했다는 것입니다. 성경 말씀 중 '소리내다, 소리 높이다, 소리를 발하다, 소리 지르다, 소리치다'라는 구절이 90회 정도, '부르짖다'는 구절은 250회 정도 나오는데 소리쳐 부르고 부르짖어 기도한 사람마다 다 응답을 받았습니다.

둘째, 순종입니다. 모세의 부르짖음을 들으신 하나님께서 "한 나무를 가리키시니 그가 물에 던지니 물이 달게 되었더라"(25절)고 했습니다. 이스라엘 백성들이 물을 발견했지만 그 물은 써서 마실 수가 없었습니다. 모세는 이 상황을 놓고 하나님께 부르짖어 기도했습니다. 그 때 하나님께서 한 나무를 지시하시며 그 나무를 꺾어 물에 던지라고 하셨고 모세는 그대로 순종했습니다.

순종이 무엇입니까? 하라는 대로 하는 것입니다. 명령대로 순복하는 것입니다. 그렇게 하려면 내 고집, 내 생각, 내 경험을 유보해야 합니다. 이유도 조건도 없이 '아멘' 하는 것이 순종입니다.

홍해를 건널 때도 믿고 순종하며 건넜습니다. 이스라엘 백성이 요단강을 건널 때도 그랬습니다. 하나님의 능력과 기적과 구원을 보며 믿고 따르고 순종하면 하나님께서 길을 여시고 터 주시는 것입니다.

3. 어떤 응답을 받았습니까

첫째, 쓴물이 단물로 변했습니다. 25절을 보면 "물이 달게 되었더라"고 했습니다. 하나님은 썩은 물과 썩은 인생을, 맑은 물과 다시 사는 생명으로 고치십니다. 모세는 기도로 쓴물을 단물로 고쳤습니다. 쓴 인생, 쓴 가정, 쓴 실패로 고민하는 사람들도 기도하면 고칠 수 있습니다.

둘째, 치료를 약속하셨습니다. 26절을 보면 우리를 치료하시는 분은 여호와라고 했습니다. 어떤 명약이나 신약도 완치시키거나 그 영혼을 고치지는 못합니다. 그러나 하나님께서는 완치시켜 주십니다. 기도하면 고침받고, 기도하면 치료해 주십니다.

셋째, 더 좋은 것을 준비해 주셨습니다. 27절을 보면 엘림이란 큰 나무를 준비하셨습니다. 하나님께서 백성을 위해 준비하신 쉼터였습니다. 물이 있고 그늘이 있는 곳 바로 오아시스였습니다. 부르짖어 기도합시다. 하나님께서 준비하신 물과 나무와 그늘이 응답으로 주어집니다. (순)

3. 새사람이 되자 (삼상 10:5~12)

새해가 밝았습니다. 많은 분들이 새해를 맞으면서 여러 가지 새로운 계획도 세우고 결심도 하신 줄 믿습니다. 그러나 무엇보다도 중요한 것은 우리가 새사람이 되는 것입니다. 우리가 새사람이 되지 않고서는 우리의 어떠한 결심과 계획도 좋은 결실을 맺을 수가 없습니다.

그러면 우리가 어떻게 새사람이 될 수 있겠습니까?

1. 하나님께서 새 마음을 주실 때 새사람이 됩니다

본문은 사울이 새사람이 되는 과정을 설명해 주고 있습니다. 특별히 사울이 새사람이 될 수 있었던 이유를 분명히 밝혀 주고 있습니다.

9절을 보면 "하나님이 새 마음을 주셨다"고 했습니다. 하나님께서 새 마음을 주신 것, 바로 이것이 사울이 새사람 될 수 있었던 가장 중요한 이유입니다. 사울뿐이겠습니까? 우리 역시 새사람이 되는 길은 똑같습니다. 우리는 스스로 새사람이 될 수 없습니다. 하나님께서 우리에게 새 마음을 주실 때 우리가 비로소 새사람이 될 수 있습니다.

2. 새 마음이란 예수 그리스도의 마음입니다

예수 그리스도의 마음이란 무엇입니까? 예수님은 자신이 하나님이셨지만 인간이 되시기까지 자신을 낮추셨으며 다른 사람들을 구원하고자 자신을 희생하셨습니다.

뿐만 아니라 종처럼 사람들을 기꺼이 섬기셨고, 가난한 이웃들과 늘 함께 살기를 즐겨하셨습니다. 이러한 겸손과 희생과 섬김과 긍휼이 예수님의 마음이요 곧 새 마음인 것입니다.

그리고 이러한 마음을 가진 사람이 바로 새사람인 것입니다. 그러면 새 마음이 되고 새사람이 되면 어떤 변화가 일어납니까?

3. 새사람은 이렇게 변화됩니다

첫째, 가치관이 달라집니다. 자기가 제일이고 세상이 제일 좋고 향락을 탐하는 삶이 가장 멋진 삶이라고 믿고 살던 사람의 가치관이 변하게 됩니다. 자기의 정체성을 발견하게 됩니다. 이웃을 생각하게 됩니다. 돈을 벌어도 깨끗하게 벌고 바르게 써야겠다고 생각하게 됩니다. 공부를 해도 고상한 목적을 정하고 노력하게 됩니다.

우리 모두가 예수 그리스도의 마음으로 새 마음을 갖고 새사람이 되면 우리의 가치관이 변하고 우리의 가치관이 변하면 우리 시대도 변하게 될 것입니다.

둘째, 구습을 버리게 됩니다. 사람들에게는 각기 자기 나름의 독특한 버릇이나 습관이 있습니다. 어떤 사람은 상대방과 얘기하는 도중에 코를 실룩거리는 사람이 있는가 하면 어떤 사람은 두 손을 싹싹 비벼대는 사람도 있습니다. 세 살 버릇 여든까지 간다는 말이 있듯이 한 번 형성된 버릇은 좀처럼 고쳐지기가 어려운 것입니다.

그러나 예수 그리스도의 마음으로 새 마음을 얻게 되면 이전에 가지고 있던 나쁜 구습들을 버릴 수 있게 됩니다.

셋째, 하나님 중심으로 살게 됩니다. 하나님 중심이라는 말의 뜻은 하나님의 뜻을 좇고 그 뜻대로 산다는 것입니다. 우리가 하나님을 거역하지 않고 하나님의 자녀 노릇을 제대로 하면서 살아가는 것입니다. 보다 구체적으로 말하면, 하나님의 능력을 신뢰하는 것입니다. 내가 맡은 일로 하나님을 기쁘시게 해드리는 것입니다. 그리고 하나님께 감사하며 사는 것입니다.

새해에 신선한 사람이 됩시다. 성령받고 새 마음을 지닙시다. 그리고 신선한 충격을 주고 신선한 바람을 일으키는 새사람이 됩시다. (순)

4. 겁 없는 사람들 (시 27편)

시편 27편은 다윗이 읊은 시 가운데 하나입니다. 다윗은 자신을 에워싼 숱한 걱정과 근심과 두려움과 겁주는 일들이 있었지만 '나는 겁내지 않는다. 두려워하지 않는다.'고 고백하며 찬송했습니다.

우리는 본 시편 속에서 무엇이 우리를 겁나게 하고 있으며 그것들을 어떻게 극복할 수 있는가를 찾아볼 수 있습니다.

1. 사람을 겁나게 하는 것들

"악인들이 내 살을 먹으려고…… 군대가 나를 대적하여 진 칠지라도"(2~3절). 걱정과 두려움은 시인 다윗이든 현대를 살아가는 우리들이든 누구에게나 있는 것들입니다. 하지만 중요한 것은 그런 걱정이나 두려움은 인생을 살아가고 신앙생활을 하는데 아무런 도움이 되지 못한다는 것입니다.

다윗은 전쟁에 패배한 고통과 원수들에게 쫓기는 삶의 비참함을 경험했던 사람입니다. 하지만 다윗은 그것들을 두려워하지 않는다고 고백하고 있습니다.

2. 겁나지 않는 이유들

첫째, 하나님 때문입니다. "여호와는 나의 빛이요 나의 구원이시니 내가 누구를 두려워하리요 여호와는 내 생명의 능력이시니 내가 누구를 무서워하리요"(1절). 시인 다윗이 그 어떤 것도 두려워하지 않는 이유는 하나님이 나와 함께하신다는 믿음 때문이었습니다. 다윗은 소년 시절 골리앗과 싸워 여호와의 이름으로 승리한 경험을 가지고 있었습니다. 그는 그러한 경험을 생각하며 하나님의 이름과 그 능력을 믿고 의지하는 사람들은 넉넉히 이기고 남게 된다고 이야기하고 있습니다.

둘째, 환난 날에 지켜 주시기 때문입니다. "여호와께서 환난 날에 나를 그의 초막 속에 비밀히 지키시고 그의 장막 은밀한 곳에 나를 숨기시며"(5절). 시편 곳곳에 환난 날에 지켜 주신다는 말씀이 기록되어 있습니다. 그리고 다윗은 하나님을 피난처와 피할 바위로 고백하고 있습니다. 힘들 때, 답답할 때, 속상하고 괴로울 때 피난처 되시고 위로가 되시는 하나님께로 나아와 하나님을 만납시다.

셋째, 버리지 않기 때문입니다. "내 부모는 나를 버렸으나 여호와는 나를 영접하시리이다"(10절). 하나님의 사랑과 부모의 사랑이 희생적이고 일방적인 점에서는 공통점이 있습니다. 그러나 부모의 사랑은 한계가 있고 제한이 있지만 하나님은 영원히 나를 버리시지 않습니다. 하나님이 나와 함께하시는 한 그 어떤 것도 나를 넘어뜨리거나 패망시킬 수 없다는 것입니다.

넷째, 선하심을 믿기 때문입니다. "내가 산 자들의 땅에서 여호와의 선하심을 보게 될 줄 확실히 믿었도다"(13절). 이 구절의 뜻은 '내가 만일 하나님의 선하심을 믿지 않았다면 이 땅에 살아있지 못했을 것이다'라는 것입니다. 존 뉴턴은 자신이 지은 '나 같은 죄인 살리신'이란 찬송 속에서 나 같은 죄인을 살려 주신 것과 큰 죄악에서 건져 주신 것, 지금껏 내가 살게 된 것, 모두가 주의 은혜라고 고백하고 있습니다. 우리는 그 은혜에 날마다 감사하고 감격하며 살아가야 합니다.

3. 겁 없는 사람의 삶

겁 없는 사람의 삶을 시인 다윗은 세 가지로 설명하고 있습니다.

첫째, 태연합니다. 3절을 보면 "군대가 나를 대적하여 진 칠지라도 …… 나는 여전히 태연하리로다"라고 했습니다. 하나님께 다 맡겼기 때문에 걱정도 없고, 두려움도 없고, 겁도 없습니다. 그러니 평안할 수밖에 없는 것입니다.

둘째, 찬송합니다. 6절을 보면 "그의 장막에서 즐거운 제사를 드리겠고 노래하며 여호와를 찬송하리로다"라고 했습니다. 하나님께 모든 것을 맡긴 겁 없는 사람들은 찬송할 수 있습니다. 찬송은 하나님을 높이는 것입니다.

셋째, 주의 얼굴을 찾습니다. 8절을 보면 "내가 주의 얼굴을 찾으리이다"라고 했습니다. 그 뜻은 주님을 바라보고 산다는 것입니다. 겁 없는 세상, 편안하고 행복한 인생, 안전하고 평온한 삶을 누리기 원한다면, 그리고 성공적이고 진취적인 신앙생활을 하기 원한다면 하나님을 바라보아야 합니다. 하나님의 얼굴을 찾아야 합니다. 그리하여 겁 없는 그리스도인들이 되시기를 축원합니다. (순)

5. 네 눈을 들어 사방을 바라보라 (사 60:1~7)

본문은 세 가지를 명령하고 있습니다.

1. '일어나라'는 명령입니다

지금까지 이스라엘 백성들은 전쟁에 졌기 때문에, 바벨론에서 포로생활을 한다는 이유 때문에 그리고 예루살렘 성과 성전을 빼앗겼을 뿐만 아니라 그것이 무너졌다는 이유 때문에 얼굴을 들지 못한 채 살아가고 있었습니다. 그러나 본문은 이제 곧 하나님의 은혜로 회복될 것이며 잃어버린 것들을 다시 찾게 될 터이니 일어나라고 명령하십니다.

'일어나라'는 명령 속에는 두 가지 뜻이 있습니다.

첫째는, 당당히 일어나라는 것입니다. 그동안 이스라엘 민족은 강대국 틈새에 끼어 430년 동안 애굽의 눈치만 보며 살았습니다. 그러나 본문의 교훈은 "이제 그런 시대는 지났다. 일어나라, 일어나서 당당하게 살아라."는 것입니다. 이는 하나님께서 그들을 도우시고 함께하시기 때문입니다.

둘째는, 지금 일어나라는 뜻입니다. "보라 지금은 은혜받을 만한 때요 보라 지금은 구원의 날이로다"라고 했습니다. 은혜도 지금 받아야 하고 구원도 지금 받아야 한다는 것입니다. 지금 당장 무엇이든 결단하고 행동하는 사람이 큰일을 할 수 있는 것입니다. 지금 당장 당당하게 일어나 주를 위해 일합시다. 절망, 포기, 패배, 좌절을 떨쳐 버리고 일어섭시다.

2. '빛을 발하라'는 명령입니다

빛이 무엇인가를 요한복음 1장이 설명해 줍니다. 요한복음 1:9을 보면 예수님을 "참 빛 곧 세상에 와서 각 사람에게 비추는 빛이 있었나니"

라고 했습니다. 그리고 요한복음 9:5에서는 "내가 세상에 있는 동안에는 세상의 빛이로라"고 하셨습니다. 이사야는 우리가 일어나 할 일은 빛을 발하는 것이라고 했습니다. 나는 홀로 빛을 발할 수가 없습니다. 나는 빛이 아니기 때문입니다. 빛을 발하라는 것은 빛 되신 예수를 전하고 그 빛을 전하라는 것입니다.

하루하루 가정에서, 일터에서 그리스도인으로서 빛을 발하며 사는 것이 빛을 밝히는 것입니다. 우리 한사람 한사람이 빛이 된다면 이 어두운 세상은 밝은 세상이 될 것입니다. 일어나 빛을 발합시다.

3. '네 눈을 들어 사방을 보라'는 명령입니다

본문 4절을 보면 "네 눈을 들어 사방을 보라"고 했습니다. 그 이유를 '무리가 네게로 오기 때문이며 네 아들 딸들이 먼 곳에서 오기 때문이라'고 했습니다. 5절에서는 "바다의 부가 네게로 돌아오며 이방 나라들의 재물이 네게로 옴이라"고 했습니다. 6절에서는 미디안 사람들은 낙타를, 스바 사람들이 금과 유향을 가지고 올 것이기 때문이라고 했습니다.

그 뜻은 간단합니다. 하나님의 은혜로 예루살렘이 회복될 뿐 아니라 동서남북에서 떠났던 사람들과 헤어졌던 사람들이 돌아온다는 것입니다. 그리고 바다의 부와 이방 나라들의 재물이 들어온다는 것입니다.

우리가 여기서 주목할 것은 신앙이 회복되고 영혼이 회복되면 다시 말해 영적으로 회복되면, 은혜와 복이 동서남북에서 모여들어 온다는 것입니다. 내 신앙이 회복되고 내 영혼이 복을 받으면 떠났던 사람이 돌아오고 잃었던 재산이 회복되고 예기치 않았던 복이 찾아온다는 것입니다.

새해가 되었습니다. 우리는 먼저 우리의 영성을 회복해야 합니다. 그래야 동서남북에서 몰려오는 복과 은혜를 받을 수 있습니다.

금년 한 해 눈을 들어 사방을 바라보며 살아갑시다.

나를 도우시고 복 주시는 하나님께 감사와 영광을 돌립시다. 그리고 동서남북에서 밀려오는 복과 은총을 바라보며 기뻐합시다. (순)

6. 배가 되게 하소서 (마 13:1~9)

우리는 본문 속에서 다음과 같은 교훈을 찾을 수 있습니다.

1. 각각 토질이 다른 땅이 한곳에 모여 있었습니다

본문이 말하는 길가, 돌밭, 가시떨기, 그리고 좋은 땅은 각각 멀리 떨어져 있는 것이 아니라 한곳에 인접해 있거나 같은 공간에 자리잡고 있었습니다. 이것은 교회의 다양성과 집합성을 의미합니다. 많이 모이든 적게 모이든 교인의 성분은 다양합니다. 교회에 나오고 예수 믿게 된 동기도 각각 다릅니다.

첫째, 길가와 같은 사람이 있습니다.

길가란 사람의 통행이 잦고 노출된 장소입니다. 그래서 시끄럽고 산만합니다. 종자는 땅에 떨어진 후 흙 속에 묻히고 덮여야 하는데 길가는 그것이 어렵습니다. 거기에 떨어진 씨는 그대로 노출되어 있기 때문에 새들이 먹어버리고 맙니다.

교회생활은 차분하고, 정착해야 합니다. 교회 선택을 위해 이곳저곳을 다녀볼 수는 있습니다. 그러나 주기적으로 일생동안 교회를 옮긴다면 그것은 습관성이기 때문에 결코 좋은 태도가 아닙니다. 그래서 길가 신앙이나 길가 교회생활은 좋지 않습니다.

둘째, 돌밭과 같은 사람이 있습니다.

흙이 없는 곳, 그래서 강퍅한 곳을 말합니다. 돌밭에도 씨는 떨어지고 싹이 나지만 곧 마르고 시들어 버립니다. 흙이 얇기 때문입니다.

우리는 두 가지를 조심해야 합니다. 하나는 스스로 우리네 마음을 돌밭으로 만들면 안 된다는 것입니다. 다른 하나는 환난이나 핍박 때문에 쉽게 포기하고 넘어져서는 안 된다는 것입니다. 믿음의 두께가 두꺼운가 얇은가 하는 것은 환난이나 핍박을 당했을 때 그리고 고통과 절망적 사건 앞에 섰을 때 드러나는 것입니다.

셋째, 가시떨기와 같은 사람이 있습니다.

가시는 남을 찌르고 기운을 막는 것입니다. 가시와 같은 사람은 말과 행동으로 남을 괴롭힙니다. 이러한 가시는 한번 찔리면 깊이 파고드는 습성을 가지고 있습니다. 고의가 됐건 실수가 됐건 가시로 남을 찌르는 것은 부도덕한 일입니다. 그뿐만 아니라 가시는 가로막습니다. 나쁜 것을 가로막는 긍정적 역할이 아니라 좋은 것을 가로막습니다. 은혜를 가로막고 말씀을 가로막습니다. 남의 성공과 행복을 가로막고 아프게 합니다. 길을 터주는 사람, 남을 도와주는 사람이 됩시다.

2. 땅이 좋아야 결실이 가능합니다

좋은 땅에 떨어진 씨는 100배, 60배, 30배로 결실했습니다. 우리는 여기서 두 가지를 기억해야 합니다.

첫째, 좋은 땅도 여러 형태가 있다는 것입니다.

같은 좋은 땅인데 결실은 다릅니다. 어떤 땅은 100배, 어떤 땅은 60배, 어떤 땅은 30배가 되었습니다. 이 비유의 중심 교훈은 종자의 문제가 아닌 땅에 관한 문제입니다. 땅이 좋아야 100배의 결실이 가능하다는 것입니다. 누구라도 땅만 좋으면 최소한 30배는 거둘 수 있는 것입니다.

둘째, 좋은 땅을 만들어야 한다는 것입니다.

어떻게 토질을 바꿀 수 있습니까? 호세아 10:12의 말씀처럼 묵은 땅을 갈아엎어야 토질이 바뀝니다. 그래야 온갖 잡초가 죽게 됩니다. 여기서 호세아가 말한 "묵은 땅을 기경하라"는 것은 자기 마음밭을 고치라는 것입니다. 100배가 되는 길이 있습니다. 그것은 못된 토양을 고치면 됩니다. 다시 말해 내 마음, 내 정신, 내 영혼의 밭을 고치면 되는 것입니다. 금년 한 해 배가를 위해 묵은 땅을 기경합시다. (순)

7. 오직 기도 (막 9:17~29)

기도 없는 사람은 그리스도인이 아닙니다. 기도 없는 기독교는 이미 기독교가 아닙니다. 우리는 본문을 통해 왜 기도인가를 찾고 기도의 자세를 가다듬어야 합니다.

어느 날 귀신들린 아들을 고쳐 달라며 예수님을 찾아온 어떤 아버지가 있었습니다. 그 아이의 아버지는 귀신들린 아들을 고쳐 달라고 제자들에게 부탁했습니다. 그러나 고치지 못했습니다. 왜 입니까? 제자들은 특별히 세 제자만 사랑하며 편애한다고 불평과 원망을 하고 있었기 때문입니다. 그래서 기도가 막히고, 은혜가 막히고 응답이 막혔습니다.

산에서 내려오신 주님께서 귀신을 내쫓지 못하고 쩔쩔매는 제자들에게 "믿음이 없고 패역한 세대"라고 책망하셨고(마 17:17, 막 9:19), "왜 우리는 귀신을 쫓아내지 못하였습니까?"라고 묻는 제자들에게 주님은 '믿음이 적고(마 17:20), 기도하지 않았기 때문(29절)이라고 하셨습니다.

본문을 보면 귀신이 하는 일이 설명되어 있습니다. 시간과 공간을 가리지 않습니다. 어디서든지 귀신은 활동합니다. 대상을 가리지 않고 어떤 짓이든 닥치는 대로 합니다. 또 아무나 붙잡습니다. 18절을 보면 "그를 잡으면"이라고 했습니다. 귀신에게 붙잡히면 멀쩡하던 사람 주저앉고, 흥하던 사람 망하고, 파괴되고 분열됩니다. 그러나 쓰러지고 넘어지고 거꾸러졌던 사람도 예수께서 붙잡으면 다시 일어나게 됩니다.

망한 사람 흥하게 해 주고, 병든 사람 낫게 해 주고, 걷지 못한 사람 뛰어다니게 해 줍니다. 누구에게 붙잡히느냐, 누구의 종이 되느냐가 중요합니다. 우리는 본문에서 문제해결의 과정을 발견할 수 있습니다.

1. 주님이 사건 현장에 오셨습니다

산에 올라가셨던 주님께서 제자들과 귀신들린 아이와 그 아버지가 뒤엉켜 고민하고 있는 현장으로 돌아오셨습니다. 이 장면을 주목해야 합니다. 잠시라도 주님이 떠나면 사건이 터지고 문제가 생깁니다. 주님이 나와 함께 내 가정에, 사건 속에 함께 계셔야 합니다. 주님을 떠나면 인생도 헛되고 맙니다.

2. 기도했습니다

본문 21~24절을 보면 예수님과 귀신들린 아이 아버지의 대화가 기록되어 있을 뿐 기도했다는 말은 없습니다. 그러나 대화 속에 그 아버지의 기도가 들어 있음을 발견하게 됩니다. 대화 그 자체가 기도입니다. 대화란 내가 하고픈 말을 하고 상대편의 말을 듣는 것입니다. 우리의 대화 상대는 누구입니까? 누가 내 말에 진지하게 싫증 내지 않고 귀를 기울여 줄 수 있습니까? 그 분은 바로 나의 주님이신 예수 그리스도입니다. 그 아이의 아버지는 "내가 믿나이다 나의 믿음 없는 것을 도와주소서"(24절)라고 소리 지르며 자신의 신앙을 고백했습니다. 그 아버지의 행위는 바로 위대한 기도였습니다. 기도는 문제를 해결하는 열쇠입니다.

3. 주님이 해결하십니다

본문 23절을 보면 "할 수 있거든이 무슨 말이냐 믿는 자에게는 능히 하지 못할 일이 없느니라"고 하셨고, 25절을 보면 "더러운 귀신을 꾸짖어 이르시되 말 못하고 못 듣는 귀신아 내가 네게 명하노니 그 아이에게서 나오고 다시 들어가지 말라"고 하셨습니다. 그 말씀이 떨어지자마자 귀신이 소리 지르며 아이로 심히 경련을 일으키게 하고 나갔습니다.

오늘 본문의 결론은 "기도 외에 다른 것으로는 이런 종류가 나갈 수 없느니라"(29절)입니다. 오직 기도, 기도 외에는 길도 방법도 없습니다. 기도가 최선이고 제일입니다. (순)

8. 새롭게 하시는 예수 (고후 5:17~21)

성경은 거듭난다는 것과 새롭게 된다는 것을 같은 뜻으로 설명하고 있습니다. 일찍이 솔로몬은 전도서에서 "해 아래 새것이 없다"고 했습니다만 바울은 "누구든지 그리스도 안에 있으면 새로운 피조물이라 이전 것은 지나갔으니 보라 새것이 되었도다"라고 했습니다.

우리가 솔로몬과 바울의 증언 속에서 찾을 수 있는 교훈이 있습니다. 그것은 해 아래 있는 것들이 역사든 문화든 교육이든 예술이든 새것이 없다는 것이고 새롭게 할 수도 없다는 것입니다. 혁명도 역사를 새롭게 하지 못합니다. 교육도 인간을 새롭게 하지 못합니다. 그렇지만 예수 그리스도는 모든 것을 새롭게 하십니다.

1. 예수님 때문에 건강해진 사람들이 있습니다

앞을 보지 못하던 사람이 예수님 때문에 앞을 보게 되었고, 걷지 못하던 사람이 걷게 되었으며, 38년 된 중풍병자가 고침을 받았고, 12년 된 혈루증 여인도 고침을 받았으며, 앉은뱅이는 일어섰고, 손이 오그라든 자는 펴졌고, 죽은 자는 살아났습니다. 병원에서도 병자를 고칩니다. 현대 의학도 환자를 치료합니다. 그러나 그것들은 영원한 활력을 주지 못할 뿐만 아니라 현대 의학이나 의약은 전능자가 아닙니다. 예수님 때문에 건강해진 이야기는 지나간 옛날이야기가 아닙니다. 어제 있었던 이야기이고 오늘 있는 이야기이고 내일도 있을 이야기입니다.

2. 예수님 때문에 가치관이 새로워진 사람들이 있습니다

가치관이 추하면 사는 것도 추하고 가치관이 멋있으면 사는 것도 멋 있습니다. 성경을 보면 예수님 때문에 가치관이 달라지고 삶이 변화된 사람들이 있습니다. 돈은 많지만 존경과 사랑을 받지 못하는 삭개오가 있었습니다. 돈은 많지만 도둑놈이니, 죽일 놈이니 하는 손가락질을 받는 다면 그것은 금수의 삶에 지나지 않습니다.

어느 날 삭개오가 예수님을 만나게 되었습니다. 그리고 예수님을 자기 집에 초청하여 극진한 대접을 했습니다. 예수님을 만난 순간부터 삭개오의 인생은 달라지기 시작했습니다.

첫째, 대접받으려는 삶이 대접하려는 삶으로 바뀌었습니다. 둘째, 축재의 허리띠가 풀리기 시작했습니다. 그는 예수님에게 부정 축재한 돈은 네 배로 갚아주고 재산의 2분의 1은 팔아서 가난한 사람들에게 나누어 주겠다고 약속했습니다. 삭개오는 예수님을 만나고 후한 사람이 되었습니다. 축재자가 베푸는 자가 되었습니다. 왜냐하면 가치관과 신앙에 대변혁이 일어났기 때문입니다.

3. 예수님 때문에 의인이 된 사람들이 있습니다

인도네시아에서 들은 이야기입니다. 곰이 나무에 올라갔다가 떨어질 때가 있다고 합니다. 떨어지는 순간의 충격과 아픔 때문에 바로 일어서지 못하고 뒤척거리고 있을 때, 그물로 덮어씌워 곰을 잡는다는 것입니다. 곰의 가치는 웅담에 있기 때문에 바로 잡아서 쓸개를 꺼내보면 쓸개즙이 비어 있다고 합니다.

그 이유는 곰이 자가 치료를 위해 웅담을 치료제로 사용해 버렸기 때문이라는 것입니다. 웅담의 경우는 자가 치료로 자동전용이 될지 모르지만, 죄는 자동적으로 치료되거나 용서되지 않습니다. 반드시 고치고 용서하시는 의사를 만나야 합니다.

그분이 곧 예수 그리스도이십니다. 그 분을 만나야 의로워지기 때문입니다. 본문 17절은 "누구든지 그리스도 안에 있으면 새로운 피조물이라 이전 것은 지나갔으니 보라 새것이 되었도다"라고 했습니다. 우리는 이

한 구절 속에서 다음과 같은 진리를 얻게 됩니다.

첫째, 은혜의 무제한성입니다. 누구나 새롭게 될 수 있다는 것은 속죄와 은혜의 무제한성을 의미합니다. 누구나 새롭게 해 주십니다. 둘째, 방법의 유일성입니다. "누구든지 그리스도 안에 있으면" 이것은 새롭게 되는 방법이 한 가지뿐이라는 것입니다. 셋째, 미래지향성입니다. 본문은 "이전 것은 지나갔다"고 말씀하고 있습니다. 기독교는 과거에 대한 향수에 젖어 있는 것을 금합니다.

이유는 더 좋은 미래가 있기 때문입니다. 예수 그리스도는 우리를 날마다, 영원히 새롭게 하십니다. (순)

9. 새롭게 된 사람들 (엡 4:21~32)

본문은 우리가 어떻게 새롭게 될 수 있으며 새롭게 된 이후에 어떻게 살 것인가를 교훈해 주고 있습니다. 새사람이 되는 것도 중요하지만 새 사람이 된 이후 어떻게 사느냐는 더 중요합니다.

1. 어떻게 새사람이 될 수 있습니까

본문 22~24절을 보면 "너희는 유혹의 욕심을 따라 썩어져 가는 구습을 따르는 옛사람을 벗어 버리고 오직 너희의 심령이 새롭게 되어 하나님을 따라 의와 진리의 거룩함으로 지으심을 받은 새사람을 입으라"고 했습니다.

우리는 이 구절 속에서 다음 몇 가지 교훈을 발견할 수 있습니다.

첫째, 유혹과 욕심을 따라가면 썩게 된다는 것입니다. 유혹은 밖에서 오는 것이고 욕심은 안에서 일어나는 것입니다. 유혹에 빠지고 욕심에 빠지면 개인도 썩고 국가도 썩게 됩니다. 그러나 유혹을 이기고 욕심을 물리치면 개인도 살고 나라도 평안하게 되는 것입니다.

둘째, 옛사람을 벗어 버려야 한다는 것은 나쁜 습관, 악한 행실, 계속 지니고 있어선 안 될 지난날의 버릇을 완전히 옷을 벗는 것처럼 벗어 버리는 것을 의미합니다. 그런데 우리는 벗어서 버리지 않고 보관해 두는 것들이 많습니다. 보물단지처럼 소중하게 보관했다가 기회만 되면 꺼내 입는 경우가 많습니다. 그것은 마치 목적지로 가지 못하고 출발점으로 되돌아오는 기차와도 같은 것입니다. 옛사람을 벗읍시다. 그리고 버립시다.

셋째, 새사람을 입어야 한다는 것입니다. 인간의 신체를 적당히 노출하는 것은 아름답고 신비로운 일입니다. 그러나 늘 벗기만 한다면 그것은 자신의 수치를 드러내는 것입니다. 하나님의 섭리는 옛것은 벗고 새것을 입게 하시는 것입니다. 창세기 3:21을 보면 "여호와 하나님이 아담과 그의 아내를 위하여 가죽옷을 지어 입히시니라"고 했습니다. 나뭇잎으로 만든 옷은 벗어 버리게 하시고 새로 만든 가죽옷을 입혀 주셨다는 것입니다.

새 옷을 입읍시다. 이름은 그리스도인으로 바꾸고, 옷은 깨끗하고 단정한 옷으로 바꿉시다. 물론 이것은 겉치레나 겉치장을 뜻하는 것은 아닙니다. 그렇다고 속치장만 강조하고 겉치장은 아무렇게나 하자는 것도 아닙니다. 교회를 나올 때는 다른 데 갈 때보다 더 단정한 차림이어야 합니다. 새 마음, 새 결심, 새 믿음, 새 옷으로 갈아입읍시다.

2. 새사람은 어떻게 살아야 합니까

새사람이 되고 난 이후 어떻게 사느냐 하는 것은 곧 그리스도인의 삶의 내용과 태도를 말하는 것입니다.

첫째, 이웃과 좋은 관계를 맺고 살아야 합니다.

본문 25~26절을 보면 "그런즉 거짓을 버리고 각각 그 이웃과 더불어 참된 것을 말하라 이는 우리가 서로 지체가 됨이라 분을 내어도 죄를 짓지 말며 해가 지도록 분을 품지 말고"라고 했습니다. 이 구절을 요약하면 거짓말하지 말고 분을 내지 말라는 것입니다. 몇 번의 거짓말은 가능합니다. 그러나 계속 거짓말로 남을 속이는 것은 안 됩니다. 그리고 제아무리 의로운 분노라고 하더라도 자주 내다보면 습관성이 될 뿐만 아니라 약효가 떨어지게 됩니다. 내가 이웃과 아름다운 관계를 지속하려면 먼저 양보하고 베푸는 삶을 살아야 합니다. 교회든 가정이든 개인이든 이웃과 좋은 관계를 맺고 살아야 합니다. 그것이 거듭난 그리스도인이며 교회의 자세인 것입니다.

둘째, 선한 일을 해야 합니다.

본문 28절을 보면 "도둑질하는 자는 다시 도둑질하지 말고 돌이켜 가난한 자에게 구제할 수 있도록 자기 손으로 수고하여 선한 일을 하라"고 했습니다. 도둑질은 남의 것을 내 것으로 무단 불법으로 취득하는 행위입니다. 십계명 중 제8계명은 "도둑질하지 말지니라"입니다. 성경이 금하는 것은 해서는 안 됩니다. 그 대신 선을 행해야 합니다.

링컨은 "남자 나이 40이 지나면 자기 얼굴값을 해야 한다"고 했습니다. 우리가 새사람이 되었으면 새사람 값을 해야 하고 새 옷을 입으면 새 옷 입은 몫을 해야 합니다.

오랫동안 술집을 운영하던 건물을 싼값에 교회로 개조를 했습니다. 첫 예배를 드리게 된 날 술집 주인이 선물로 주고 간 앵무새가 함께 예배를 드리게 되었습니다. 입장하는 사람을 내려다보고 있던 앵무새가 목사님이 입장을 하자 "새 주인, 새 주인"이라고 말하는 것입니다. 성가대가 입장하자 "새로운 팀, 새로운 팀"이라고 말했습니다. 회중석에 있는 교인들을 내려다보고 있던 앵무새가 갑자기 "그 손님 그 손님, 똑같은 손님 똑같은 손님"이라고 말하더랍니다.

새사람이 됩시다. 옛사람을 벗어버립시다. 새 옷으로 갈아입고 새롭게 시작합시다. (순)

10. 예수와 함께 새해를 (빌 2:1~11)

사람이 사람을 닮는다는 것은 여러 가지 의미를 갖습니다. 얼굴을 닮는 경우도 있고, 성격을 닮는 경우도 있고, 습관을 닮는 경우도 있고, 언어를 닮는 경우도 있습니다. 이렇게 닮는 것은 순간적으로 되는 것이 아니라 오랜 세월을 같이할 때 닮아 가는 폭이 넓어지게 됩니다. 흔히 말하기를 부부는 닮는다고 합니다. 모든 부부가 다 그런 것은 아니겠지만 10년이나 20년을 살다 보면 성격이나 생활방식이 닮아갑니다. 어떤 부부는 얼굴까지 닮아져서 남매처럼 보이는 경우도 있습니다.

페르시아 우화 가운데 다음과 같은 이야기가 있습니다. 어느 한 여행객이 길을 가다가 점토 덩어리를 발견했습니다. 그 흙덩이에서는 아주 좋은 향기가 풍기고 있었습니다. 이상하게 여긴 여행객이 물었습니다. "이 고상하고 놀라운 향기는 어떻게 해서 나는 것인가?" 그러자 그 흙덩이가 "그것은 내가 장미와 함께 있었기 때문이다."라고 대답했습니다. 무엇과, 누구와 함께 있느냐에 따라 우리의 삶의 모습이 달라지게 되는 것입니다.

1. 예수 그리스도를 닮아야 합니다

우리가 스승을 닮고, 부모를 닮고, 위인을 닮고, 친구를 닮습니다. 그러나 우리가 닮아야 할 분이 있습니다. 그분은 바로 예수 그리스도입니다. 예수를 닮는다는 것은 바울이 본문 5절에서 "너희 안에 이 마음을 품으라 곧 예수의 마음이니"라고 말한 대로 예수의 마음을 내 마음에 품는 것을 말합니다. 바울은 본문 2절에서 예수의 마음을 닮는 마음이 어떤 마음인가를 다음과 같이 설명하고 있습니다. "마음을 같이하여 같은 사랑을 가지고 뜻을 합하며 한마음을 품어"라고 합니다. 예수님을 닮는 마음은 "한마음, 같은 마음, 같은 사랑, 합하여진 뜻"을 의미합니다.

또한 예수의 마음에 대해 본문 6~8절 말씀에서는 "그는 본래 하나님 이셨으나 하나님과 동등됨을 취할 것으로 여기지 않으시고 자신을 낮춰 종이 되셨을 뿐 아니라 죽기까지 복종하셨다"고 했습니다. 한마디로 말 하면 예수님의 마음은 자신을 낮추신 겸손한 마음인 것입니다. 만일 30 대의 청년 예수가 33년 간 세상을 살면서 세계통합 정부의 통치자가 되 기를 꿈꾸고 그 실현을 위해 쿠데타나 전쟁을 계획했더라면 그는 단 하 룻밤도 편안하게 잘 수 없었을 것입니다. 그러나 예수는 자신을 한없이 낮추고 자신의 생명도 다 주기로 작정하고 살았기 때문에 긴장이나 갈등 으로 밤을 지새울 필요가 없었습니다.

한때 미국에서 유행한 말이 있는데 그것은 '릴렉스(relax, 긴장해소 혹 은 긴장으로부터 해방)'입니다. 미국의 어느 가정치고 긴장 해소를 위한 한두 권의 책을 가지고 있지 않은 집이 없을 것이라고 합니다. 디트로이 트에 있는 헨리포드 병원에서 1천명의 회사 간부들을 대상으로 조사를 했습니다. 그 결과 그들 중 30%가 즉시 치료를 받아야 될 질환을 가지 고 있었는데, 그 원인은 한결같이 과로와 긴장감이었다는 것입니다. 좀 더 일 해서 좀 더 벌고 출세하고 좀 더 잘 살겠다는 경쟁심이 긴장감을 가져왔을 것이고 그 긴장감이 발병의 원인이 되었을 것입니다.

마음에 예수의 마음을 품으면 교만한 마음이 겸손해집니다. 증오심과 적개심과 복수심으로 불타오르던 마음이 고요하고 평온해집니다. 갈팡질 팡 헤매던 마음이 차분해지고 안정감을 찾게 됩니다.

2. 어떻게 예수의 마음을 닮을 수가 있습니까

본문 5절의 "너희 안에 이 마음을 품으라"고 한 그 말씀의 뜻은 "너 희 안에 이 생각을 가지라." 혹은 "이것을 생각하라."는 것입니다. 다시 말하면 예수님을 얼마만큼 생각하느냐에 따라 예수의 마음을 닮을 수도 있고 닮지 못할 수도 있다는 것입니다.

한 사람만을 사모하고 생각하다 일어난 병을 상사병이라고 합니다. 상사병이 날 만큼 예수님을 사랑하는 것이 예수님의 마음을 내 속에 품는 것이고 예수를 닮는 방법입니다. 생각해 봅시다. 우리가 예수의 마음을 닮아 버린다면 우리는 예수의 눈으로 세상을 보고, 예수의 귀로 듣고, 예수의 코로 냄새를 맡고, 예수의 입으로 말하고, 예수의 마음으로 생각하게 될 것입니다.

그러면 내 생애 속에 놀라운 변화가 일어날 것입니다. 그리고 변화된 나 때문에 가정이 변화될 것이고 교회와 사회가 새로워지게 될 것입니다. 이 놀라운 변화를 맛보며 사는 지혜로운 성도들이 되시기를 바랍니다. (슌)

11. 시작을 아름답게 (막 1:1~8)

마태복음은 족보와 예수의 탄생기사로 시작하고, 누가복음은 예수 그리스도의 수태 고지와 탄생함으로 시작하였습니다. 그러나 마가복음은 세례 요한의 활동으로부터 복음의 시작을 기록하였습니다.

예수 그리스도의 복음의 시작이란 몇 천 년 동안의 꿈이 실현된 일이고, 사람의 마음에 변화를 일으키기 시작한 일이며 마침내 삶을 아름답게 하는 시작이었습니다.

1. 꿈을 아름답게

예수 그리스도가 오신다는 것은 이스라엘 백성들의 오랜 꿈이었습니다. 꿈이 꿈으로만 있어서는 아무 소용이 없습니다. 현실로 구체화되지 않은 꿈은 공상이요, 이상이 아닙니다. 그런데 메시아가 오신다는 이스라엘 백성들의 꿈은 마침내 베들레헴에서 실현되어 천사들이 노래하고 목자들이 기뻐하였습니다. 공상이 아니라 현실이었고 이상이었습니다.

인생은 누구나 꿈이 있어야 합니다. 더욱이 젊은이의 생활에서 꿈이 없다면 그는 젊은이가 아니라고 할 수 있습니다. 구약 성경에는 "너희 늙은이는 꿈을 꾸며 너희 젊은이는 이상을 볼 것이라"(욜 2:28)고 하였습니다. 요셉은 꿈이 있는 청년이었습니다. 그 꿈 때문에 형들에게 멸시를 당했으나 그 꿈이 실현될 때 멸시하던 형들이 그 앞에 엎드렸습니다. 우리는 아름다운 꿈, 화려한 꿈을 지녀야 합니다. 그리고 그 꿈이 실현되기 위해 힘써야 합니다.

2. 마음을 아름답게

이스라엘의 꿈이었던 예수 그리스도는 많은 교훈을 하셨습니다. "회개하라 천국이 가까이 왔다", "마음이 가난한 사람은 복이 있다", "입으로 들어가는 것이 사람을 더럽히는 것이 아니라 오히려 입에서 나오는 것이 사람을 더럽힌다"는 교훈은 마음을 아름답게 가지라는 것입니다. 마음은 인생의 뿌리요 마음은 삶의 근본입니다. 그러므로 우리는 먼저 마음 공부를 해야 합니다. 우리 마음속에 시기, 질투, 절망, 불안, 공포가 가득할 때 평안할 수 없습니다.

"너희 안에 이 마음을 품으라 곧 그리스도 예수의 마음이라"고 하였습니다. 예수의 마음은 겸손한 마음이요 용서의 마음이요 사랑의 마음입니다. 예수의 아름다운 마음을 갖고자 하면 자기의 잘못을 뉘우치고 예수 그리스도를 마음에 모시고 살아야 합니다. 마음을 항상 기쁘게 갖고, 너그럽게 갖고, 온유하게 갖는 노력을 해야 합니다.

사람들은 건강하려고 보약을 많이 먹고 운동도 열심히 하지만 그것만으로 건강하게 되는 것은 아닙니다. 그 이유는 현대인에게 있는 질병의 대부분은 마음으로부터 생기기 때문입니다. 그러므로 밝은 마음, 평화로운 마음, 즐거운 마음으로 살면 몸도 날로 건강해지고 병도 없어질 것입니다. 아름다운 마음은 영적 병과 육체적 질병을 치료하는 약입니다.

3. 생활을 아름답게

인자가 온 것은 섬김을 받으려 함이 아니라 도리어 섬기려 온 것이고 또 자기 목숨을 많은 사람을 위한 대속물로 내주려 왔다(막 10:45)고 하셨습니다. 예수님은 저녁 식사 중 겉옷을 벗고 수건을 허리에 두르시고 대야에 물을 담아다가 제자들의 발을 씻기시고 수건으로 닦아 주셨습니다.

세상에는 낮은 자가 높은 자를 위해, 가지지 못한 자가 가진 자를 위해 섬기는 일은 있으나 스승이 제자의 발을 씻기는 일은 없습니다. 예수님은 제자의 발을 씻겨 준 다음 "내가 주와 또는 선생이 되어 너희 발을 씻었으니 너희도 서로 발을 씻어 주는 것이 옳으니라 내가 너희에게 행한 것 같이 너희도 행하게 하려 하여 본을 보였노라"(요 13:14~15)고 말씀하셨습니다. 예수님은 섬기는 삶을 통해 사람들의 마음을 즐겁게 하였습니다.

예수님의 제자인 그리스도인은 이웃을 섬기는 자가 되어야 합니다. 생활을 아름답게 하려면 섬기는 자가 되어야 합니다. 도움을 필요로 하는 사람들을 위해 우리는 섬기는 생활을 해야 하고, 그 봉사는 종종 대단히 값진 결과를 얻기도 합니다.

어떤 젊은이가 중국 선교사로 가겠다고 지원을 했습니다. 선교위원회는 그 청년이 선교사로는 적합하지 않다고 생각하였으나 청년이 너무 열성적이어서 당신이 하인으로 가도 상관없겠느냐고 물었습니다. 그러자 청년은 열정어린 태도로 "그리스도를 위한 일에 봉사하게만 해주신다면 나무꾼이든 지게꾼이든 상관없습니다. 오로지 그리스도를 위해 봉사하겠습니다."라고 했습니다.

우리의 생활을 아름답게 하는 길은 그리스도와 이웃을 위해 봉사하는 일입니다. 저마다 생활신조가 있습니다. 꿈을 아름답게, 마음을 아름답게, 생활을 아름답게 하려고 노력해야 합니다. (택)

12. 출발을 바로 하자 (약 4:13~17)

야고보서는 각처에 흩어져 사는 동족들에게 삶의 바른 방향을 제시하였습니다. 인생은 내일 일을 모르는 자요, 잠깐 보이다가 없어지는 안개 같은 존재임을 인식하고 출발을 바르게 해야 합니다. 이 한 해를 어떻게 살아야 성공의 한 해, 승리의 한 해가 되겠습니까?

1. 주께서 원하시는 대로 살아야 합니다

그리스도인이 무슨 사업을 경영하려고 하면 주께서 원하시는 사업이냐, 아니냐를 살피어 신앙양심에 거리낌이 없어야 합니다. 그리고 그 사업이 사람들에게 유익을 주느냐 해를 주느냐를 살피어 사회도덕에도 거리낌이 없어야 합니다. 세상 사람들은 사업을 시작할 때 먼저 이익을 생각하지만 그리스도인은 먼저 하나님 뜻에 적합한 사업인가 아닌가를 알아보아야 합니다.

신자의 사업 동기가 사리사욕에 치우치고 경영 방법과 수단이 도덕과 윤리에 어긋나면 주께서 원하시는 사업이라고 할 수 없습니다. 하나님의 뜻을 따라 일하기 어려워도 욕심을 따라 이익을 위하여 일하기는 쉽습니다. 그러나 그 결과는 분명합니다. 착한 사람은 복된 삶을 상급으로 받지만 나쁜 사람은 죄에 이르게 될 뿐 받을 것이 없습니다(잠 10:16). 나쁜 일을 하다가 쓰러지면 끝장이 나지만, 착하게 살면 집안이 흥한다(잠 12:7 공동번역)고 하였습니다.

알젠틴 대통령이 미국 대사에게 "당신들의 조상은 하나님을 먼저 찾기 위하여 북미 땅에 왔다가 하나님도 찾고 돈도 찾아 번영의 나라가 되었으나, 우리 조상들은 돈을 찾아 남미 땅으로 이주했으나 돈도 찾지 못하고 하나님도 찾지 못했다."고 하였습니다. 하나님이 원하시는 일을 해야 성공의 한 해가 됩니다.

2. 마땅히 해야 할 착한 일을 합시다

사람이 세상을 살아가려면 해야 할 일이 있고 하지 말아야 할 일이 있습니다. 해야 할 일은 고통이 있고 핍박이 있고 장애가 있어도 해야 하고, 하지 말아야 할 일은 유익이 있고 명예가 따르고 권세가 있어도 하지 않는 것이 그리스도인의 생활태도입니다. 야고보는 내일 생명이 어떻게 될지도 알지 못하면서 허영에 들떠 장담하면서 살지 말아야 할 것과, 마땅히 해야 할 일을 알면서도 하지 않으면 죄가 된다(17절)고 가르쳤습니다.

예수를 찾아온 한 청년이 있었습니다(마 19:16~22). 그는 종교 가정에서 태어나 어릴 때부터 율법을 배우고 율법대로 살아온 청년입니다. 그러나 그의 마음은 고민이 많아 몹시 답답하였습니다. 인간은 지식과 명예만으로 살 수 없고 물질만으로 행복하지 않습니다. 그 청년은 고민하다가 예수를 찾아와 "제가 영원한 생명을 얻으려면 무슨 착한 일을 해야 하겠습니까?"하고 물었습니다. 예수님은 "네 소유를 팔아 가난한 자들에게 주라"고 말씀하셨습니다.

자신의 마음을 완전히 낮추는 인간관계를 갖기 전에는 마음이 평화로울 수 없으며, 이웃의 필요를 듣고 이웃을 아는 자가 되라는 것입니다. "그리고 와서 나를 따르라"고 하셨습니다. 이전의 자기중심적인 생활에서 그리스도를 중심으로 생활하라는 것입니다. 고집스러운 자신을 주님께 복종시키는 생활로 방향을 바꾸는 것입니다. 청년은 주의 말씀을 듣고 매우 고민하면서 돌아갔습니다. 착한 일을 하기가 어려웠기 때문입니다. 그러면 착한 일이란 무엇입니까?

첫째, 자기의 마음을 낮추는 일입니다. 교만하면서 착한 사람이 될 수 없습니다. 하나님과 사람 앞에서 자기를 낮추는 마음, 겸손함 마음으로 한 해를 시작해야 합니다. 모두가 서로서로 겸손의 옷을 입으십시오. 하나님께서는 교만한 자를 대적하시고 겸손한 자에게 은혜를 주십니다(벧전 5:5).

둘째, 이웃의 사정을 알고 이웃을 돕는 것입니다. 예수를 찾아온 청년은 지위가 높고 명예가 있어서 겸손하기가 힘들었고, 부자이므로 가난한 사람의 사정을 알고 이웃을 돕는 일이 더욱더 어려웠던 것입니다. 착한 일은 아무나 할 수 없습니다. 진실한 사람만이 할 수 있습니다. 부자 청년은 지위와 명예 그리고 재물로 인하여 진실할 수가 없었습니다. 그러므로 예수님은 이 청년이 진실한 사람이 되려면 돈이 없어져야 하겠고, 다시 말하면 가난한 이웃을 돕는 사람이 되어야 한다고 하셨습니다.

셋째, 예수를 따라나서야 합니다. 자기중심으로 살면 착한 일을 할 수 없으므로 예수를 중심으로 사는 생활의 변화가 있어야 하겠습니다. 자기 욕심으로 살던 생활을 그리스도에게로 그 방향을 바꾸어야 착한 일을 할 수 있습니다. 승리의 한 해가 되는 열쇠는 주께서 원하시는 일과 착한 일을 하는 데 달려 있습니다.

우리 모두 승리의 한 해가 되시기를 바랍니다. (택)

13. 여호와 닛시 (출 17:8~16)

하나님께서는 이스라엘 백성들을 구속하셔서 약속하신 가나안 땅에 들어가게 하셨지만 그 전에 40년의 광야길에서 많은 것들과 싸우며 이스라엘 백성들이 그들을 구원하신 하나님이 누구인지 알게 하셨습니다.

이스라엘 백성들은 먼저 환경과 싸웠습니다. 광야에서의 생활은 결코 좋은 것은 아니었지만 그곳에서도 역사하시는 하나님을 보게 하셨습니다. 그 곳은 자신에게 있는 불신앙에 대해서 훈련받는 곳이기도 했습니다. 또 한 가지가 있다면 본문에 나오는 아말렉 사람들은 '에서'의 후손들로 하나님을 대적하던 악독한 무리였습니다. 이들은 우리가 이 세상에 사는 동안 계속해서 싸워야 하는 원수 마귀의 상징이라 할 수 있습니다.

오늘 말씀을 통해 이스라엘이 어떻게 전쟁에서 승리할 수 있었는지 살펴보겠습니다.

1. 기도는 위대한 힘이 있다

전쟁이 일어나자 모세는 여호수아에게 명령하여 나아가 싸울 수 있는 사람들을 택하여 아말렉과 싸우게 하고, 자신은 아론과 훌을 데리고 산 꼭대기에 올라가 두 손을 높이 들고 하나님 앞에 기도하기 시작했습니다. 여기에서 우리가 알 수 있는 것은 기도는 절대적이며 결정적인 역할을 한다는 것입니다. 광야와 같은 세상을 살아가는 우리 성도들이 아말렉과 같은 마귀와 싸워서 승리하는 비결은 항상 깨어 기도하는 것입니다. 특히 협력해서 하는 합심기도는 더욱 위력을 발휘합니다.

본문 12절에서는 아론과 훌이 하나는 이편에서 하나는 저편에서 모세의 손을 붙들어 올렸다고 기록하고 있습니다. 승리는 모세의 손만으로 이루어질 수가 없는 것이었습니다. 모세가 아무리 훌륭해도 신이 아닌 이상 완전할 수 없고 또한 인간인지라 피곤해지면 손을 내릴 수밖에 없습니다. 이스라엘이 승리하게 된 것은 모세의 손과 아론과 훌의 손이 있었기에 가능한 일이었습니다. 우리에게 아말렉과 같은 마귀가 다가올 때 혼자의 힘만으로 물리치려고 할 것이 아니라 먼저 예수님의 이름을 붙잡고 우리와 같이 있는 성도들과 함께 이것을 물리쳐 나가야 할 것입니다.

2. 승리는 하나님 손에 있다

승리는 무기나 사람의 수, 장소에 있는 것이 아니라 바로 절대 주권을 가지신 하나님의 손에 있는 것입니다. 이사야 45:7은 "나는 평안도 짓고 환난도 창조하나니 나는 여호와라 이 모든 일들을 행하는 자니라"고 했습니다. 하나님만이 전쟁과 평화를 주관하는 분이시라는 것입니다. 본문에 보면 하나님께서 이스라엘 백성들에게 복을 주셔서 전쟁에서 승리케 하시므로 '여호와 닛시'라는 단을 쌓게 하셨는데 이는 '여호와는 나의 깃발'이라는 뜻으로 언제나 하나님께서 함께하시고 하나님 앞에 엎드려 기도하는 자에게 반드시 승리케 하신다는 보장으로 쌓게 하셨던 것입니다.

이 세상은 전쟁터입니다. 그러나 가장 큰 전쟁터는 우리의 마음입니다. 우리가 계속해서 여호와 닛시의 복을 받으려면 먼저 마음이 하나님 보시기에 합당해야 할 것입니다.

그러기 위해서는 무엇보다 언제 어디에서나 정직한 사람이 되어야 하겠습니다. 그리고 하나님에 대한 믿음이 있는 사람이어야 하겠고, 진정으로 하나님과 내 이웃을 사랑하는 사람이어야 하겠습니다.

우리에게 아말렉과 같은 어려움이 닥쳐올 때 우리는 합심하여 기도해야 하겠습니다. 그리고 무엇보다 중요한 것은 우리가 계속해서 그 승리의 복을 얻을 수 있도록 정직한 삶, 믿음을 가지고 사랑 가운데서 사는 삶을 살아야겠습니다. 아무쪼록 올해도 언제나 여호와 닛시의 복을 받으며 사시는 여러분이 되길 소원합니다. (도)

14. 그릇을 준비하라 (왕하 4:1~7)

오늘 본문에서는 남편이 죽고 과부된 여인이 빚이 너무 많아서 두 아들을 종으로 보낼 수밖에 없었으나 하나님의 복을 받아 빚을 갚고 잘 살게 된 한 가정의 이야기가 나옵니다. 남편이 죽은 것만 해도 서러운데 빚 때문에 아들까지 종으로 팔림을 당하는 괴로움을 겪어야 하는 이 과부의 마음은 어떻겠습니까?

그런데 본문의 과부는 이 어려운 사정을 하나님의 선지자인 엘리사에게 다 아뢰었습니다. 그때 엘리사는 "네 집에 무엇이 있느냐"라고 물으면서 하나님께서 역사를 이룰 준비를 합니다. 과부는 엘리사의 말에 순종함으로 빚을 갚고 잘 살게 됩니다. 그렇다면 이렇게 역사를 일으키는 하나님은 어떤 하나님일까요?

1. 높고 크시며 복 주시기를 원하시는 하나님

우리가 믿고 있는 하나님은 능력이 크시고 지혜가 크시고 사랑이 크신 분이십니다. 하나님은 죽은 자를 살리시며 없는 것을 있게 하시는 분이십니다. 인간의 역사 속에서 절대 주권을 가지고 계시는 전능하신 하나님입니다. 사무엘상 2:6~7을 보면, "여호와는 죽이기도 하시고 살리기도 하시며 스올에 내리게도 하시고 거기에서 올리기도 하시는도다 여호와는 가난하게도 하시고 부하게도 하시며 낮추기도 하시고 높이기도 하시는도다"라고 한나는 하나님의 절대 주권을 고백하고 있습니다.

또한 그 하나님은 복 주시기를 원하시는 분이십니다. 본문에 보면 과부에게 복 주시기 위해서 그릇을 많이 빌려 오라고 하셨습니다. 이것은 시편 81:10의 "네 입을 크게 열라 내가 채우리라"고 하신 말씀과 같습니다.

하나님은 인색한 분이 아닙니다. 우리가 구하는 것은 물론이고 생각하는 것까지 넘치게 채워 주시는 좋은 분이십니다. 그뿐 아니라 우리 하나님 아버지는 언제나 우리에게 있어야 할 것을 아시고 미리 다 예비해 놓고 계신 여호와 이레의 하나님이십니다. 그렇기에 우리는 부족한 것이 없습니다. 중요한 것은 우리가 그 하나님을 올바로 믿고 따라가면 하나님께서도 우리에게 역사하여 주신다는 것입니다.

2. 그릇 따라 채워 주시는 하나님

본문에 보면 하나님께서는 이 여인이 준비한 그릇 만큼 채워 주셨습니다. 이것은 우리가 복 받을 그릇을 준비하되 되도록 크게, 많이 준비해야겠다는 것을 깨닫게 합니다. 하나님께서는 하나님의 방법대로 복 주시기를 원하시지만 또한 가득 채워 주시는 분이십니다.

야곱은 자기 욕심대로 못을 받으려고 했지만 얻은 것이 하나도 없습니다. 그러나 하나님 앞에 결심하고 기도하기를 '주님이 나와 함께하시고 평안히 아버지 집으로 돌아오게 해주신다면 여호와가 나의 하나님이 될 것이요 이 돌이 하나님의 성전이 될 것이요, 내게 주시는 모든 것에서 십분의 일을 반드시 주께 드리겠다'고 서약했을 때 하나님이 그 기도를 들으시고 구하지 않은 것까지 주셔서 20년 만에 거부가 되어 돌아오게 되었습니다. 주님께서는 우리의 모든 필요를 아시지만 우리의 믿음을 통해서 역사하시는 분이십니다.

여러분, 올해에 복 받을 그릇을 얼마나 준비했습니까? 여러분은 하나님의 영광을 위하여 어떤 믿음의 계획을 세우셨습니까? 아무쪼록 절대 주권을 가지시고 복 주시기를 원하시는 하나님을 믿고 큰 믿음의 그릇을 많이 준비하셔서 큰 복을 받으시기를 바랍니다. 그리하여 하나님의 영광을 위한 계획이 그대로 이루어지는 한 해가 되시기를 바랍니다. (도)

15. 오늘부터 복을 주리라 (학 2:10~19)

새해를 맞이한 여러분은 하나님의 복을 누리고 사십니까? 본문 19절을 보면 "오늘부터는 내가 너희에게 복을 주리라"고 하나님께서 말씀하십니다. 본문에 나오는 '오늘'은 매우 중요한 의미를 담고 있습니다.

지금까지는 되는 일이 없었고 환난과 재난을 많이 당한 이스라엘 백성이었습니다. 이들은 많이 뿌릴지라도 수확이 적으며 먹을지라도 배부르지 못하며 마실지라도 흡족하지 못하며 입어도 따뜻하지 못하며 일꾼이 삯을 받아도 그것을 구멍 뚫어진 전대에 넣음이 되었다고 성경은 기록하고 있습니다(학 1:6).

그런데 오늘부터는 복을 주시겠다고 말씀하신 것입니다. 그러면 학개서에 나오는 오늘은 어떤 날입니까?

1. 두 가지 큰 죄를 회개한 날입니다

본문 10절에 보면 다리오 왕 2년 9월 24일이라고 말씀하고 있습니다. 이 날은 첫째로, 하나님 앞에서 성결을 지키지 못한 죄를 회개한 날이었습니다.

본문 12~14절까지의 말씀을 보면 제사에 대한 부정함이 나오고 있습니다. 하나님은 거룩한 분이시기 때문에 하나님이 열납하시는 제사를 드리려면 제사를 드리는 사람이 먼저 거룩해야 합니다. 그런데 이스라엘 백성은 거룩한 제사 대신에 부정한 제사를 드렸던 것입니다. 하나님은 거룩한 분이시기 때문에 거룩한 자를 기뻐하시고, 복 주시고, 높이 들어 쓰십니다. 그러므로 하나님의 백성들은 성결을 생명처럼 지켜야 합니다. 고린도전서 3:16말씀처럼 우리가 하나님의 성전인 것을 알아 우리의 몸과 마음을 깨끗하게 해야 하는 것입니다.

둘째로, 순서를 바꾼 죄를 회개한 날입니다. 먼저 하나님의 집을 짓고 다음에 자기 집을 지어야 하는데 하나님의 성전은 미뤄 놓고 자기 집부터 지은 것입니다. 본문 15절, 18절에서 이에 대해 잘 말씀하고 있습니다. 이것은 단순한 순서의 문제가 아니라 하나님께 대한 사랑이 결핍되었다는 의미입니다. 우리가 복을 받으려면 순서를 바꾸지 말아야 합니다. 마태복음 6:33말씀대로 우리는 먼저 '하나님 나라와 그의 의'를 구해야만 하는 것입니다. 우리가 계획을 세울 때에도 먼저 자신을 성결케 하고 하나님을 위한, 하나님을 기쁘게 하는 계획을 세워야 합니다.

2. 성전건축을 다시 시작한 날입니다

이제까지 이스라엘 백성들은 성전에는 관심 없고 자기 집을 짓고 꾸미기에만 시간을 사용하였는데, 이것이 잘못된 줄을 알고 회개하고 성전건축을 시작했습니다.

이에 하나님께서는 오늘부터 복을 주시겠다고 말씀하고 계십니다. 하나님은 '오늘'을 매우 중하게 보십니다. 우리가 어제까지는 즉, 과거에는 어떻게 살았든지 하나님은 그것을 보지 않으십니다. 하나님은 '지금'의 '내 모습'을 보시는 분입니다. 그래서 여러분이 회개한 모든 죄는 하나님이 용서하신 줄 믿고 다 잊으시기 바랍니다.

요한일서 1:9의 말씀을 보면 "만일 우리가 우리 죄를 자백하면 그는 미쁘시고 의로우사 우리 죄를 사하시며 우리를 모든 불의에서 깨끗하게 하실 것이요"라고 하십니다. 우리는 지나간 과거는 회개하고 이제부터는 앞만 보고 힘있게 나아가며 큰 비전을 가지고 전진해야 합니다.

하나님은 우리 모두에게 복 주시려는 계획을 가지고 계시며 또 우리를 통해서 영광을 받으려는 계획을 가지고 계십니다. 그러므로 우리는 오늘부터 어떻게 하는 것이 가장 큰 은혜인가를 깨달아 하나님의 복을 받고 사는 한 해가 되시기를 바랍니다. (도)

16. 더욱더 큰 믿음 (요 20:24~29)

우리가 가지고 있는 것 중에는 소중한 것이 많이 있습니다. 재산, 학벌, 재능, 건강 등 모든 것이 다 소중합니다. 또 우리의 생명은 얼마나 소중합니까? 그러나 이보다 더 소중한 것은 믿음입니다.

왜냐하면 다른 것은 다 가지고 있다 해도 믿음이 없으면 구원을 받지 못하기 때문입니다. 믿음은 하나님의 선물입니다. 더구나 영생을 주시기로 작정된 자에게만 이 믿음을 주신다고 했습니다. 그러므로 이 믿음을 가지고 있는 사람들은 참으로 행복한 사람입니다. 내가 구원받는 믿음을 가지고 있다는 사실 하나만으로도 기뻐하고 즐거워할 수 있습니다. 그렇다면 하나님이 기뻐하시는 큰 믿음은 어떠한 믿음을 말하는 것일까요?

1. 보지 못하고 믿는 믿음

인간이 타락하면서 생겨난 병폐 중의 하나가 서로를 믿지 못하고 의심하게 된 것입니다. 의심은 인간이 타락함으로 생겨난 일종의 저주라고 할 수 있습니다. 사복음서를 보면 그 당시에 사람들은 예수님을 직접 보고도 믿지 않았고 예수님의 말씀을 직접 들으면서도 깨닫지 못했습니다. 지금도 마찬가지입니다. 어떤 사람들은 복음을 들으면서도 깨닫지 못하고 믿지 아니합니다.

본문에 보면 예수님의 12제자 중에 도마는 부활하신 예수님이 찾아오셨을 때 마침 그 자리에 없었습니다. 그는 나중에 제자들을 통해서 부활하신 주님이 찾아오셨다는 소식을 듣고서 보지 않고는 믿지 않겠다고 했습니다. 그런데 예수님께서 여드레가 지난 다음 그 자리에 오셔서 도마를 보시며 "보지 못하고 믿는 자들은 복 되도다"라고 하셨습니다.

우리는 예수님을 본 적이 없습니다. 더구나 만져본 적도 없습니다. 그러나 예수님을 믿고 있습니다. 이 얼마나 감사한 일입니까?

마태복음 8:5~13에 보면 한 백부장이 예수님께 와서 자기 하인을 고쳐 달라고 간구하는 내용이 나옵니다. 그때 그 백부장은 예수님께 말합니다. "주여 내 집에 들어오심을 나는 감당하지 못하겠사오니 다만 말씀으로만 하옵소서 그러면 내 하인이 낫겠사옵나이다." 예수님은 이 말을 들으시고 "가라 네 믿은 대로 될지어다"라고 하셨습니다.

백부장은 우리 주님이 말씀 한마디만 하면 될 줄로 아는 믿음을 가진 사람이었습니다. 이 얼마나 좋은 믿음입니까?

2. 어떤 일을 당해도 불평과 원망이 없는 믿음

하나님께서 우리에게 은혜를 베풀어 주지 아니하신다고 할지라도 원망하거나 불평하지 않는 믿음은 더욱더 큰 믿음입니다. 병을 주신다고 해도, 감옥에 들어간다 할지라도 불평과 원망을 하지 말아야 합니다. 이것은 하나님을 신뢰하는 마음이 있고 그분의 절대 주권을 인정하는 사람이 가질 수 있는 믿음입니다.

하나님의 사랑을 알고 그 주님이 나를 가장 좋은 길로 인도하고 계시며 나를 위해 모든 것을 다 준비해 놓으셨다고 하는 믿음이 있으면, 고통과 손해가 생겨도 불평과 원망을 하지 않습니다. 또한 로마서 8:28의 말씀처럼 모든 것이 합력하여 선을 이룬다는 믿음이 있으면 불평과 원망을 하지 않습니다. 요셉은 "당신들은 나를 헤아려 하였으나 하나님은 그것을 선으로 바꾸사 오늘과 같이 만민의 생명을 구원하게 하시려 하셨나니 당신들은 나를 두려워 마소서"라고 형들에게 말했습니다.

히브리서 11:6의 말씀에 믿음이 없이는 하나님을 기쁘시게 할 수 없다고 했습니다. 우리가 더욱더 큰 믿음을 가지고 산다면 우리 하나님께서 얼마나 기뻐하시겠습니까? 여러분 모두 이 한 해 동안 큰 믿음으로 살아가시기를 소원합니다. (도)

17. 새해의 새사람 (약 1:19~20)

새해가 되면 모든 것이 새로워진 것 같은 새로운 기분으로 출발을 하게 됩니다. 그러나 언제나 똑같이 반복되는 일이지만 새해를 맞이한 지 며칠도 못되어 조금도 달라진 것이 없는 실망스러운 나의 모습을 발견하곤 합니다. 새 옷을 입고 새 신을 신는다고 저절로 새로운 삶을 살게 되는 것이 아닙니다.

무엇보다도 사람이 먼저 새로워져야만 새로운 삶이 이루어질 수 있습니다. 본문에 보면 야고보서 기자는 하나님과 관계를 맺고 있는 구원받은 성도들이 어떻게 살아야 할 것인가를 말씀하고 있습니다.

1. 듣기는 속히 하라

본문 19절에 "듣기는 속히 하라"는 말씀은 무엇보다도 하나님의 말씀을 잘 듣는 것이 매우 중요하다는 것을 강조한 말입니다. 왜냐하면 믿음은 들음에서 나며 들음은 그리스도의 말씀으로 말미암기 때문입니다. 하나님의 말씀을 잘 듣는 사람은 믿음이 건강해지지만, 하나님의 말씀을 소홀하게 듣는 사람은 믿음이 점점 병들게 됩니다. 특히 교만한 마음을 가지고 듣는 사람은 말씀이 마음속에 바로 심겨지지 않습니다.

사도 바울은 데살로니가전서 2:13에서 말씀을 사람의 말로 받지 아니하고 하나님의 말씀으로 받은 데살로니가교회 성도들을 칭찬하였습니다. 그 말씀이 믿는 자 속에서 역사한다는 것은 너무나도 중요합니다. 데살로니가교회 성도들은 하나님의 말씀을 진리로 받아들였기 때문에 그 말씀을 듣는 대로 열매가 나타나게 되었습니다.

2. 말하기는 더디 하라

본문 19절에 "말하기는 더디 하라"는 말씀이 있습니다. 이 말의 뜻은 말하기 전에 충분히 생각해 보고 나서 말을 하라는 것입니다. 참으로 지혜로운 사람은 무슨 말이든 듣고 난 뒤 충분히 생각을 한 후에 말을 합니다. 그러다 보니 좀처럼 실수를 하지 않게 되고 자연히 덕을 세우는 말을 하게 됩니다. 우리가 좋지 않은 말을 들었을 때, 아무리 터무니없는 말을 들었다 하더라도 너무 조급하게 반박하려고 해서는 안 됩니다. 이로 인해 더 큰 문제가 생길 수가 있기 때문에 신중해야 합니다.

3. 성내기도 더디 하라

누구든지 말을 하다 보면 감정이 섞이게 되고, 감정에 사로잡히게 되면 자연히 실수를 하게 됩니다. 더군다나 성을 내게 되면 아무리 옳은 말이라도 유익이 되지 않습니다. 역대하 26장에 보면 웃시야 왕이 교만하여 성소에 들어가 제사장만이 할 수 있는 분향하는 일을 하려 할 때 이의 잘못됨을 지적하는 제사장에게 노를 발하는 순간, 이마에 나병이 생겼습니다. 이 날 이후로 하나님의 성전에 들어가지 못하고 죽는 날까지 별궁에서 홀로 거하다가 장사되었다고 기록되어 있습니다. 그리고 모세처럼 위대한 사람도 함부로 성을 냈다가 약속의 땅인 가나안 땅에 들어가지 못한 것을 성경에서 볼 수 있습니다.

잠언 14:29에 보면 "노하기를 더디 하는 자는 크게 명철하여도 마음이 조급한 자는 어리석음을 나타내느니라"고 하였습니다. 갈라디아서 5:17~23에서도 노와 분은 육체의 일이고, 사랑과 절제는 성령의 열매라고 하였습니다. 그러므로 우리는 모든 악독과 노함과 분냄과 훼방하는 것을 악의와 함께 버려야 합니다.

이제 새해가 되었습니다. 그러므로 새 마음을 품고 새로운 삶을 시작해야 할 것입니다. 아직도 구습과 버리지 못한 악독하고 더러운 것이 있으면 다 버리시고 말씀 가운데 날마다 새롭게 살아가시는 여러분이 되시길 바랍니다. (도)

종려주일

✲✲✲✲✲✲✲✲✲✲

나겸일(일)　신성종(종)　이건영(건)　이병돈(돈)
이복렬(렬)　이찬영(찬)　임택진(택)

* 설교자의 표시는 （　）안의 약자로 표기했습니다.

18. 십자가의 사랑 (마 27:27~57)

본문을 통해 예수께서 지신 십자가의 의미를 살펴보고자 합니다.

1. 범죄에 대한 형벌의 극치를 나타냅니다

십자가는 가장 비참하고 고통스런 죽음을 주기 위한 형틀의 명칭이며, 고난의 상징입니다. 예수님 당시 십자가의 형벌은 죄에 대한 극형을 나타냅니다. 십자가는 콘스탄틴 대제 때까지 극악의 죄인, 반란 주동자들에게 사용되었는데 일부 지방 총독은 자기 쾌락에 따라 로마시민까지도 십자가에 처형하였습니다.

'고문대'라는 의미를 가진 십자가는 죽을 때까지 고통을 느끼는 잔인한 형벌입니다. 십자가에 못 박힌 지 몇 시간이 지나면 몸은 발작을 일으키고, 갈증이 고조되며 고통이 심하게 됩니다. 예수님은 바로 이 십자가에 달려 고통을 당하신 것입니다.

본문 46절을 보면 예수님께서 십자가에서 "엘리 엘리 라마 사박다니"라고 하시는 실로 처절한 탄식의 모습이 나옵니다. 십자가가 너무 고통스러웠기에 외치는 절규입니다. 주님의 고난은 우리를 위한 고난이었습니다. 예수님은 십자가의 형벌을 통해 우리를 구원했습니다.

2. 죄인에 대한 하나님 사랑의 극치입니다

우리는 하나님이 만드신 자연 속에서도, 선지자들을 통해서도 하나님의 사랑을 알 수 있습니다. 그러나 완전하고 만족할 만한 것이 못 됩니다. 그러면 무엇이 우리에게 하나님의 사랑을 확증해 줍니까?

바로 십자가입니다. 십자가는 하나님의 완전한 사랑을 나타냅니다. 하나님께서는 독생자를 보내 주셨고 십자가를 지게 하심으로 하나님의 사랑을 확증하셨습니다(롬 5:8). 하나님 사랑의 절정은 십자가입니다. 십자가에서 하나님의 놀라운 사랑을 발견하게 됩니다. 사도 바울은 이러한 죄인들을 구원코자 십자가에 죽으신 하나님의 사랑을 '그 큰 사랑'이라고 고백하였습니다(엡 2:4). 우리는 우리를 구원하시는 그 크고 놀라운 십자가의 사랑을 느끼며, 감격하며 살아가야 합니다.

3. 영원한 생명의 극치입니다

예수님은 십자가를 통하여 그의 생명을 죄와 허물로 죽은 우리에게 주셨습니다. 예수님은 생명을 주시기 위해 오신 분입니다(막 10:45).

기독교인의 근본적인 관심은 "영원히 사느냐 아니면 영원히 죽느냐"에 달려 있습니다. 이 생명 문제를 해결하기 위해 예수님은 오셨고, 십자가에 죽으시고 부활하셔서 우리에게 영원한 생명을 주신 것입니다.

죄와 허물로 죽었던 우리가 예수님의 십자가를 통하여 구원과 생명을 얻게 되었습니다. 예수님은 우리를 위해 십자가에 죽으시고 부활하셨습니다. 부활은 새 생명을 주는 것을 의미합니다. 우리는 예수 그리스도의 십자가를 통해서 구원과 영원한 생명을 얻을 수 있습니다. 그러므로 고난의 십자가는 구원받은 우리의 유일한 자랑입니다.

자녀를 사랑하는 부모의 마음도, 부부의 사랑도 십자가에 나타난 하나님의 사랑에 비할 수가 없습니다. 참사랑은, 주님의 십자가에서만 알 수 있습니다. "헬라는 지혜를 주고, 로마는 법률을 주었는데, 그리스도는 무엇을 주었는가?"라는 질문은 폴란드의 소설가 시엔키에비츠가 「쿠오 바디스」라는 작품에서 쓴 말입니다. 그는 "그리스도는 사랑을 주었다"고 기록하였습니다. 우리는 흔히 좋아하는 사람을 사랑합니다. 그러나 주님의 사랑은 미워하는 자까지 사랑하는 사랑입니다. 약한 자, 가난한 자, 죄인을 사랑하는 사랑입니다. 우리 모두 그 십자가의 사랑을 실천하는 믿음의 성도가 되시기 바랍니다. (일)

19. 십자가의 도 (고전 1:18~31)

신구약 성경의 핵심 진리는 무엇입니까? 그것은 바로 예수 그리스도가 우리의 죄를 사하시고, 죽음에서 구원하시기 위해서 지신 십자가입니다. 십자가의 부활은 기독교의 핵심적인 진리입니다.

1. 기독교 진리의 핵심은 무엇입니까

사도 바울은 기독교의 핵심 진리를 "십자가의 도"(18절), "십자가에 못 박힌 그리스도를 전하는 것"(23절)으로 강조하고 있습니다. 십자가의 도란 예수 그리스도가 인류를 구원하시기 위해 못 박힌 십자가의 그 말씀, 진리를 의미합니다.

종교개혁자 루터는 "예수 그리스도의 십자가가 없었다면 우리는 하나님을 믿을 수 없었다. 십자가가 빠진 기독교 신앙은 하나의 이데올로기에 불과하다. 십자가가 없는 교회는 사회집단과 다를 바 없다. 십자가가 빠진 성경은 하나의 허구, 소설, 문학의 스토리이다. 십자가의 고난이 빠진 예수 그리스도는 역사의 한 인물에 불과하다. 십자가 없는 계시(성령)는 하나의 최면술에 불과하다. 그러므로 기독교 신앙의 핵심은 한마디로 십자가이다."라고 말했습니다.

2. 기독교의 진리를 믿지 않는 사람들

어떤 사람들은 기독교의 진리를 미련한 것으로 봅니다. 우리는 여기서 인간의 지식으로 기독교의 진리를 받아들일 수가 없음을 알게 됩니다. 멸망해가는 인간의 지혜로 볼 때 십자가의 도는 어리석은 것으로 생각되기 때문입니다. 예수 그리스도의 동정녀 탄생, 죽은 자의 부활, 십자가의 사형수가 영생을 줄 수 있다고 어떻게 믿을 수 있겠습니까? 사랑의 하나님이 계획하신 구원이 겨우 자기의 아들을 십자가에 처절하게 죽게 하는 것이란 말입니까? 성령의 조명 없이 인간의 지혜로는 하나님의 지혜를 결코 깨달을 수 없습니다.

하나님은 미련하게 보이는 십자가의 진리를 통해 인간을 구원하시기로 결정하셨습니다. 하나님의 지혜로 인간의 지혜를 폐하셨습니다. 유대인은 증거로써 표적을 구하고, 헬라인은 논리적으로 따져 이해하기를 원합니다. 그러나 십자가에 달린 그리스도는 어떤 표적보다 더 큰 능력이며, 어떤 철학보다 더 지혜로운 지혜입니다.

하나님께서 이런 구원의 방법을 사용하신 것은 "이는 아무 육체도 하나님 앞에서 자랑하지 못하게 하려 하심"(29절)입니다. 구원은 인간의 지혜가 아닌 하나님의 은혜입니다. 그러므로 그리스도인이 되기 위해서는 예수 그리스도의 십자가의 죽으심을 믿어야 합니다.

3. 기독교의 진리를 믿는 하나님의 백성들

예수 그리스도께서 십자가에 못 박히셨다는 것이 구원받은 하나님의 백성들에게는 하나님의 지혜요, 하나님의 능력입니다. 하나님의 지혜는 영원한 진리를 알게 하고, 하나님의 능력은 죽은 자를 살리는 것입니다.

그리스도 안에서만이 하나님과 올바른 관계를 맺을 수 있으며, 하늘나라에 합당한 거룩한 사람이 되며, 우리의 모든 죄를 용서받을 수 있습니다. 우리의 믿음은 인간의 지혜에 의존하지 않고 하나님의 지혜에 근거하고 있습니다.

오직 그리스도와 그의 십자가만이 우리의 삶을 변화시키고 우리를 구원하는 하나님의 지혜이며, 능력입니다. 이것이 기독교의 핵심 진리입니다. 천하고 멸시받는 우리에게 이 놀라운 진리를 알게 하신 하나님께 감사하며, 겸손히 그리스도를 섬기고, 이 진리만을 전하는 그리스도인이 되시기를 바랍니다. (일)

20. 은혜로 얻은 구원 (엡 2:1~10)

구원이 얼마나 큰 은혜인 줄 알 때 우리는 그 은혜의 복음을 위해 헌신하게 됩니다. 부모님의 은혜가 큰 줄 미처 몰랐던 자녀는 부모를 떠나보내고서야 불효를 후회합니다. 구원이 얼마나 큰 은혜인 줄 모르고 사는 그리스도인들은 아마 주님 앞에 갈 때 후회할 것입니다. 우리들의 구원받기 이전의 상태와 이후의 상태를 대조해 보겠습니다.

1. 그리스도를 만나기 전의 위치

본문은 우리가 예수 그리스도를 만나기 전 우리의 위치를 세 가지로 묘사하고 있습니다.

첫째, 영적으로 죽어 있었습니다.

영적으로 죽었다는 것은 하나님과 우리 사이의 관계가 단절된 것을 의미합니다. 아담과 하와가 하나님의 말씀에 불순종하여 선악과를 먹는 순간 하나님과의 관계가 단절되었습니다.

그 영적인 사망의 원인은 "허물과 죄"라고 말하고 있습니다. 허물이란 "하지 말아야 될 일을 하는 것"입니다. 죄란 "화살이 명중 시켜야 할 과녁을 맞추지 못하고 옆으로 잘못 빗나가는 것"을 의미합니다.

하나님의 법에 불순종함으로 하나님과의 관계가 단절되고 영적으로 죽게 된 것입니다.

둘째, 영적으로 원수의 지배를 받고 있었습니다.

그리스도인들을 유혹하는 세상의 죄악은 영적인 원수가 됩니다. 마귀는 공중의 권세 잡은 자로 악령들을 움직여 우리의 삶 속에 잘못된 영향을 끼치고 영적인 파괴력을 행사합니다. 육체는 우리 안에 있는 잘못된 본성을 의미합니다. 인간 속에 깊이 도사리고 있는 부패한 본성이 우리를 잘못된 길로 인도합니다.

셋째, 하나님의 진노를 받는 위치에 있었습니다.

우리는 거룩하신 하나님이 보시기에 하나님의 진노를 피할 수가 없었던 진노의 대상, 진노의 자녀였습니다.

2. 그리스도를 만난 후의 위치

예수를 만난 후 사람들은 근본적으로 그 위치가 뒤바뀌었습니다.

첫째, 영적으로 생명을 얻었습니다.

"긍휼이 풍성하신 하나님이 우리를 사랑하신 그 큰 사랑을 인하여 허물로 죽은 우리를 그리스도와 함께 살리셨고"(4~5절). 하나님께서 진노의 대상인 우리를 저주하지 아니하시고 불쌍히 여겨 주셨습니다. 아가페적 사랑으로 사랑하셨고, 은혜를 베풀어 주셨습니다.

은혜란 "받을 자격이 전혀 없는 사람들에게 베풀어 주는 호의"입니다. 받을 자격이 없는 우리에게 아무 조건도 없이 공짜로 베푸신 것입니다. 자비란 "가장 소중한 것을 상대방에게 주는 구체적인 행동"입니다. 하나님은 우리를 긍휼히 여기시고, 사랑하시고, 은혜와 자비를 베풀어 주셨습니다.

둘째, 구원받았습니다.

"너희는 그 은혜에 의하여 믿음으로 말미암아 구원을 받았으니 이것은 너희에게서 난 것이 아니요 하나님의 선물이라"(8절). 나를 향하신 하나님의 자비와 은혜가 구원으로 나타났습니다. 이 구원은 우리에게서 난 것도 아니요, 하나님 앞에서 자격이 있어 구원받은 사람도 없습니다. 오직 선물로 구원을 얻었습니다.

3. 은혜로 얻은 구원의 복음을 널리 전하자

우리를 살리신 하나님의 은혜가 무엇입니까? 십자가의 은혜입니다. 주께서 우리 죄를 위해서 죽으신 그 은혜를 가리킵니다. 죄의 값은 사망이라고 했습니다. 그 사망에서 우리를 건지시려고 십자가에서 고통을 당하셨습니다. 인간이 영원히 당해야 할 형벌이었는데 예수님이 그 형벌을 몸으로 당하셨던 것입니다.

그 은혜를 믿음으로 우리가 구원을 받습니다. 장차 임할 새 하늘과 새 땅에 들어갈 영원한 은혜입니다. 이 은혜는 오직 믿음으로만 받을 수 있습니다. 믿음으로 우리는 그 은혜를 받아 죄에 대하여 죽고 하나님에 대하여 다시 살아나서 영생합니다.

이제 우리가 자랑할 것은 오직 그리스도의 십자가뿐입니다. 아직도 이 은혜를 모르는 사람들에게 우리들의 온 힘을 다해 증거해야 합니다. 이 복음을 듣지 못한 자들이 사는 그곳이 그 어디일지라도 우리는 달려가서 이 복음을 전해야 합니다. (일)

21. 세 개의 십자가 (마 16:24~28)

1. 주님의 십자가

당시 십자가는 사형의 도구였습니다. 국가를 전복하려고 한 반역죄나 도망갔다가 체포된 노예에 대해서만 십자가로 처형했습니다. 가장 잔악한 처형 방법이었기 때문에 로마인들에게는 해당되지 않았습니다. 그런데 왜 예수님은 십자가형을 당하셨습니까?

실제적인 이유와 표면적인 이유가 있었습니다. 실제적인 이유는 두 가지였습니다. 첫째로 바리새인들의 전통이 무너지고, 인기가 예수님에게로 몰리게 되면 당시 기독교의 기득권을 가지고 있던 실세인 바리새인들과 사두개인들과 장로들이 자신들의 기득권을 잃게 되기 때문에 기득권을 유지하기 위해서 예수님을 제거해야만 했습니다.

둘째로 예수님을 따르는 무리들로 인해서 사회의 혼란이 일어날 경우 로마 군인들이 개입하게 되고 그렇게 되면 유대인들이 가지고 있는 현재의 자유마저 빼앗길지 모른다는 두려움 때문이었습니다.

표면적인 이유로는, 바리새인들이 예수님을 사형시켜 제거하기 위해 실제적인 종교의 차이점만으로는 안 되기 때문에 그가 가이사에게 저항한다는 국가 반역죄를 적용하려고 하였던 것입니다.

그러면 예수님의 십자가의 의미는 무엇입니까? 외형적으로는 예수님은 정치범으로 사형을 당하였습니다. 그래서 사단과 유대인 당국자들은 예수님이 십자가형을 당하였을 때 목적을 다 이루었다고 기뻐하였습니다. 그러나 여기에 예수 그리스도가 십자가에서 죽으심으로 택한 백성들을 위한 속죄 제물이 되게 하신 하나님의 숨은 섭리가 있었던 것입니다. 이 메시아의 십자가에서의 죽으심이 구약에 예언되어 있었지만 영안이 어두운 바리새인들과 서기관들과 유대 당국자들은 보지 못했고, 심지어 사단도 깨닫지 못하였습니다.

2. 두 강도들이 진 십자가

두 강도들이 진 십자가는 그들이 지은 죄에 대한 하나님의 심판의 십자가였습니다. 성경에는 그들은 다만 강도들이라고 기록하고 있습니다. 당시에는 두 가지 종류의 강도들이 있었습니다. 하나는 소위 의적이라고 하는 열심당들이 있었고, 다른 하나는 가난하여 도둑질을 하다가 강도로 변한 경우였습니다.

우리는 두 강도들이 어떤 종류의 강도였는지 분명히 알 수는 없지만 어떤 경우든지 그들은 로마의 법으로는 물론이고, 율법적으로도 죄인이었기에 자신들이 지은 죄에 대한 하나님의 심판을 받았던 것입니다.

3. 사명자로서 져야 할 십자가

주님은 나를 따르려거든 자기를 부인하고 자기 십자가를 지고 따라야 한다고 하셨습니다(마 16:24). 우리가 져야 할 십자가는 주님의 대속의 십자가도 아니고, 두 강도들이 진 심판의 십자가도 아닙니다. 사명자로서의 십자가인 것입니다. 이 십자가는 핍박과 고난과 역경의 십자가인 것입니다. 그러나 많은 사람들이 예수 믿는 것을 기복적인 면에서만 보려고 합니다. 이것이 바로 현대 신자들의 문제입니다. 우리 각자에게 주어진 십자가를 지고 주님을 따라가는 믿음의 사람들이 됩시다. (종)

22. 십자가의 의미 (고전 1:18~24)

미국의 샌프란시스코와 마린반도를 연결하는 금문교는 길이 2825미터, 너비 27미터 되는 긴 다리입니다. 그럼에도 중간 다리가 없고 로프로만 연결된 세계 최장 최대의 다리입니다. 1933년에서 1937년에 걸쳐 이 다리를 공사하는데 70여 명이 물속에 떨어져 죽는 희생이 있었습니다.

그러나 지금은 이 다리를 놓았기 때문에 사람들이 자유롭게 다니고 있습니다. 주님은 하나님과 우리 사이의 다리를 놓기 위해서 죽으셨습니다. 그래서 지금 우리는 자유롭게 왕래할 수 있게 된 것입니다.

십자가에 담긴 의미는 무엇입니까?

1. 고난으로써의 십자가

십자가는 고난을 의미합니다. 우리가 '십자가를 져야지' 하고 말할 때 그것은 바로 고난을 의미하는 것입니다. 세상에는 여러 가지의 고난이 있습니다. 더구나 교회에서 직분을 맡거나 어떤 책임을 맡게 될 때 따라오는 것은 영광보다는 십자가 짐 같은 고난입니다. 고난은 우리들에게 마치 해산의 고통과 같은 많은 고통을 주지만 많은 유익도 줍니다.

시편 119:67에 보면 "고난당하기 전에는 내가 그릇 행하였더니 이제는 주의 말씀을 지키나이다"라고 했습니다. 의인은 고난이 많은 법입니다(시 34:19). 이 세상을 지배하는 사단은 경건하게 살려고 하는 모든 사람들을 괴롭히고, 핍박합니다. 그러나 중요한 것은 이 고난을 통해서 하나님께서는 그의 뜻을 이루어가시고, 성도들은 성숙해지는 것입니다.

2. 죽음으로써의 십자가

신약 시대에 십자가를 진다는 것은 바로 죽는다는 것을 의미합니다. 로마법에 의하면 십자가에서 죽을 죄인은 일단 십자가를 지고, 사람들 앞에서부터 처형 장소까지 걸어가야 했기 때문입니다. 그러므로 십자가를 단순히 고난의 의미로만 보는 것은 잘못입니다. 십자가를 진다는 것은 바로 죽음을 의미하기 때문입니다.

많은 사람들이 십자가 지는 것을 피합니다. 왜냐하면 그 다음에 오는 영광을 보지 못하기 때문입니다. 물론 우리는 자원해서 십자가를 져야 할 필요는 없습니다. 그러나 죽음의 그 십자가를 져야 할 상황이 온다면 피하지 말고 순종해야 합니다. 그것을 피하는 것은 결코 유익이 되지 않습니다. 하나님께도 영광이 되지 않습니다. 이것은 예수 믿는 자들의 자세가 어떠해야 할 것인가를 말해 줍니다. 우리들의 신앙생활을 점검해 보아야 합니다.

3. 영광으로써의 십자가

십자가의 가장 중요한 뜻은 영광이란 사실입니다. 이것은 우리 육신의 눈으로는 잘 보이지 않습니다. 영의 눈에만 보이고, 체험을 통해서만 깨달을 수 있기 때문입니다.

그러면 왜 십자가가 영광이 됩니까? 십자가를 통해서 우리는 구원을 받고, 십자가를 통해서 승리하게 되고, 십자가를 통해서 하나님께 나아가게 되고, 십자가를 통해서 은총을 받기 때문입니다.

성경에 나오는 믿음의 사람들, 예를 들면 히브리서 11장에 나오는 모든 신앙의 영웅들은 다 십자가를 지고 살았던 사람들입니다. 그러므로 십자가는 마침내 우리들에게 영광이 되는 것입니다. "십자가 없이는 면류관도 없다(No cross, No crown)"는 말을 기억하시기 바랍니다. (종)

23. 십자가의 열쇠 (엡 2:16~18)

주님께서 "내가 곧 길이요 진리요 생명이니 나로 말미암지 않고는 아버지께로 올 자가 없느니라"고 했습니다. 여기서 길이란 천국 가는 길, 복을 받는 길, 생명에 이르는 길이란 뜻입니다. 이 길은 다른 말로 '천국의 열쇠'라는 뜻입니다.

사실 모든 성인들이나 교주들은 자기들 나름대로 구도자였고, 길의 안내자였습니다. 심지어 공자는 아침에 길을 찾을 수 있다면 저녁에 죽어도 좋다고 했습니다. 석가는 길을 찾기 위해서 가출하여 10년간을 방황하였습니다. 그러나 예수님은 내가 '길'이라고 했습니다. 이 시간 천국 가는 길이 되는 예수님의 십자가 열쇠에 대해 살펴보겠습니다.

1. 하나님께 나아가는 열쇠

십자가는 하나님께 나아가는 길이요, 하나님을 만나는 길이요, 그분의 은총을 받는 길이란 뜻입니다. 베들레헴에 가면 예수님이 탄생하신 곳에 교회가 있습니다. 중요한 것은 들어가는 문이 하나뿐이고, 말을 타고도 못 들어가고, 서서도 들어갈 수 없도록 되어 있습니다.

그것은 두 가지의 뜻이 있습니다. 첫째로 예수님만이 하나님께로 나아가는 길이요, 그의 십자가가 바로 하나님께 나아가는 열쇠임을 말해 줍니다. 둘째는 주님을 만나려면 교만해도 안 되고, 세상의 계급을 가지고도 안 된다는 뜻입니다.

2. 이웃 되게 하는 열쇠

십자가는 원수 되었던 사람도 이웃이 되게 만들어 줍니다. 왜냐하면 십자가는 화목의 표시이기 때문입니다. 누구든지 남자나 여자나 노인이나 어린이나 내국인이나 외국인이나 다 십자가를 통해서 한 가족이 되기 때문에 모든 사람들을 이웃 되게 만드는 것이 십자가입니다. 십자가의 모양을 보면 수학의 더하기 표시(plus)와 같습니다. 그것은 결코 우연이 아닙니다.

십자가는 이 세상에서 천국으로 들어가는 다리일 뿐 아니라 막혔던 담도 무너지게 하고, 서로 끊어졌던 관계도 회복시켜 주며, 이웃을 하나 되게 하는 다리입니다.

3. 화목의 열쇠

지금 세상은 서로 싸우고 있습니다. 인종적, 종교적 차이점 때문에 싸우고 이해관계 때문에 싸우고 자원 문제로 싸웁니다. 그러나 십자가는 이들을 화목케 합니다. 십자가를 보면 위와 아래를 연결시켜 주고, 왼쪽과 오른쪽을 연결시켜 줍니다.

다시 말해서 죄로 인해서 원수 되었던 우리들을 하나님과 연결시켜서 화목케 하고, 나와 너를 나와 이웃을 서로 연결시켜 줍니다. 그래서 종적 연결과 함께 횡적 연결을 해주는 것입니다.

지금 세상의 문제는 화목을 이루는 것입니다. 무엇을 통해서 서로 화목할 수 있으며, 세상을 구원할 수 있습니까? 그것은 십자가밖에는 없습니다. 십자가는 우리들에게 가장 소중한 것이고, 생명이며 소망인 것입니다. 그 십자가만 붙잡고 승리하시기를 바랍니다.　(종)

24. 고난의 목적 (벧전 1:6~7)

1. 불신자와 고난

불신자에게 고난은 그리스도에게로 돌아오라는 하나님의 음성입니다. 고난도 기쁨도 다 하나님께서 주시는 것입니다. 모든 고난에는 반드시 그 목적이 있습니다. 그런데 불신자들이 당하는 고난은 하나님께서 그들에게 그리스도에게로 돌아오라는 사랑의 음성입니다. 고난의 근본 이유는 죄에서 오는 것이고, 그것을 해결하기 위해서 하나님께서는 작은 고난을 이용하시는 것입니다.

다음 이야기는 실제로 있었던 일입니다. 배우 고 강효실 씨가 남편과 이혼을 하고 괴로워 술로 해결하려 했지만 안돼서 점쟁이를 찾아가 물어보니 '당신은 예수 믿어야 산다'는 점괘가 나왔다고 합니다. 그래서 예수 믿게 되고 마음의 평안을 얻게 되었다는 고백을 들은 적이 있습니다. 하나님께서 그 영혼을 사랑해서 고난을 통해 부르신 것입니다.

2. 신자와 고난

신자들에게 고난은 주님을 더욱 의지하라는 하나님의 신호입니다. 처음 예수 믿을 때는 그렇게 기쁘고 좋았는데 얼마 지나고 나면 또 고통이 오는 것은 무엇 때문입니까? 그것은 우리에게 더욱 하나님을 의지하라는 하나님의 신호입니다.

불신자였을 때는 나 개인의 문제로 괴로웠지만 믿고 난 후에는 교회 문제로 힘들어 하고 선교 문제로 괴로워합니다. 우리의 관점이 하나님의 관점으로 변하고 있기 때문입니다. 그래서 목회자에게는 교인들보다 더 많은 고난이 있는 것입니다.

3. 고난의 목적

하나님께서 고난을 주시는 목적은 우리를 깨끗한 그릇으로 만들기 위해서입니다. 그릇을 그냥 두면 더러워집니다. 수세미로 박박 문대야 합니다. 그래야 그릇은 깨끗해지며, 사용되어질 수 있습니다.

인간도 마찬가지입니다. 사실 고난이 없으면 생각을 하지 않고 고난이 없으면 새로운 것이 나오지 않습니다. 물론 우리가 일부러 고난을 자초할 필요는 없습니다. 그러나 고난이 올 때 그 목적을 분명하게 깨달아 오히려 기뻐하고 기도하는 것이 좋습니다.

사실 고난이 없다면 우리의 기도는 느슨해지고 고난이 없다면 믿는 것이 형식적으로 될 수 있습니다. 그러나 고난을 통해 주님을 더욱 의지하게 되고, 고난을 통해 자신의 부족한 부분을 발견하게 됩니다.

일본의 가가와 도요히코 선생은 일본이 낳은 위대한 사상가입니다. 그는 남의 첩이 된 기생의 아들로 태어났습니다. 성년이 되어서는 폐병을 앓았고, 고베의 빈민굴에 들어가 수많은 고난을 겪기도 하였습니다. 그러면서 그의 삶이 성숙되어 마침내 세계적인 사상가가 된 것입니다. 고난이 없었다면 위대한 사상가는 태어날 수 없었을 것입니다.

고난이 닥쳐올 때 우리는 회개할 죄가 있는가 살펴보고, 주님을 더욱 의지하며 기도에 더욱 힘써야 합니다. (종)

25. 고난과 두려움 (계 2:10)

1. 고난은 누구나 두려워한다

모든 인간에게는 생로병사의 고난이 있습니다. 이것을 해결하기 위해 생긴 것이 불교입니다. 그러나 그들이 말하는, 모든 욕망을 버리는 일이란 실제로 불가능합니다. 어떻게 버리려는 욕망마저 버릴 수가 있습니까? 왜냐하면 고난은 단순히 마음에서 비롯되는 것이 아니라 실제로 그런 고난의 대상이 우리들에게 존재하기 때문입니다.

역사를 통해서 볼 때, 인간의 고뇌는 크게 세 가지입니다. 첫째는 어떻게 하면 죄를 안 짓고 살까? 둘째는 죽음을 어떻게 해결할 것인가? 셋째는 참으로 의미 있는 삶은 어떤 것인가?

그런데 그것은 예수님께서 우리의 죄 문제를 십자가를 통해 다 해결해 주셨습니다. 게다가 하나님 아버지께서 우리와 함께하심으로 우리는 두려워할 필요가 없습니다. 이사야 41:10에 "두려워하지 말라 내가 너와 함께함이라 놀라지 말라 나는 네 하나님이 됨이라 내가 너를 굳세게 하리라 참으로 너를 도와주리라 참으로 나의 의로운 오른손으로 너를 붙들리라"고 한 것을 기억하고 두려움을 극복하시기를 바랍니다.

2. 고난은 잠깐 있다가 사라진다

고난은 바람과 같아서 금방 사라집니다. 바람 부는 날보다는 안 부는 날이 더 많습니다. 또 아무리 하늘에 비를 만드는 구름이 있어도 항상 있는 것은 아닙니다. 날씨가 좋은 날이 더 많기 때문입니다. '10일 동안'이란 본문의 표현은 인간의 완전수로 영원한 것이 아니라는 뜻입니다. 세상 고난은 잠깐 있다가 사라집니다. 그러나 지옥의 형벌은 영원한 고난입니다.

3. 고난은 칭찬과 영광과 존귀를 얻게 한다

고난을 통해서 얻게 되는 복은 크게 세 가지입니다. 첫째로 고난은 칭찬받는 결과를 가져온다는 것입니다. 사실 우리의 모습 이대로는 칭찬받을 만한 게 아무것도 없습니다. 그러나 고난의 연단을 통해 인격과 신앙도 성장하여 하나님과 사람 앞에서 칭찬받을 존재로 변합니다.

둘째로 고난은 영광을 가져옵니다. 십자가 없는 면류관은 없기 때문입니다. 성공해서 영광을 얻게 된 분들의 간증을 들어 보면 하나같이 다 고생을 했습니다. 다시 말해서 모든 영광은 고난의 대가란 말입니다.

셋째로 고난은 존귀를 얻게 한다고 했습니다. 하나님의 사람들이 존귀케 되는 것은 고난을 통해서만 가능하기 때문입니다. 존귀는 승리한 자의 대가입니다. 그런데 그런 승리는 끝없는 고난을 통해서 결과적으로 얻게 되는 것입니다.

러시아의 문호인 도스토예프스키는 좋은 가정에서 태어났습니다. 그는 군인장교로 출세하기 위해 육군공과학교를 나왔습니다. 그러나 그의 적성에 맞지 않아 문학을 공부했습니다.

그는 1849년 페트라세프스키 사건으로 체포되었습니다. 사형 직전에 형 중지로 목숨은 건졌지만 시베리아로 유형을 가게 되었습니다. 장교였던 사람이 졸병으로 6년을 복무하고 석방되어 돌아왔습니다.

이 시기에 그가 보낸 10년의 시간은 이루 형용할 수 없는 고통의 생활이었습니다. 그 생활을 그린 죽음의 기록이 「학대받는 사람들」이란 작품입니다. 그의 수많은 고통의 경험은 그로 하여금 위대한 문인으로 성장케 했던 것입니다. 그의 「죄와 벌」, 「카라마조프의 형제」 등의 세계적인 작품은 다 그의 고난의 산물이었습니다. (종)

26. 예수님의 눈물, 땀, 보혈 (요 6:52~55)

인간을 향한 대속의 고통을 당하신 예수님의 눈물과 땀, 그리고 보혈의 은혜를 우리 마음에 새겨야 할 것입니다.

1. 예수님의 눈물을 기억하라

예수님을 이스라엘의 정치적 왕으로 오해하는 군중들은 예수님의 예루살렘 입성을 열광적으로 찬양하였습니다. 그러나 예수님은 예루살렘 도성과 거민들을 바라보시며 통곡의 눈물을 흘리셨습니다. 주님은 왜 우셨습니까? 겉으로 보기에 너무나 평안한 도성과 거민들이었지만, 하나님 말씀을 거역하고 선지자들을 능욕하고 죽이면서도 회개치 아니하는 이들이 장차 받을 하나님의 심판을 예견하였기 때문입니다.

회개를 촉구하는 주님의 눈물을 헛되이 여기며, 도리어 그분을 십자가에 못 박은 예루살렘은 주후 70년 로마의 디도 장군에 의해 완전히 함락되고 말았습니다. 우리는 회개의 눈물을 주님께 드려야 합니다. 나 자신이 하나님 앞에서 범한 죄와 하나님을 향한 불신 가족들의 불경죄를 대신 회개하는 눈물이 있어야 합니다. 동시에 이 민족의 영적, 도덕적인 죄악을 바라보며 회개하는 눈물을 드려야 합니다. 우리 자신과, 하나님께 진노받을 일을 하고 있는 이들을 품에 안고 흘리는 회개의 눈물이 우리 가정에 다가올 환난과 넘어짐 그리고 멸망의 역사를 막을 것입니다.

2. 예수님의 땀을 기억하라

예수님은 겟세마네 동산에서 땀이 땅에 떨어지는 핏방울처럼 되기까지 기도하셨습니다. 십자가를 앞에 두고 육신의 극한 고통과 영적인 깊은 변민의 늪에 계셨습니다.

6·25이후 우리 민족은 먹고 살기 위해 많은 땀을 흘렸습니다. 그러나 점차로 그 땀은 변질되어 갔습니다. 몸을 보호한다는 명목으로 도저히 먹을 수 없을 것 같은 동물과 곤충들을 보양식품이라고 땀을 흘리며 먹기 시작하였습니다. 그리고 이제는 다이어트를 위한 과도한 땀 흘리기에 몰입합니다. 육신의 지나친 욕망은 모자란 것보다 못합니다.

이제는 기도하다가 흘리는 땀이 있어야 합니다. "하나님이여 사슴이 시냇물을 찾기에 갈급함같이 내 영혼이 주를 찾기에 갈급하니이다"(시 42:1)는 말씀처럼 영적 갈급함이 노동과 같은 기도로 표현되는 한 주간을 보내야겠습니다. 또한 예수님께서 나 같은 죄인을 구원하기 위해 땀이 핏방울같이 되도록 기도하셨듯이 이제 나는 주님이 원하시는 삶을 살기 위해 주님의 동행하심을 구하는 기도의 땀을 흘려야 할 것입니다.

3. 예수님의 보혈을 감사하라

예수님께서 골고다의 십자가에서 흘리신 피는 부족하고 연약하며 아직 죄인이며 하나님과 원수 된 관계로 살아가던 우리의 죄를 씻기 위한 대속의 보혈이었습니다. 우리의 생각과 판단으로 지은 죄를 대속하기 위해 가시 면류관을 쓰시고 보혈을 흘리셨습니다. 우리의 손과 발, 행함으로 지은 죄를 대속하기 위해 양손과 발에 대못이 박혔습니다. 그리고 허리는 창에 찔림으로 마음으로 범한 각종 죄악을 대속하셨습니다.

예수 그리스도의 보혈은 우리들을 죄와 사망과 지옥의 권세에서 건져내시고 하나님의 자녀, 천국백성으로 살아가도록 하신 생명의 보혈이었습니다. 예수님은 본문에서 자신의 살과 피를 먹고 마시지 않으면 생명이 없다고 말씀하셨습니다. 주님의 보혈의 은혜가 먼저 나의 것이 되는 복을 받아야 합니다. 그리고 우리 가정과 교회, 이웃과 민족의 복이 되어야 합니다. 그러기 위해 보혈을 주시기까지 눈물과 땀을 흘리신 예수님의 삶의 발자취를 따라가는 성도가 됩시다. (건)

27. 예수님의 고난 (사 53:5~6)

예수님은 하나님이시면서 육신을 입고 오신 것부터 자신을 내어 주는 온전한 희생을 하셨습니다. 예수님께서 겪으신 고난을 통해 하나님이 우리에게 베푸신 사랑과 은혜에 대해 깊은 관심을 가져야 하겠습니다.

1. 예수님이 찔리고 상하심으로 허락하신 은혜

"그가 찔림은 우리의 허물 때문이요 그가 상함은 우리의 죄악 때문이라"(5절)고 하였습니다. 예수님은 가시면류관과 대못과 창으로 찔림을 당하셨습니다. 예수님의 몸은 십자가에 못 박히시기까지 갖가지 고난으로 상처투성이었습니다. 이러한 고난의 이유를 우리의 허물과 죄를 담당하시기 위함이라고 하나님은 밝혀 주셨습니다. 허물은 하나님을 배반하고 부인하는 우리 마음의 불의를 지적하신 말씀입니다.

'죄'는 우리 자신이 범한 자범죄와 아담으로부터 물려진 원죄까지 모두 포함시킨 말입니다. 하나님께서는 우리들의 과거 불신앙이나 마음과 몸으로 범한 모든 죄까지 예수님에게 담당시키셨습니다. 예수님께서 인류의 죄를 대속하신 십자가의 고난은 살이 찢기고 창과 못에 찔리는 단순한 고통이 아니었습니다. 예수님은 육체적인 고통보다 마음의 고통이 훨씬 더 컸습니다. 예수님의 십자가 고난을 기억하면서 우리들이 겪는 시련이나 고난을 잘 다스려야 하겠습니다.

2. 예수님이 받으신 징계에 포함시킨 은혜

징계는 일반적으로 잘못한 사람에게 벌을 내리는 것을 가리킵니다. 예수님이 징계를 받았다는 것은 우리를 대신해서 죄에 대한, 즉 모든 잘못과 악과 타락과 악의와 불순종에 대한 형벌을 받으셨다는 뜻입니다. 예수님은 하나님의 아들이시요, 하나님이십니다. 또한 지극히 성결하시고 거룩하신 분이십니다. 그러한 예수님께 죄를 뒤집어씌우고 죄인으로 취급한 그 대가의 형벌을 징계라고 하였습니다.

예수님이 십자가에 못 박히는 과정에 일어난 모든 고통은 죄인으로서 치러야 할 형벌이었습니다. 예수님은 모욕과 비방과 수치와 조롱을 당하셨습니다. 침 뱉음을 당하고 가시로 엮은 면류관으로 머리가 상하고 손과 발이 대못으로 찢기고 옆구리는 창으로 찔림을 당하셨습니다. 이 고난을 기억하면서 경건하게 사는 여러분이 되시기 바랍니다.

3. 예수님이 채찍에 맞으신 고난에 포함시킨 복

예수님은 그 당시에 널리 사용되었던 가죽이나 노끈에 작은 납덩이나 나무 조각을 매단 채찍으로 맞으셨습니다. 이 채찍은 죄인과 노예들에게 사용되던 징계의 도구였습니다. 이 채찍에 맞으면 살에 멍이 들고 부어오르다 찢기게 됩니다.

또 이 채찍을 되풀이해서 맞으면 상처난 곳마다 채찍에 살이 뜯기는 고통이 있습니다. 예수님은 십자가에 못 박히기 전에 이 채찍에 맞음으로 실신할 만큼 고통을 받으셨습니다. 그러므로 십자가를 지고 골고다까지 가는 길에 열네 번이나 쓰러지셨습니다. 로마 병정이 보아도 더 이상 십자가를 질 수 없음을 깨닫고 구레네 시몬에게 대신 십자가를 지게 하였습니다.

우리의 죄를 대신하여 죄의 값을 치른다는 것이 이토록 힘들고 어려웠던 것을 기억하시기 바랍니다. 믿으면서도 죄를 지을 때 예수님에게 다시 십자가를 지게 하는 것과 같습니다. (돋)

28. 십자가의 고난 (마 27:46)

예수님의 십자가를 깊이 있게 묵상하는 기회가 되시기 바랍니다. 십자가의 고난을 말하고, 알 듯하면서도 그 깊은 경지를 놓칠 때가 많습니다. 이 시간을 통해 십자가의 고난에 접근하고 그 고난에 마음으로 동참하는 좋은 기회가 되시기 바랍니다.

1. 고난의 극치

십자가상에서 "엘리 엘리 라마 사박다니" 하신 예수님의 절규는 육신을 입은 인간으로서는 견디기 어려운 사실을 호소한 내용이었습니다. 당시의 십자가 고난이 얼마나 고통스러웠던가 하는 것을 깨달을 수 있습니다. 우리보다 열 배 이상의 고통을 겪는다 해도 능히 감당할 수 있으신 예수님께서 "나의 하나님, 나의 하나님, 어찌하여 나를 버리셨나이까"라고 하셨는지를 묵상해 보시기 바랍니다.

양손과 양발에서 피를 쏟으시고 옆구리로 물과 피를 다 쏟으신 예수님은 "내가 목마르다" 하시면서 이 말씀도 같이 하셨습니다. 이것은 고난의 극치였습니다. 하나님으로 겪으셨던 수모와 이 육체적인 고통이 십자가의 고난에 이중 삼중의 고통을 더하는 아픔이었습니다.

우리들도 살아가면서 겪는 큰 고난이 있을 수 있습니다. 예수님을 기억하며 잘 감당하고 어려운 고비를 넘겨야 합니다. 신앙으로 고난을 지배하시기 바랍니다.

2. 사죄의 고난을 알게 하신 예수님

본문에 나온 예수님의 부르짖음은 고백은 죄 값을 치르는 고통의 크기가 어떠함을 밝혀 주신 것입니다. 인류의 죄를 대속하는 예수님의 고난의 호소였습니다. 단순한 형벌이 아니라 온 인류의 죄를 예수님이 담당하시는 죄 값에 대한 고통이었습니다. 온 세상의 죄 값을 치르는 죄의 중압감을 느낀 예수님의 고난을 기억하시기 바랍니다.

예수님께서 지신 십자가는 모든 사람의 모든 죄를 담당하는 십자가로, 죄의 심각성이 예수님을 더 고통스럽게 했습니다. 하나님을 대적하는 인간의 죄와 불신앙과 불순종의 패역, 그리고 수없이 저지른 살인죄, 창세 초부터 진행된 난잡한 성범죄와 타락한 인간의 사악함 등을 다 포함시킨 죄를 속량하는 예수님의 영적 고통이 바로 이 고백이었습니다.

우리들도 가족과 이웃과 교회를 위해서 져야 할 십자가를 잘 감당해야 하겠습니다. 예수님을 기억하며 힘이 닿는 대로 하나님의 영광을 위한 희생을 감당하시기 바랍니다.

3. 사명을 위해 겪으신 예수님의 외로운 고난

예수님은 인류의 죄를 위해 혼자서 대속의 사명을 감당하셨습니다. 예수님만 감당하실 수 있고 행하실 수 있는 사역이어서 아무도 대신할 수 없습니다. 또 이 고난에는 누구도 동참할 수 없었습니다. 그 외로운 고통이 "엘리 엘리 라마 사박다니"로 표현되었습니다. 하나님까지도 외면하셨다는 그 사실이 십자가의 고통을 더하게 한 것입니다. 하나님이 예수님을 외면하셨다기보다, 인간이 저지른 그 많고 큰 죄를 담당하시는 예수님의 고난을 괴로워하시면서 엄격하게 집행하신 십자가형이었기에 더 괴롭게 느낀 예수님의 고백인 것입니다.

이와 같이 우리 개인들도 나만이 감당할 사역과 사명이 있고 헌신이 있습니다. 이러한 사역을 감당해야 합니다. 내가 꼭 해야 할 일을 해야 합니다. 내게만 맡겨주신 나의 일이 있습니다. 아무도 대신할 수 없고 대신해서도 안 됩니다. 남에게 미루어서도 전가해서도 안 됩니다. 내가 할 일은 내가 감당하시기 바랍니다. (돈)

29. 십자가 위에서 남기신 교훈 (눅 23:34~38)

예수님은 십자가에 못 박히는 고통 속에서도 사명을 위해 온전히 헌신하는 모습을 통해 우리에게 더 많은 교훈을 남기셨습니다.

1. 못 박히시면서까지 남기신 교훈

예수님이 십자가에 못 박혀 돌아가시면서 남기신 일곱 마디의 말씀은 우리의 마음을 움직이는 살아있는 교훈입니다.

첫째, "아버지 저들을 사하여 주옵소서 자기들이 하는 것을 알지 못함이니이다"(34절). 예수님은 그 모진 고통 속에서도 자기를 못 박고 대적한 사람들을 위해 중보기도를 드리셨습니다. 원수를 사랑한다는 것이 우리 힘으로는 불가능합니다. 그러나 하나님의 은혜로는 가능합니다. 더 큰 믿음을 통해 원수까지 사랑하는 성도가 되시기 바랍니다.

둘째, "오늘 네가 나와 함께 낙원에 있으리라"(눅 23:43). 십자가에 못 박히는 현장에서 죽기 직전에 구원받은 한 강도의 실례를 보게 됩니다. 오래 믿고 많은 봉사와 헌신을 하다가 하나님나라에 가는 사람들이 많습니다. 그러나 임종을 앞두고 병상에서 이 강도와 같이 구원받는 성도도 있습니다. 상급에는 문제가 되겠지만 구원받는 일이 가능합니다. 가족 구원을 책임져야 하며 한 사람이라도 더 전도하여 구원받을 수 있도록 해야 하겠습니다. 얼마나 전도했는지 점검해 보시기 바랍니다.

셋째, "여자여 보소서 아들이니이다"(요 19:26), "보라 네 어머니라"(요 19:27). 이 말씀을 보면 예수님은 그 힘들고 고통스러운 마지막 순간에도 효성과 윤리적인 책임까지 다하셨습니다. 우리들은 가족도 잘 섬겨야 하고 하나님도 잘 섬겨야 합니다. 가족들에게 인정받지 못하는 신앙이라면 하나님께도 인정받을 수 없습니다. 가족들과 더 원만한 관계를 갖고, 가족들에게 칭찬받고 존경받는 성도가 되시기 바랍니다.

2. 예수님의 사랑은 몸소 체휼하심으로 보여 준 사랑

넷째, "엘리 엘리 라마 사박다니 하시니 이는 곧 나의 하나님, 나의 하나님, 어찌하여 나를 버리셨나이까"(마 27:46). 이는 십자가상의 고통이 어느 정도였는지를 보여 주는 말씀입니다. 죄진 인류를 대신해 못 박히는 순간만은 하나님께 버려진 사람으로 느낄 만큼 외롭고 힘들었을 것입니다. 우리도 이웃과 가족을 위해 십자가 지는 삶을 살아야겠습니다.

다섯째, "내가 목마르다"(요 19:28). 예수님은 온 몸의 피와 물을 다 쏟으시고 뜨거운 햇볕 아래 몸이 드러나는 고통 속에서 "내가 목마르다" 하셨습니다. 예수님의 고난 하나하나를 묵상하면서 죄의 심각성을 깨닫고 죄와는 단절해야 합니다. 또한 죄로 인해서 아무리 짧은 시간이라도 하나님의 마음을 아프게 해서는 안 되겠습니다. 의와 선을 위해서 영적인 갈증을 느끼며 살아가는 성도가 되어야 하겠습니다.

3. 십자가의 대속이 완성되었습니다

여섯째, "다 이루었다"(요 19:30). 예수님은 인류의 죄를 대속하는 위임받은 사명을 다 이루었다고 말씀하셨습니다. 또 다른 뜻은 온 세상이 범한 모든 죄의 대가를 다 치르신 사실을 온 천하에 공개적으로 밝히신 말씀입니다. 어떤 죄라도 회개하고 자복하면 다 용서받습니다. 더 경건한 사람으로 사시기 바랍니다.

일곱 번째, "내 영혼을 아버지 손에 부탁하나이다"(눅 23:46). 이 본문은 예수님의 구원을 하나님께 부탁하신 말씀이 아니고 우리에게 내세가 있고 하나님나라가 있음을 보여 준 말씀입니다. 세상에 사는 기간은 구원의 기회요, 상급을 준비하는 기간입니다. 교회와 하나님을 사랑하므로 큰 상급을 받는 성도가 되시기를 바랍니다. (돈)

30. 고난을 영화롭게 하신 예수님 (히 5:7~10)

예수님께서 겪으신 고난은 우리와 비교할 수 없는 특별한 고난이었습니다. 예수님께서 이 고난을 대하신 태도나 다스리신 방법을 통해 우리가 이 세상을 살아나가는 데 지혜로 삼아야 하겠습니다.

1. 예수님이 겪으신 일반적인 고난

예수님은 태어나실 때부터 보통 사람이 겪을 수 없는 시련을 겪으셨습니다. 말구유에서 태어나서 애굽까지 피난을 가셔야 했던 그 여정을 상상해 보시기 바랍니다. 정말 힘든 고통이었습니다.

그뿐 아니라 하나님께서 인간의 몸을 입고 오셔서 사신 부자연스러운 생애 역시 힘든 고난의 생애였습니다. 더욱이 제사장과 서기관, 바리새인들의 성경이나 하나님을 빙자한 계속되는 핍박은 참으로 견딜 수 없는 시련이었습니다. 그러므로 위의 본문같이 심한 통곡과 눈물로 간구와 소원을 올리는 생활의 연속이었을 것입니다.

우리는 성자이신 예수님께서 왜 이토록 고난의 생애를 보내셨는지 깨달아야 하겠습니다. 우리가 고난을 겪을 때에 예수님을 기억하며 승리해야 하겠습니다. 고난을 잘 다스리고 활용하므로, 고난을 통해 우리에게 허락하신 은혜와 축복을 경험하시기 바랍니다.

2. 사람의 죽음에 대해 연민을 느끼신 예수님

예수님은 일반적인 고난 외에 사람의 생명을 사랑하는 각별한 마음의 아픔이 있었습니다. 요한복음 11:35에 보면, 나사로의 죽음 앞에 예수님께서 눈물을 흘리셨습니다. 나사로와의 인정이나 친분 때문에 우셨다고 생각할 수도 있지만, 예수님의 눈물은 모든 인류를 지배하고 있는 사망의 권세에 대한 침통한 눈물이었습니다. 죄로 인해 사망이 들어왔고 사망의 종노릇하는 사람을 보시고 예수님은 우셨습니다.

예수님이 세상에 오신 목적도 대속에 있었고 이 대속이 바로 사람의 생명을 사망에서 건져낸 구원 사건이었습니다. 이 큰 사역을 위해 십자가 지실 것을 생각하시면서, 나사로의 죽음 앞에서 우시는 예수님을 보게 됩니다.

우리도 이 세상을 살아가면서, 사망의 종노릇하며 죄와 타락에 매여 있는 사람을 볼 때에 사명의 눈물을 경험해야 합니다. 중보의 대상을 위해 눈물로 기도하고 대신 회개하며 영혼을 사랑하는 일은 참으로 소중한 일입니다. 이러한 사역이 생활 속에서 실천되도록 노력하시기 바랍니다.

3. 나라를 사랑하는 예수님의 눈물

누가복음 19:41에 보면, 예수님께서 예루살렘 성에 가까이 오시자 성을 보고 우셨습니다. 이것은 나라와 동족을 위한 예수님의 눈물이었습니다. 우리가 이 세상을 살 동안에 기독교는 국적이 없지만, 그리스도인에게는 조국이 있습니다.

우리의 큰 중보기도 제목은 나라를 위한 기도일 것입니다. 가족을 위해 기도하고 교회와 한국 교회를 위해 기도하고, 더 나아가서 기도제목이 있다면 나라를 위한 구국기도입니다. 바울 사도는 동족을 위한 기도가 마음에 그치지 않는 근심이라고 하였고, 예수님도 예루살렘 성을 앞에 놓고 우셨습니다. 이것이 성스러운 번민이요 동족을 위한 아픔입니다.

참 그리스도인이며 영적 은혜를 경험한 성숙한 사람이라면, 자기 동족을 위한 눈물이 있게 마련입니다. 이러한 고민과 사명이 의인이 감당하는 현실에 대한 책임이며, 자기가 살고 있는 시대에 대한 영적으로 져야 할 짐이 됩니다.

이 사명을 위해서 충성된 여러분이 되시기 바랍니다. (돈)

31. 십자가 사건의 참된 의미 (롬 5:8)

불신앙인들은 예수님의 십자가 사건은 실패요 저주라고 말하지만, 주님이 지신 십자가는 인류에게 최고 큰 기쁨의 사건이며, 인류 구원을 위한 최대 사건입니다.

원수 마귀는 예수님을 대적하고, 하나님의 일을 방해하려고 바리새인, 서기관, 대제사장, 관원들, 로마군인, 심지어 예수님의 제자까지 미혹하고 충동하여 예수님을 십자가에 못 박게 만들었습니다. 그러나 하나님은 그 사건을 인류 구속을 위한 위대한 대역사로 바꾸어 놓으셨습니다.

예수님의 십자가 사건의 참된 의미는 무엇입니까?

1. 하나님 사랑의 확실한 증거

우리 인류를 향한 하나님의 사랑은 세상의 일반적인 사랑과 차원이 전혀 다른 초월적인 '아가페' 사랑입니다. 사랑하는 대상에 대하여 어떤 대가를 바라는 사랑이 아니고, 아무 조건 없이 베풀어 주신 최고의 사랑입니다. 하나님의 그 위대한 사랑은 우리 인간이 죄악에 대한 형벌로 지옥에 갈 수밖에 없게 되었을 때, 독생자 예수 그리스도를 우리 대신 십자가에 못 박혀 피 흘리시며 죽게 하심으로 인류를 죄에서 해방시켜 주시고 멸망에서 구원받게 해주신 최대의 사랑이요, 최고의 사랑입니다.

"우리가 아직 죄인 되었을 때에 그리스도께서 우리를 위하여 죽으심으로 하나님께서 우리에 대한 자기의 사랑을 확증하셨느니라"(8절).

2. 하나님의 의에 대한 가장 위대한 증거

하나님의 사랑은 무한하지만 동시에 하나님은 공의로우신 분입니다.

하나님의 공의는 결코 양보할 수도 없고, 가감할 수 없는 것입니다. 그러므로 하나님의 심판은 가장 정확하고 의로우신 것입니다.

예수님이 지신 십자가 사건은 바로 인간이 지은 죄에 대한 형벌을 예수님께 내리신 공의의 심판이었습니다. 하나님은 인간을 사랑하시기에 인간을 무조건 멸망시키실 수가 없었습니다. 인간을 구원하시려고 할 때 죄 지은 인간을 심판도 없이 그냥 무조건 구원하시면 하나님의 공의가 무너지게 되므로 하나님의 사랑과 공의가 동시에 나타난 사건이 바로 예수님이 지신 십자가 사건입니다.

우리 인간이 지은 죄가 하나님의 독생자 예수님을 십자가에 못 박지 않고는 용서받을 수 없는 무서운 죄임을 인식하고 우리 생활 속에서 예수님을 십자가에 반복하여 못 박는 어리석음을 범하지 말아야 합니다.

3. 우리가 의롭다고 인정받을 수 있는 근거

우리가 지은 죄에 대하여 용서받을 뿐 아니라 죄에 대하여 무죄로 인정되고 의롭다고 인정받을 수 있는 길은 오직 예수를 나의 대속주로 믿는 길뿐입니다.

예수님께서 범죄한 인간의 형벌의 해결과, 칭의를 위해 이 땅에 오셔서 우리의 모든 죄를 대신 지시고 십자가에 못 박히신 것이 십자가 사건의 중요한 의미입니다.

"그런즉 한 범죄로 많은 사람이 정죄에 이른 것같이 한 의로운 행위로 말미암아 많은 사람이 의롭다 하심을 받아 생명에 이르렀느니라"(롬 5:18). (렬)

32. 한없는 고통의 십자가 (마 27:45~50)

예수님께서 십자가에 못 박혀 죽으심은, 한마디로 말해서 고통의 극치를 이루시고 고통의 절정을 이룬 것입니다.

1. 한없는 육체의 고통

예수님께서 지신 십자가의 극심한 고통을 어찌 사람들의 글로 다 표현할 수 있겠습니까! 그의 머리에는 가시면류관을 쓰셨는데, 가시가 피부에 찔릴 때마다 그 가시나무의 독소 때문에 저리고 아픔이 극심하다고 합니다. 또 갈대로 때리고, 그 얼굴에는 침을 뱉았으며, 그 손과 발에 큰 쇠못을 박아 십자가 형틀에 매달았습니다.

사람의 생명에 직접 관계되지 않는 손과 발에 못을 박아 오랜 고통 속에 서서히 죽게 한 악랄한 방법이었습니다. 십자가상에 여섯 시간 동안이나 달리셨으니 그 살은 몸의 무게로 인해 찢겨져서 정신을 잃을 정도로 고통이 주어졌습니다. 그 상처가 점점 넓어진 곳에서 동맥으로 흐르는 피를 정맥이 미처 나르지 못하니 그 고통은 극심했을 것입니다.

또한 오래 고통을 당하니 갈증도 극심했기 때문에 "내가 목마르다"라고 육신적 고통을 나타내는 말씀을 하셨습니다. 또 마지막에 실신한 후 창으로 옆구리를 찔려 물과 피를 다 쏟으셨습니다. 마지막 운명이 강도들보다 빨랐기 때문에 다리를 꺾이우는 일은 당하지 않으셨으니 이것도 예언의 응함이었습니다(요 19:36).

2. 한없는 정신적 고통

육체적 고통은 어느 정도 참을 수 있으나, 정신적으로 당하는 예수님의 고통은 얼마나 혹독하고 극심하였을까를 생각해 봅시다. 예수님의 성육신하신 일이나 그리고 동족을 사랑하시사 구원하시려고 애쓰신 흔적을 그의 생애에서 많이 찾아볼 수 있습니다. 그런데 그 백성들은 이 뜻을 모르고 받아들이지 않을 뿐더러, 예수님을 십자가에 못 박아 죽여야 한다고 아우성을 쳤습니다. "호산나"라고 환영하던 외침이 오히려 "십자가에 못 박으소서"로 변하며, 미친 듯이 선포하고 고발하는 무리들의 모습을 바라볼 때, 예수님의 정신적인 고통이 어떠했겠습니까?

제자들을 그렇게 끝까지 사랑하시고 가르쳤건마는 형장에는 요한 한 사람이 왔을 뿐, 주님과 같이 죽겠다고 호언장담하던 베드로도, 다른 여러 제자들의 모습도 보이지 않았습니다. 극단적인 배신을 당한 아픔과 외롭고 쓸쓸한 심정의 고통은 당사자만이 아는 참혹한 고통이었습니다.

3. 한없는 영적 고통

그리스도이신 예수님은 그의 직분을 통하여 받은 고통이 극심하셨으니, 선지자 직분에 있어서 "그리스도야 네가 선지자라 하니 너를 치는 자가 누구냐"라고 조롱당하셨습니다. 또 제사장 직분에 있어서 "그가 남은 구원하였으되 자기는 구원할 수 없도다"(마 27:42)라고 멸시를 받으셨습니다. 또 왕의 직분에 있어서 "유대인의 왕이여 평안할지어다"(마 27:29)라고 하는 무시를 당하셨습니다.

가장 큰 고통은 하나님의 아들이면서도 하나님께마저 버림을 당하셨다는 것입니다. "엘리 엘리 라마 사박다니 이는 곧 나의 하나님 나의 하나님 어찌하여 나를 버리셨나이까?" 하나님께 버림받은 순간입니다. 이는 그가 받은 고통 중에 가장 크고 아픈 영적 고통입니다.

나를 위하여 십자가에서 고통의 극치를 이룬 예수님의 수난을 기억하면서, 그 은혜로 구속함 받은 우리들은 예수님을 위한 육체적인 고통이나, 정신적인 고통이나, 영적인 고통까지라도 감수하고, 죽도록 충성해야겠습니다. (찬)

33. 십자가와 부활 (골 2:12~15)

예수 그리스도는 죄와 죽음의 권세를 이기시고 부활하셨습니다. 그런데 다시 사신 예수 그리스도를 믿는 그리스도인들이 승리의 삶을 살지 못하는 이유는 무엇이겠습니까?

그 이유는 십자가의 죽음 없이 부활만 바라보았기 때문입니다. 그리스도의 부활은 십자가에서 시작되었습니다. 십자가의 죽음 없이는 부활이 있을 수 없습니다. 그리스도인들이 그리스도의 부활에 참예하기 위해서는 그리스도의 십자가를 지는 체험이 먼저 있어야 합니다. 왜냐하면 고난주간 다음에 부활절이 있기 때문입니다.

예수님의 부활은 십자가의 고난을 통해 이루어진 영광입니다. 그러므로 그리스도인들이 부활의 영광에 참예하려면 십자가에서 자기의 정과 욕심을 죽이는 경험이 먼저 있어야 합니다.

1. 먼저 죽어야 다시 살 수 있습니다

옛사람 즉 정욕의 사람, 육체의 사람이 죽어야 새사람 즉 영의 사람이 될 수 있습니다. 새사람이 되지 못하는 이유는 옛사람이 죽지 않고 살아 있기 때문입니다.

바울은 "그리스도 예수의 사람들은 육체와 함께 그 정욕과 탐심을 십자가에 못 박았느니라"(갈 5:24)고 하였습니다. 그리스도인이 된다는 것은 십자가에 육의 사람, 욕심의 사람을 못 박아 죽이는 삶을 사는 것입니다. 이렇게 옛사람이 십자가에서 죽을 때 그리스도와 함께 부활에 참예하여 새사람이 됩니다. 옛사람이 죽어야 사랑, 희락, 화평, 오래 참음, 자비, 양선 등 새사람의 열매를 맺을 수 있습니다.

세례식은 죽음과 부활을 상징하는 의식입니다. 세례를 받을 때 물 속에 들어가는 것은 옛사람의 죽음을 뜻하고 다시 물에서 올라오는 것은 죽음에서 다시 사는 것을 의미합니다.

바울은 "땅에 있는 지체를 죽이라 곧 음란과 부정과 사욕과 악한 정욕과 탐심이니 탐심은 우상숭배니라"(골 3:5)고 교훈하였습니다. 옛사람이 죽어야 새사람이 됩니다. 민족과 나라를 위해 개인을 희생하는 아픈 상처 속에 진정한 민족의 부활과 구원의 영광이 있음을 발견해야 합니다.

2. 고난을 통과해야 영광이 있습니다

십자가의 고난 후에 부활의 영광이 있습니다. 신앙이 부족한 사람은 부활의 영광만을 사모하고 십자가의 고통은 당하지 않으려고 합니다. 이러한 신자를 가리켜 '예수 이용자', '값 싼 신자'라고 합니다.

그리스도의 남은 고난을 내 몸에 채우려는 십자가의 사람이 되어야 부활의 영광도 누리게 됩니다. 부활의 영광은 십자가에서의 자기희생으로 받는 것입니다.

성공이란 무엇입니까? 성공은 결코 우연히 찾아오지 않습니다. 땀과 눈물의 결정체가 곧 성공입니다. 정말로 성공하는 사람은 겉으로는 미소를 짓지만 속으로는 우는 사람입니다. 그러므로 바울은 "나는 날마다 죽노라"(고전 15:31)고 고백했습니다. 그는 다메섹도상에서 예수님을 만났을 때 사흘 동안 보지 못하고 식음을 전폐하였고, 3년간 아라비아 사막에서 기도했습니다. 왜 그렇게 했겠습니까?

그는 먼저 자기의 옛사람을 죽이는 고통을 몸소 체험했습니다. 그 결과 사울은 죽고 바울이 된 것입니다. 마음을 이기는 고통이 있은 후에야 사랑의 사람이 되고 교만을 죽이는 희생이 있어야 겸손의 사람이 됩니다. 신자의 삶은 매일 고통의 길을 걸어야 점점 거룩해지고 점점 성숙하게 됩니다.

이란 왕궁에서 값비싼 거울을 유럽에 주문했는데 수송 도중에 거울이 깨졌습니다. 참으로 참담한 일이었습니다. 그런데 한 미술가가 깨진 거울을 가지고 모자이크로 조형하여 세계적인 미술품을 제작했다고 합니다. 거울이 깨지지 않았다면 밋밋한 거울에 불과했을 텐데 깨졌기에 모자이크로 변화가 된 것입니다.

예수님의 부활도 십자가의 고통 없이는 있을 수 없듯이 인간도 말할 수 없는 고통으로 마음과 육체가 상처 입고 깨어지기에 하나님을 찾게 되고 하나님을 의지하게 됩니다. 그 결과 하나님의 손 안에서 재창조의 기쁨을 맛보게 됩니다.

3. 희생이 있어야 열매가 있습니다

십자가는 희생의 상징입니다. 예수의 십자가 희생으로 우리가 부활의 생명과 구원의 열매가 되었습니다.

예수께서 십자가에 달려 죽으심으로 우리가 살게 되었고, 예수께서 음부에 내려가심으로 우리가 천국에 올라가게 되었고, 예수께서 욕을 당하심으로 우리가 영광을 누리게 되었고, 예수께서 매를 맞음으로 우리가 평화를 입게 되었고, 예수께서 가시관을 쓰심으로 우리가 면류관을 쓰게 되었고, 예수께서 피를 흘리심으로 우리가 속죄함을 받게 되었고, 예수께서 고통을 당하심으로 우리가 구원을 얻게 된 것입니다.

예수님의 십자가의 희생이 우리에게는 은혜가 된 것입니다.

십자가와 부활은 깊은 상관관계가 있습니다. 이것은 죽어야 산다는 진리입니다. 희생이 있은 다음에 열매가 있다는 진리입니다. 죽음과 고난과 희생의 십자가의 참 뜻을 깊이 인식해야 구원과 부활의 기쁨을 누리게 됩니다. (택)

부활주일

✲✲✲✲✲✲✲✲✲✲

나겸일(일) 나원용(용) 이건영(건)
이병돈(돈) 이복렬(렬) 임택진(택)

* 설교자의 표시는 ( )안의 약자로 표기했습니다.

34. 부활하신 예수님 (마 28:1~10)

십자가에 못 박혀 죽으신 예수님은 안식 후 첫날 곧 주일 새벽 미명에 부활하셨습니다. 예수님의 부활을 맞는 부활절에 우리는 좀 더 큰 승리와 기쁨을 나누는 의미 있는 삶을 살아야 합니다. 오늘의 본문 말씀을 중심으로 부활의 확실성과 그 의미를 조명해 보겠습니다.

1. 누가 부활을 목격하였나요

예수님은 십자가 위에서 죽어 돌무덤에 장사지낸 바 되었습니다. 그 시대에 예수님의 돌무덤을 본 자들과 빈 무덤을 본 자들은 과연 누구였을까요? 예수님의 무덤은 로마 총독의 봉인이 찍혀 누구도 접근할 수 없었습니다. 큰 돌이 무덤을 가로막고 있었을 뿐 아니라, 로마 군인들이 지키고 있었습니다. 그런데 예수님의 시신이 없어졌습니다. 바로 예수님이 살아나신 것입니다. 이 빈 무덤은 우연히 된 것이 아니라 그리스도의 부활을 증거하는 것입니다.

수많은 목격자들의 증언이 그리스도의 부활을 증거합니다. 여러 여자들, 11사도들, 엠마오의 두 제자, 바울 등 많은 사람들이 부활하신 예수님을 보았고, 만났고, 대화를 나누었으며 함께 음식도 먹었습니다. 특별히 오늘 본문을 통해서 보면 주님을 사모하며 만나기를 원하는 여인들이 맨 먼저 주님의 부활을 목격하였습니다. 안식 후 첫날 미명에 부활하신 주님을 만난 그 여인들에게는 더 이상의 슬픔보다는 기쁨과 감격과 경외감이 일어났습니다. 이것이 바로 주일의 의미입니다.

여러분은 부활을 목격하고 증거한 여인들처럼 주님을 먼저 찾고 있습니까? 그리고 근심 걱정 많은 세상 가운데서도 담대합니까? 주일 새벽 미명에 다시 사신 주님의 부활이 여러분을 다시 새롭게 하는 삶의 의미가 되고 있습니까? 오늘도 여인들처럼 주님을 사모하여 먼저 만나시고, 부활의 확증을 가지고 사시는 성도가 되기를 바랍니다.

2. 예수님의 부활이 의미하는 것이 무엇일까요

예수님의 부활은 시간과 공간 속에서 일어났던 역사적인 사건이며, 온 인류를 구원하시려는 하나님의 놀라우신 계획과 섭리의 완성입니다. 죄로 인한 사망과 절망 속에 있을 인간을 향한 하나님의 소망의 선포입니다. 십자가를 지신 그 예수님이 하나님의 아들이심을 입증하는 것입니다.

또한 부활은 죄로 오염된 이 세상에서 새 세상, 새 인간을 창조하시는 하나님의 재창조의 사건이며 하나님의 선포입니다. 그리스도의 부활은 온 인류를 향한 하나님의 사랑과 승리입니다. 우리는 이제 그리스도의 부활을 통하여 새롭게 창조한 하나님의 나라와 그리스도의 재림시 완성될 천국을 바라보아야 합니다. 그리고 속한 가정과 교회 속에서 주님의 일들을 힘차게 감당하는 은혜의 백성이 되어야 합니다.

3. 부활하신 주님이 주신 것은 무엇입니까

사람은 자신의 종국을 잘 알지 못해 늘 근심과 걱정 속에서 살아갑니다. 십자가에 달려 처참하게 돌아가신 예수님의 최후를 보는 측근들에게도 근심과 안타까움이 컸습니다. 더 이상의 소망이 없는 줄 알았습니다. 정말 죽은 예수님이 하나님의 권능으로 다시 사실 것을 깨닫지 못한 것입니다.

그래서 결국 여인들은 무서움 반, 기쁨 반으로 부활하신 그 돌무덤에서 달아나듯 달음질하였습니다. 바로 이와 같은 모습이 우리의 모습입니다. 제대로 믿지 못하고 근심 중에 살아가는 우리네 인생 모습입니다.

주님은 이 여인들을 만나 주시며 "평안하뇨" 하고 물으시며 안정을 주셨습니다. 주님은 우리의 삶을 새롭게 회복하십니다. 부활하신 주님을 만나는 것은 공포가 아닙니다. 곧 삶의 평안입니다. 죽음의 공포가 아니라 다시 사는 소망이 있습니다. 아픔과 애통함이 아니라 기쁨이며 위로입니다. 이것이 부활하신 주님이 여인들에게 주신 선물입니다. 이 여인들과 같은 믿음으로 부활하신 주님을 늘 만나며, 하나님의 평강의 선물을 받아 누리는 복된 성도가 되기를 바랍니다. (일)

35. 부활의 영성을 회복하라 (요 20:24~29)

1. 엠마오로 가는 두 제자

예수님이 돌아가신 후 두 제자가 예루살렘에서 엠마오로 향했습니다(눅 24장). 깊은 실망으로 힘없이 걸어갑니다. 부활하신 주님께서 동행하셨지만 그들의 눈이 어두워 예수님을 알아보지 못했습니다. 말씀을 듣고 뜨거움을 느꼈지만, 예수님인 줄은 몰랐습니다. 그러나 집에 와 예수님이 떡을 떼어 축사하실 때 그들의 눈이 밝아졌습니다(눅 24:31).

예수 믿는 것을 그 때서야 깨달았습니다. 이후 그들은 예루살렘을 향하여 발걸음을 돌렸고 제자들과 합세하여 부활의 증인이 되었습니다.

부활의 주님을 보기 전에는 실망의 길을 걷던 자들이 주님을 본 다음에는 소망의 길을 걷게 되었습니다. 낭패와 실망의 길을 걷고 있는 사람이 있습니까? 부활의 예수님을 만날 수 있기를 바랍니다.

2. 슬픔에 차 있는 마리아

막달라 마리아가 울었다는 구절은 많이 나타나고 있습니다. 예수님께서 묻힌 것을 보고 너무도 많이 울었습니다. 삼일 지나 예수님의 무덤에 찾아왔으나 빈 무덤이었습니다. 그것을 보고 또 울었습니다. 주님께서는 이렇게 울고 있는 마리아에게 찾아와 만나 주셨습니다. "여자여 어찌하여 울며 누구를 찾느냐"(요 20:15).

지금 울고 계십니까? "어찌하여 울며 누구를 위해서 우느냐"라고 물으시는 주님의 음성을 들으시기를 바랍니다. 우리가 울 수밖에 없는 조건을 만날지라도 주님을 만나면 거기서 문제가 모두 해결됩니다. 울음의 조건이 없어집니다. 슬픔이 변하여 기쁨이 됩니다. 사업에 실패하신 분이 계십니까? 가정이 어렵습니까? 질병으로 고통받는 사람이 있습니까? 부활의 주님을 만나기만 하면 울음이 웃음으로 변할 줄로 믿습니다.

3. 공포에 떨고 있는 제자들

주님의 십자가 사건은 제자들에게서 희망을 빼앗아갔습니다. '내가 주님을 따라가다 보면 무엇인가 되겠지…… 인도하시겠지…….' 이러한 꿈을 가지고 따라다녔습니다. 그러다가 주님의 십자가 죽음 앞에서 모두 실망했습니다. 이제 자신들도 잡혀 죽을지도 모릅니다. 그래서 모인 곳의 문들을 닫고 벌벌 떨고 있던 제자들에게 주님께서 공간과 시간을 초월하여 나타나셨습니다(요 20:19). 그리고 그들에게 평강을 주었습니다. 주님의 선물은 평강입니다. 또 아버지가 나를 보내신 것같이 나도 너희를 보내노라고 말씀하셨습니다. 그리고 성령을 받으라고 말씀하셨습니다. 성령을 받으면 기도, 예배, 찬송이 살아납니다. 감동이 옵니다. 권능을 받고 증인이 됩니다. 이후 제자들은 아골 골짜기 빈들에도 복음을 들고 찾아갔습니다. 우리도 복음을 전할 사명이 있습니다.

4. 회의주의자 도마

도마는 의심이 참 많은 사람입니다. 처음에 예수님이 나타나실 때 도마는 그 자리에 없었습니다. 나머지는 예배에 참석하고 예수님을 보았지만 도마는 보지 못했습니다. 예수님이 살아나셨다고 했을 때 도마는 내 눈으로 직접 보기 전에는 못 믿겠다고 했습니다. 이 손으로 못 자국을 만져봐야 믿겠다고 하며 의심했던 사람이었습니다(25절). 확신이 없고 평안이 없고, 회의적인 도마에게 나타나서 평안과 믿음을 주셨던 주님께서 우리에게도 평안과 확신을 주실 줄로 믿습니다.

도마는 공동체의 모임, 예배에 빠짐으로 부활의 주님을 만나지 못 할 뻔했습니다. 교회에서의 집회와 성도의 모임과 예배를 중요하게 여기고 꼭 참석하기 바랍니다. (일)

36. 나의 부활 (고전 15:20~28)

신앙생활에는 공동체적인 특성이 많이 있습니다. 그러나 중요한 것은 신앙생활은 철저하게 개인적인 측면이 강하다는 것입니다. 내가 은혜받지 못하고서, 내가 복음의 확증 없이 다른 사람에게 은혜를 끼치고 복음을 전할 수 없습니다. 내가 기뻐하는 삶을 살지 못하고서 다른 사람에게 기쁨의 삶을 설명할 수 없습니다.

똑같은 원리로써 죽음의 권세를 이기신 주님의 부활은 주님의 능력으로만 그치지 않고, 하나님을 믿고 부활의 소망을 갖고 살아가는 모든 성도들에게도 이 부활의 삶이 선물로 주어집니다.

부활에 대한 확신이 없이는 다른 사람에게 예수 그리스도의 부활을 전할 수도 없고, 자신의 믿음생활도 담대하게 잘할 수 없는 것입니다. 오늘 본문을 통하여 주님의 부활이 나의 삶과 어떤 관계가 있는지를 살펴보겠습니다.

1. 부활은 죽음 다음의 세계가 있다는 증거입니다

인간은 어느 누구도 죽음을 피할 수 없습니다. 그러나 성경을 보면 예수님은 십자가에 달려 죽으시고, 장사지낸 바 되었다가 사흘 만에 다시 살아나셨습니다. 이것을 우리는 부활이라고 합니다. 예수님께서 부활하신 것은 곧 육신의 죽음 이후에 다음의 세계가 있다는 증거이며, 우리들도 부활할 수 있다는 새로운 사실을 보여 주신 것입니다.

예수님은 공생애 기간 동안 제자들에게 이렇게 말씀하셨습니다. 그리고 약속하셨습니다. "나는 부활이요 생명이니 나를 믿는 자는 죽어도 살겠고 무릇 살아서 나를 믿는 자는 영원히 죽지 아니하리니 이것을 네가 믿느냐"(요 11:25~26). 그리스도께서 죽은 자들 가운데서 다시 살아 잠자는 자들의 첫 열매가 되셨습니다(20절). 아담 안에서와 같이 죄를 범하고 죽을 수밖에 없는 우리가 그리스도 안에서 살아나는 복된 존재가 된 것입니다. 부활은 곧 내가 다시 살아 하나님과 더불어 사는 것의 표징입니다.

이 세상을 사는 동안 시험과 환난 중에서도 믿음을 지키며 소망 중에 살아갈 힘이 생기는 것은 바로 주님의 부활이 나의 부활의 확증이기 때문입니다. 예수님을 믿는 자는 예수님 안에서 예수님처럼 부활하게 됩니다. 주안에서 믿음으로 살아 이러한 복된 삶을 영위하시는 성도들이 되시기를 바랍니다.

2. 예수님의 부활은 영생이 있음을 알게 합니다

병원에 심방을 가보면 부활 신앙이 없는 자는 죽음을 몹시 두려워하며 떨고 있는 것을 봅니다. 그러나 확고한 믿음을 가진 자는 죽음을 두려워하지 않고 마음이 평화로우며 주님의 나라에 갈 소망을 가지고 투병하고 있는 것을 보게 됩니다.

예수님을 믿는 자들에게 주시는 가장 큰 복이 무엇이겠습니까? 그것은 천국의 소망이요 영생입니다. 모든 믿는 사람은 예수님 안에서 영생을 얻게 됩니다. 그리스도께 속한 자는 그리스도께서 강림하실 때 부활하게 됩니다(23절). 그때 인류의 최대 원수인 사망을 멸하시어 다시는 사망이 없는 영원한 세계로 만드십니다.

부활하신 예수님이 첫 열매가 되셨습니다. 그 첫 열매는 둘째, 셋째 열매가 있다는 말입니다. "아담 안에서 모든 사람이 죽은 것같이 그리스도 안에서 모든 사람이 삶을 얻으리라"(22절)고 말씀하셨습니다. 이것은 곧 죽음의 권세를 깨뜨리고, 하나님의 보좌에서 영원히 함께 기쁨으로 살아간다는 말입니다. 곧 영생입니다. 예수님을 진실로 믿는 자는 영생을 확실히 얻게 됩니다. 그리스도의 재림시 영원한 하나님나라에 가서 영원토록 주님과 함께 살게 됩니다.

　사랑하는 여러분! 수고와 고통만 있는 이 땅의 삶이 전부가 아니라 하나님 안에서 주시는 은혜의 세계 곧 영생의 나라, 하나님의 나라가 있다는 것을 알고 소망 중에 살아가는 성도가 되시기를 바랍니다. 날마다 주님을 바라보며 찬양하시기를 바랍니다. 천국 신앙을 가지고 기쁘게 살아가시는 성도들이 되기를 바랍니다. (일)

37. 부활과 복음 신앙 (고전 15:50~58)

죄의 용서와 구속의 은혜를 말하는 기독교의 신앙에는 중요한 여러 가지 교리가 있습니다. 그 중에서도 가장 중요한 교리는 구원입니다. 구원받은 자는 마지막 때에 생명의 부활을 합니다. 대부분 사람이 살다 죽으면 그것으로 끝이 난다 하지만, 기독교는 예수 그리스도를 통하여 살아날 것을 가르칩니다.

십자가를 지신 예수 그리스도의 수난과 죽음과 부활이 이 땅의 사람과 전혀 무관하지 않다는 것입니다. 죄 가운데서 절망하고 혼돈의 삶을 사는 사람들에게 예수 그리스도의 십자가와 부활은 희망이 되었습니다. 예수 그리스도의 부활은 곧 죽음 가운데 있는 내가 하나님의 은혜로 다시 사는 것을 말합니다. 이것을 복음이라고 합니다.

죄를 짓고 살아가는 모든 인간에게는 매우 아름다운 소식입니다. 소망이 없는 사람들, 절망 중에 있는 사람들에게 나의 한 생명이 귀하여 나를 대신하여 예수님께서 수난과 고초를 당하시고 십자가를 지셨다는 사실은 매우 감격스런 소식입니다. 내가 용서받은 하나님의 자녀가 되었다는 것은 복된 소식입니다. 그렇다면 온전한 부활과 복음 신앙을 소유하기 위해서는 어떻게 해야 할까요?

1. 수난과 십자가 신앙을 소유해야 합니다

이것은 예수님이 당하신 모든 아픔의 일들이 나를 위한 것임을 받아들이는 신앙입니다. 예수님은 이 땅에 오셔서 비난과 고난을 당하셨습니다. 우리들은 이러한 일이 예수님의 단독적인 일이라고 여기거나, 강 건너 불구경하듯 남의 이야기로 보아서는 안 됩니다. 참된 성도는 이 사건과 일들이 바로 나를 위한 것이라는 인식과 믿음이 필요합니다. 바로 죄인 된 나를 위한 고난과 십자가임을 알아야 합니다. 이제 나를 위한 고난과 채찍과 십자가를 지신 예수 그리스도를 얼마나 믿음으로 좇아가고 있는지 살펴야 합니다. 그리하여 죄를 멀리하는 청결한 삶을 사는 성도가 되시기를 바랍니다.

2. 다시 사는 부활 신앙을 소유해야 합니다

온전한 신앙은 예수 그리스도의 부활이 곧 나의 부활임을 확신하는 신앙입니다. 주님의 부활은 우리가 곧 영원히 사망에 종노릇하는 존재가 아니라는 것을 말해 주는 것입니다.

우리는 다시 살아납니다. 주님 재림하실 때에, 공중 나팔 불며 오실 때에 우리는 들림받게 됩니다. 다 잠자는 것이 아니라 순식간에 홀연히 변화하여 다시 살아 영원하신 하나님의 나라를 유업으로 받게 됩니다. 영원히 썩지 아니할 존재가 되며 사망을 이기는 복된 하나님의 백성이 되는 것입니다. 이 세상을 살아가면서 이러한 신앙을 가지고 절제와 소망 중에 살아가는 은혜의 백성이 되시기를 바랍니다.

3. 만인에게 복음을 전하는 증인 신앙을 소유해야 합니다

복음은 예수님의 생애와 관련이 깊습니다. 죄인 된 나를 사랑하사 이 땅에 오셨습니다. 냄새나는 마구간에 나셨고, 생명의 위협 때문에 다른 곳으로 피신도 하셨습니다. 많은 사람에게 조롱받고 채찍을 맞으셨습니다. 재판장에 끌려가기도 하셨고 제자들의 부인도 참으셨습니다. 십자가를 지시고 죽으셨습니다. 돌무덤에 안장되었습니다. 그러나 이 모든 수난과 공포와 죽음을 이기시고 다시 사셨습니다. 그리하여 죄인들의 희망이 되셨습니다. 소망을 주셨습니다.

예수를 믿는 모든 사람은 이 복된 소식을 듣고 알아야 합니다. 이 희망과 복된 소식은 만인을 위한 것입니다. 나 혼자만의 은혜와 나라는 단독적인 존재를 위한 사건이 아닙니다. 이제 정말로 예수를 믿는 믿음 안에서 이 되어진 일들을 확신하신다면, 나 아닌 다른 사람들에게 이 소식을 전하는 증인이 되어야 합니다. 이것이 진정 복음을 전하는 증인의 삶입니다. 이 믿음이 있는 자는 모두가 재림하시는 주님을 만나게 되고 영접하게 됩니다.

  이 땅에서도 주님으로 인하여 복된 삶을 살아가시고, 소망과 희망 속에서 다시 오실 주님을 기다리며 기대와 사모함이 넘치는 평강의 삶을 살아가시기 바랍니다. (일)

38. 부활의 소망을 붙잡으라 (벧전 1:3~7)

1. 부활은 우리에게 주신 산 소망입니다

사람들은 누구에게나 소망이 있습니다. 소망이 있기에 어떤 어려움이 온다 할지라도 참고 견딥니다. 그런데 중요한 것은 그 소망이 무엇이냐 입니다.

베드로전서에 흐르고 있는 배경은 고난입니다. 그러나 베드로전서의 전체적 주제는 '희망'입니다. 본문에 보면 반대어가 많이 등장합니다. 죽음과 부활, 잠깐 근심과 큰 기쁨, 고난과 영광 등입니다. 이것은 그들이 지금 당하고 있는 고난만을 보지 말고, 고난 뒤에 있을 더 큰 것을 보라는 것입니다. 죽음 뒤에 부활이 있습니다.

잠깐의 근심 뒤에는 말로 표현할 수 없는 큰 기쁨이 있습니다. 고난 뒤에는 놀라운 영광이 준비되어 있습니다. 그러므로 고난 가운데 우리가 가져야 할 것은 포기나 절망이 아니라 희망입니다. 그리스도인들은 고난의 소용돌이 속에서 묻히는 존재가 아니라, 고난을 뛰어넘어 그 속에서 희망을 노래하는 사람들입니다.

소망 없이 살고 있는 인생을 불쌍히 여기신 하나님의 사랑, 그 사랑이 바로 예수 그리스도로 하여금 우리를 위해 죽으시고 부활하게 하시고, 우리를 찾아오게 하셨습니다.

2. 부활은 하늘의 기업을 잇게 해 주었습니다

우리는 영육 간에 지옥 갈 사람들이 아니라 천국 갈 사람들입니다. 우리는 그리스도의 부활로 말미암아 천국을 이미 기업으로 상속받은 것입니다. 하나님은 우리의 아버지이기 때문에 천국 아버지 집은 모두 우리의 집이 되는 것입니다. 천국 세계가 모두 우리의 세계인 것입니다. 그러므로 천국을 바라보며 우리는 찬송할 수가 있습니다.

3. 부활은 하나님의 보호하심입니다

하나님은 과거에 우리를 보호하셨습니다. 그분은 지금도 그리고 앞으로도 우리를 보호해 주십니다. 이스라엘 백성들을 보십시오. 광야 40년 동안 하나님은 구름기둥 불기둥으로 그들을 보호하셨습니다. 이방민족들과의 전쟁에서도 하나님은 그들을 보호해 주셨습니다.

지금까지 우리의 삶을 되돌아보십시다.

하나님의 세밀한 은혜와 도움이 아니었다면 어떻게 여기까지 올 수 있었겠습니까? 그분의 은혜가 아니고서야 나와 내 남편, 내 자녀가 험악한 세상 가운데서 어떻게 살아갈 수 있었겠습니까? 모두가 하나님의 보호하심 때문입니다. 주님의 부활하심이 바로 우리를 보호하신 하나님께서 보여 준 은혜의 증거입니다. 이 은혜를 붙잡기 바랍니다.

4. 부활은 미래를 보장해 줍니다

우리 모두는 구원이라는 결승점을 향해 전진하고 있습니다. 우리는 예수님을 보지 못하였으나 그분을 사랑합니다. 지금도 보지 못하면서도 믿고, 말할 수 없는 영광스러운 즐거움으로 기뻐합니다. 그 이유가 믿음의 결과인 구원을 얻었기 때문입니다.

이 구원은 과거 선지자들이 열심히 연구하고 찾던 것입니다. 그들은 자신들이 발견한 진리가 자신들만을 위한 것이 아니라 바로 우리 그리스도인들인 것을 하나님의 계시를 통해 알았습니다. 구원의 궁극적인 주인공은 믿음을 갖고 소망 가운데 살아가는 우리 그리스도인인 것을 알았습니다. 이것이 바로 오늘 우리들의 모습입니다. (일)

39. 거듭난 자들의 새 과제 (마 28:16~20)

주님은 십자가의 모진 고초로 인류의 죄를 대속하는 큰일을 마치시고 부활하심으로 죽음을 이기시고 영원한 나라와 새 생명을 허락해 주셨습니다. 이를 믿음으로 거듭난 우리들은 오늘 여기서부터 새 삶을 살며 장차 영원한 생명을 누리게 되었습니다.

주님은 이런 구속의 대업을 마치시고 승천하시기에 앞서 사랑하는 제자들에게 이 기쁜 소식을 전하라는 큰 과제를 주고 가셨습니다. 거듭난 우리들에게 주 예수님을 믿으면 세상에서도 거듭나고 주님 다시 오시는 날, 새 몸 입고 부활하여 영원한 삶을 누리게 된다는 이 기쁜 소식을 힘써 전하라는 큰 과제를 주고 가셨습니다. 누구에게 어떻게 전하라고 하셨나요?

1. 모든 족속에게 전하라는 과제이다

하나님은 세상 모든 사람들을 위하여 독생자를 보내 주셨으며 독생자 예수님은 세상 모든 사람들의 죄를 위하여 십자가를 지셨기에 그리고 죽음을 이기시고 부활하셨기에 이 기쁜 소식을 모든 족속에게 전하라고 하셨습니다. 우리 주위로부터 땅 끝까지 이 기쁜 소식을 전해야겠습니다. 지도상으로 멀리 있는 사람들에게 전하고, 생각과 생활환경이 우리들과는 다른 사람들에게도 이 기쁜 소식을 전해야겠습니다. 이 기쁜 소식은 전해도 되고, 안 전해도 되는 게 아닙니다. 주님의 지상명령입니다.

2. 제자 삼고 전하라는 과제이다

주님께서는 모든 족속에게 찾아가서 복음을 전하라, 믿으면 용서받고 새 신분을 얻으며 거듭나 새사람이 되고 장차 부활 영생하게 된다는 이 기쁜 소식을 전하되 모든 사람들을 제자 삼고 전하라고 하셨습니다. 이는 곧 전하는 일로 끝나지 말고 양육하는 일에도 힘쓰라는 뜻으로 주신 말씀입니다.

씨를 뿌리는 일도 중요하지만 물 주고 거름 주고 김매며 돌보아 자라서 열매 맺도록 양육하는 일도 중요하기에 제자를 삼고 기쁜 소식을 전하라고 하신 것입니다.

제자를 삼으면 날마다 만나며 계속해서 가르치고 돌보아 주는 일을 해야 하기에 기쁜 소식을 전하되 대상자들을 제자로 삼고 전하고 돌보아 기르라고 하신 것이었습니다. 오늘 우리도 주님의 말씀대로 우리가 대하는 모든 이웃들을 제자 삼고 그들에게 기쁜 소식을 전해야 하겠습니다.

3. 세상 끝날까지 함께 있겠다고 하셨다

주님은 이 기쁜 소식을 전하라는 큰 과제를 주시면서 성령을 보내 주시겠다(행 1:8)고 하셨으며 우리와 세상 끝날까지 함께하시고 우리들의 과제수행 과정에도 함께하시겠다고 했습니다.

"전하고 돌보아 주기만 하거라 그리하면 그들의 마음속에 그 씨가 싹 트고 자라나고 열매 맺도록 하는 일은 내가 도와줄 것이다. 도와주되 세상 끝날까지 항상 도와주리니 너희는 모든 족속으로 제자를 삼고 전하고 돌보는 일만 하라"고 하신 것입니다.

복음을 전하면서 내 힘으로 다해야 하는 것같이 너무 걱정하거나 겁내지 말고 주님이 함께해 주실 것을 믿고 담대히 전하시기 바랍니다.

땅 끝까지 이르러 모든 족속을 제자로 삼고, 주님이 우리를 위해서 오셨고 죽으셨다가 부활하셨으니 믿고 구원받으라는 기쁜 소식을 전합시다. 주님께서 주신 큰 과제를 거듭난 사람답게 잘 수행합시다. (용)

40. 예수 부활은 역사적 사실 (막 16:1~11)

　예수님의 생애는 하나님의 독생자 생애로 귀한 일들이 많았는데, 죽음도 만민의 죄를 대속하시느라 십자가의 고초를 겪으셨습니다. 그러나 주님은 부활하셨으며 그 일은 엄연한 하나의 역사적인 사건이었습니다. 죽음을 이기시고 온 인류에게 참 소망을 주시면서 부활하셨습니다. 어떻게 그 일이 역사적인 사건이었음을 믿을 수 있을까요? 어떤 일들이 그 사실을 증거해 주고 있습니까?

1. 여인들이 그 사실을 본 일

　주님이 처형되고 장사지내던 날, 무덤까지 따라와서 확인하고 갔던 여인들이 안식 후 첫날 주님 몸에 바를 기름을 준비해 가지고 왔습니다. 믿음 좋은 여인들은 빈 무덤을 보며 주님이 부활하신 첫 소식을 들었고, 말씀대로 부활하신 사실을 확인했습니다. 그리고 흰 옷 입은 천사가 일러 주기를, 말씀하셨던 대로 갈릴리로 가셨으니(막 14:28) 제자들에게 전하라고 했습니다.

　이 말을 듣고 놀라 떨고 있는 막달라 마리아에게 주님은 친히 보여 주셨습니다. 그래서 곧 제자들에게 이 기쁜 소식을 전했던 것입니다(9~11절). 빈 무덤과 천사의 말 그리고 부활하사 새 몸을 입으신 주님을 친히 뵌 일들이 산 증거입니다.

2. 엠마오 도상의 두 제자들이 주님을 만나 뵌 일

　여인들이 주님을 만나 뵌 후에 제자들 중 두 사람이 시골길을 가다가 부활하신 예수님을 만나 뵈었으며(막 16:12), 누가복음에는 글로바와 또한 사람이 예루살렘에서 이십오 리쯤 되는 엠마오로 가는 길에서 주님을 만났습니다. 처음에는 알아보지 못했으나 주님의 말씀을 듣고 여관에서 음식을 나누다가 마음이 뜨거워지고 눈이 밝아져(눅 24:31~43), 부활하신 주님을 저들의 육안으로 확인하는 산 증인들이 되었습니다.

여기 또 한 가지 증거가 있는 것입니다. 지금도 성경을 읽어가며 말씀을 나눌 때 부활하신 주님은 우리 가슴을 뜨겁게 해주시고, 우리 영안을 밝히시사 부활의 증인이 되게 해 주십니다.

3. 열한 제자들에게 부활하신 주님이 나타나신 일

부활하신 주님은 사랑하는 제자들이 주님의 부활 소식을 전해 듣고도 의심하며 한편으로는 반갑고도 두려운 마음으로 모여 앉았던 자리에 나타나셔서 "어찌하여 두려워하며 어찌하여 마음에 의심이 일어나느냐 내 손과 발을 보고 나인 줄 알라 또 나를 만져 보라 영은 살과 뼈가 없으되 너희 보는 바와 같이 나는 있느니라"(눅 24:39)고 말씀하셨습니다.

제자들의 그 의심 많고 두려워 떨던 눈은 주님의 못자국 난 손과 발을 보고 그제서야 '아! 사실이구나. 듣던 소식들이 다 사실이었구나.' 하는 증거를 얻은 것이었습니다. 더 이상 무슨 증거가 필요했겠습니까! 주님의 부활은 역사적인 사실이었습니다.

제자들은 믿으면서도 한편으로는 의심스럽고 두려워서 한곳에 모여 마음으로 주님을 생각하고 사모하면서 있었습니다. 주님은 그런 제자들에게 부활하신 몸을 보여 확신을 주셨던, 역사상 처음 있었던 부활의 산 증인들이 되게 해 주셨습니다. 비록 믿음이 좀 약하다 해도 자주 주의 이름으로 모이기를 힘쓸 때, 주님은 함께해 주시며 만나 주시고, 우리로 주님 부활의 산 증인들이 되게 해 주십니다. 우리 모두 주님 부활의 산 증인들이 되시기를 바랍니다. (용)

41. 부활의 증인들 (막 16:1~11)

대부분의 사람들은 죽음을 저주요, 삶의 끝이라고 믿습니다. 그러나 죽음이 끝이 아님을 아는 사람들은 죽음의 공포 앞에서도 담대하고 평안할 수 있습니다. 죽음 이후의 영생과 천국으로의 부활을 믿고 있습니까? 부활의 증인이었던 여인들을 통해 자신의 부활신앙을 점검해 보십시오.

1. 예수님을 왕으로 모신 여인들

예수님이 이 땅에 계실 때 주변에 많은 사람들이 있었습니다. 그러나 주님이 십자가에 못 박히시자 모두들 주님을 떠났습니다. 그들에 비해 평소에는 전혀 두각을 나타내지 못했던 여인들이 있었습니다. 힘없고 나약해 보이기만 했던 그 여인들은 믿음을 끝까지 지켰습니다. 주님이 돌아가신 후에도 변함없는 믿음을 행동으로 보여 주었습니다.

막달라 마리아, 야고보의 어머니 마리아, 살로메가 바로 그들입니다. 그들은 주님께서 무덤에 묻히시는 것을 확인하였고, 안식일이 끝나기가 무섭게 향품을 준비하여 무덤을 찾아갔습니다.

여인들이 준비한 향품은 시신의 썩는 냄새를 제거하기 위한 것이었습니다. 그러나 당시 의식법상 여인들이 시체를 만지는 것은 부정한 것으로 여겼고, 장례가 끝난 후 일반 시신에 향품을 바르는 것은 더욱 율법에 금지된 일이었습니다. 그러나 예외적인 조항이 있었는데, 왕의 시신에 향유를 바를 수 있었습니다(대하 16:14).

그러므로 예수님의 시신에 향유를 바르려고 했던 이 여인들은 예수 그리스도께서 하나님나라의 왕이셨음을 믿음으로 인정하는 자들이었습니다. 예수님을 통해 자신도 때가 차매 천국에 넉넉히 들어갈 하나님나라의 백성임을 고백하는 자들이었습니다.

예수님을 왕으로 모시는 것은 우리의 자아 의지로는 불가능합니다. 오직 성령님의 이끌어 주심으로만 가능합니다. 우리는 예수님을 개인의 삶, 가정, 사업과 학업, 민족과 국가의 미래, 천국의 왕으로 영접해야 합니다.

2. 죽음을 정복하고 부활하신 예수님

예수님의 무덤은 돌문으로 인봉되었고, 막강한 로마 군병들이 지키고 있었기에 여인들은 무덤의 돌문을 열어 줄 사람이 없어 탄식하고 있었습니다. 그러나 무덤 가까이에 가니 돌이 벌써 굴려져 있었습니다. 그리고 천사의 응답만 들을 수 있었습니다. 예수님께서 사망권세를 이기시고 3일 만에 부활하셨습니다. 이 세상의 많은 사람들은 죽음과 무덤이라는 돌문 앞에서 두려워하고 있습니다. 죽으면 끝일까, 이 죽음의 돌문을 누가 열어 줄 수 있을까 염려합니다. 죽음은 돈, 명예, 인기, 친구, 가족, 모든 것을 한순간에 삼켜버리는 위력이 있습니다.

죽음의 돌문을 열어 줄 분이 필요합니다. 죽음이 끝이 아니라 오히려 새로운 삶의 시작이요, 그 후의 완전한 삶이 준비되어 있는 천국으로 이끌어 줄 분이 필요한 것입니다. 그 죽음의 문을 열고 우리를 천성으로 인도하실 분은 이미 죽음을 정복하시고 죽음에서 부활하셔서 우리 인생의 현세와 내세의 천국 길을 열어 주신 예수님이십니다.

3. 부활의 주님을 믿고 전하는 증인들

부활의 첫 증인이었던 여인들은 그 현장에서 심히 놀라 두려워했습니다. 그러나 잠시 혼동의 시간이 지난 뒤 부활을 알려 주어야 할 제자들에게 달려가 담대히 부활의 예수님을 전하였습니다. 즉 사명자요, 증인이 된 것입니다. 우리는 더 이상 주저하거나 의심하는 자리에 머물면 안 됩니다. 엎드려 기도하고 일어나 부활의 주님을 증거해야 합니다. 부활 신앙을 회복하여 증인의 사명을 잘 감당하는 성도가 됩시다. (건)

42. 다시 사신 예수를 기억하라 (딤후 2:8)

이 세상의 수많은 문제들 중에 죽음의 문제를 해결받는 것은 그 어떤 것을 해결받음이 아니라, 모든 것을 해결받는 것입니다. 예수님의 부활은 바로 죽음의 해결이며, 우리들을 향한 위대한 선물입니다. 이 부활은 입증의 대상이 아니라 믿음의 대상이며, 성경적인 진리의 대상입니다.

1. 예수님은 성경대로 부활하셨다

부활의 진리는 빈 무덤에서 시작됩니다. 예수님은 성경대로 죽으시고 성경대로 다시 살아나셨습니다. 안식 후 첫날 예수님의 무덤을 찾아간 여인들을 향해 천사는 이렇게 선포하였습니다. "그가 여기 계시지 않고 그가 말씀하시던 대로 살아나셨느니라"(마 28:6).

주님은 자신이 말씀하신 대로 죽으시고 부활하셨습니다.

성도들은 무덤에 갇힌 예수님, 시신이 다 썩어져버린 예수님을 믿는 소망 없는 사람들이 아닙니다. 유교, 불교, 이슬람교의 창시자들은 모두 죽었으며 부활하지 못했기에 그들의 무덤만을 자랑합니다. 그러나 예수님은 죽음에서 부활하심으로 빈 무덤만 남겨져 있습니다. 이는 타종교에서 찾을 수 없는 엄청난 진리입니다.

2. 예수님의 부활은 우리를 위함이다

첫째, "예수는 우리가 범죄한 것 때문에 내줌이 되고 또한 우리를 의롭다 하시기 위하여 살아나셨느니라"(롬 4:25)고 하였습니다. 둘째, "주 예수를 다시 살리신 이가 예수와 함께 우리도 다시 살리사 너희와 함께 그 앞에 서게 하실 줄을 아노라"(고후 4:14)고 하였습니다. 예수님의 부활은, 나의 부활의 첫 열매요 근원임을 믿어야 합니다.

또한 "밤에 주께서 환상 가운데 바울에게 말씀하시되 두려워하지 말며 침묵하지 말고 말하라 내가 너와 함께 있으매 어떤 사람도 너를 대적하여 해롭게 할 자가 없을 것이니 이는 이 성중에 내 백성이 많음이라 하시더라"(행 18:9~10)는 말씀을 통해 부활하신 예수님의 영께서 여전히 우리 곁에 서서 말씀하심을 믿어야 합니다. 부활의 주님은 우리가 어느 장소, 어떤 환경 가운데 있을지라도 함께하십니다. 우리가 아주 힘들 때에도 우리 곁에 계십니다. 그리고 그 아픔을 통해 우리에게 깨달음과, 새 소망을 주시는 분입니다.

3. 부활을 왜곡하는 시대를 이겨내자

예수님이 부활하신 그 날 새벽, 그분의 부활을 확인하고 기뻐 소리치며 전하는 자들이 있었던 반면, 주님의 부활을 의심하고 은폐, 왜곡하려는 사람들도 있었습니다. 예수님의 무덤을 파수하던 자들에게 주님의 부활 소식을 들은 대제사장들과 장로들이었습니다(마 28:11~15). 그들은 파수꾼들에게 많은 돈을 주고 거짓증언을 부탁하였습니다.

그들의 말대로 제자들이 예수님의 시체를 도적질해 갔다면, 왜 예수님의 제자들을 체포하거나 예수님의 시체를 찾으려고 하지 않았습니까? 예수님이 정말 부활하시지 않으셨다면 제자들은 자신들과 함께하지도 않는 예수님, 어딘가에서 썩어가고 있을 예수님을 위해 하나밖에 없는 목숨을 바치면서까지 복음을 전하지 않았을 것입니다.

성도는 반기독교적인 세상과 문화에 휩쓸리지 않아야 합니다. "다윗의 씨로 죽은 자 가운데서 다시 살으신 예수 그리스도를 기억하며" 부활의 주님과 동행하는 기쁨을 누려야 합니다. 동시에 부활의 복음을 의심하는 세대를 향해 담대하게 주님의 부활을 선포해야 합니다. (건)

43. 부활을 통해 주신 은혜 (눅 20:27~36)

부활의 은혜를 입으면 우리 자신이 모든 면에서 완성된 인간이 된다는 데 주목해야 하겠습니다. 부활의 은혜에 감사하시기 바랍니다.

1. 부활신앙을 개인에게 적용해야 하겠습니다

예수님을 믿고 구원받은 후에 우리의 목표는 그리스도인이 되는 데 있습니다. 그러므로 말씀을 묵상함으로 예수님의 형상을 닮기 위해 노력해야 합니다. 신앙생활은 회개와 변화의 연속이라고 생각해도 좋겠습니다. 성장이 변화를 의미하고 변화의 수준이 높아질수록 우리의 인격은 성숙되어 갑니다. 그러므로 꾸준한 경건생활이나 신앙 훈련은 언제나 자기 성장을 목표로 하고 있습니다.

참 그리스도인이 된다는 것은 어떠한 수준에 이른 하나님의 사람을 의미합니다. 이 은혜생활을 회복된 삶이라고 표현하기도 합니다. 이 표현을 바꾸어 말하면 바로 부활신앙을 의미합니다. 우리는 예수님이 재림할 때에 부활의 사건을 경험하고 영육이 완성됩니다. 그러나 이 세상에 살면서 부활 이후의 상태에 이르지 못하지만 부활 이후의 상태를 적게나마 경험하게 됩니다. 그것은 성령 세례를 통해 성결한 삶을 살려고 노력하는 생활을 말합니다. 이것이 회복의 은혜요, 부활의 체험입니다.

2. 부활신앙을 우리 가정에 적용해야 하겠습니다

하나님은 남자와 여자를 만드시고 한 가정을 허락하셨습니다. 가정은 하나님이 최초로 세우신 축복의 공동체입니다. 더욱이 한 남자와 한 여자는 부부요, 배필이라고 했습니다. 서로 돕고 협력하여 더 만족하고 더 원만하게 살게 하셨습니다. 또한 부부를 사랑의 대상과 봉사의 대상으로 허락하셨습니다. 서로가 상대방을 통해 평생 봉사와 평생 사랑을 배우고 익히게 하셨습니다. 다시 말해서 부부를 통해 사랑의 원리와 봉사의 원리를 익혀야 합니다.

하나님께서 본래 부부와 가정을 통해 목표하신 참된 가족의 친교를 경험하는 것은 가정을 회복하는 부활신앙입니다. 가정이 거듭나고 새로워져야 합니다. 더욱이 가족들의 상한 마음이 치유되어야 하겠습니다. 이러한 수고로 하나가 될 때 가정은 본래의 모습대로 부활하는 부활의 은혜를 입게 됩니다. 가정에도 부활신앙을 적용하여 새로워지기를 바랍니다.

3. 부활신앙을 교회에 적용해야 하겠습니다

교회는 하나님이 세우신 유일한 구원의 기관입니다. 하나님은 교회를 통해 영광을 거두시고 인간을 구원하십니다. 교회는 예배당을 가리키는 것이 아니라 모여든 성도의 공동체를 말합니다. 교회는 그리스도의 지체인 성도들이 모여 그리스도의 목적을 이루고 하나님을 영화롭게 하는 단체입니다. 우리는 하나님을 예배하고 섬김으로 헌신이 이루어져야 합니다. 또 우리 자신을 하나님께 드리는 데 충성되어야 합니다.

그뿐 아니라 성도의 교제를 위해서도 거리낌이 없는 깊은 친교를 가져야 합니다. 교회공동체 만큼 인간의 친교를 만족시킬 수 있는 단체는 없습니다. 이것을 친교의 회복이요, 하나님과 인간 사이의 교제의 부활이라고 합니다. 교회는 가난한 사람이나 부자나, 배움이 많은 사람이나 무학자나, 사회적인 위치가 있거나 없거나 온전한 친교가 가능합니다. 교회를 회복하는 부활의 은혜가 함께하시기를 바랍니다. (돈)

44. 부활의 정확한 지식 (눅 24:38~39)

예수님께서 부활하신 후에 제자들에게 자신을 보이면서 부활 이후의 상태를 직접 교훈하고 있습니다. 제자들에게 부활에 대한 정확한 지식을 깨우쳐 주기 위해 보여 주신 실례였습니다. 부활에 대한 실제적인 지식은 신앙생활을 돕는 큰 힘이 됩니다. 부활에 대한 지식이 더 새로워지시기 바랍니다.

1. 부활 후에도 뼈와 살이 있습니다

예수님은 자신의 손과 발을 보라고 하셨고, 또 영은 뼈와 살이 없으되 나는 있다고 가르쳤습니다. 장차 부활할 성도들에게도 반드시 뼈와 살과 몸이 있다는 교훈입니다. 부활 이후에도 형상을 갖춘 몸을 갖는다고 설명하고 있습니다. 우리가 만져 보고 느낄 수 있는 몸을 가지고 있다는 것입니다. 부활 이후의 몸은 완성된 몸입니다.

고린도전서 15:44~49에 보면 부활한 몸을 "신령한 몸과 하늘에 속한 자의 형상"으로 소개하고 있습니다. 이 신령한 몸과 하늘에 속한 형상은 부활을 거친 완전한 몸을 가리키고 있습니다. 마태복음 22:30에는 남녀의 성 구분이 없이 천사와 같이 부활한다고 말씀하고 있습니다. 부활 이후에도 우리의 시각으로 형상을 확인할 수 있고, 사람을 만져 보고 끌어안을 수 있을 만큼 육체의 감각이 분명한 사람이라는 것을 밝히고 있습니다. 다만 부활한 신령한 몸이라는 것이 다를 뿐입니다.

2. 신령한 몸에 대한 실상

부활한 뒤의 신령한 몸은 온전하게 변화된 몸입니다(고전 15:51~52).

이 온전하게 변화되었다는 말은, 새로 받은 몸으로 완성된 몸이라는 의미를 강조하고 있습니다. 부활 이전에는 병들고 늙고 쇠약해지는 몸이었습니다. 청년 때의 모습과 늙어서 흉해진 노인의 모습은 서글플 만큼 큰 차이가 일어납니다. 그러나 부활한 이후의 몸은 병들지도 않고 늙지도 않고 영원히 아름다운 몸매를 간직하게 됩니다.

현재는 모든 사람의 얼굴이 다 다르고, 미적인 외모에 대해 불만스러운 사람들이 너무 많습니다. 그러나 부활 때에는 미적인 완성이 이루어져서 얼굴은 다 다르지만 각기 최상의 아름다움을 지닌 미모의 완성이 부활로 이루어집니다. 모든 사람이 외모에 대한 불만이 전혀 없는 시대가 성도의 부활로 이루어지는 것입니다. 그러므로 건강이나 외모나 완성된 몸으로 하나님의 축복을 누리는 때가 부활을 통해 이루어집니다.

3. 부활 이후에 얻을 영적인 축복

부활하기 이전의 몸은 시간과 공간의 제한을 받습니다. 그러나 부활 이후에는 시간과 공간의 제한을 받지 않는 영적인 사람이 됩니다. 현재 생활에 비해서 초인과 같이 영적인 사람으로 바뀌어지는 모습을 깨닫게 됩니다. 그보다 더 중요한 것은 하나님을 섬기고 하나님을 예배하는 일까지도, 시공의 제한을 벗어나 하나님을 가까이 섬기는 축복된 삶이 이루어집니다.

현재의 인간은 죄의 세력과 타락한 몸과 어두움의 세력 등으로 모든 영적인 활동이 제한을 받고 제재를 받게 되어 있습니다. 하나님과의 영적인 부조화나 우리 자신의 제한된 영성이 우리의 활동을 미약하게 합니다. 그러나 부활 이후에는 하나님과의 친교의 깊이나 영적인 활동이나 생활 자체가 아주 자유로워집니다. 하나님께서 믿음으로 구원받는 이 큰 은혜에 포함시킨 영적인 축복은 우리가 다 헤아리기 어려울 만큼 우리의 신분을 높여 줍니다.

이 은혜를 바라보면서 부활을 묵상하시기 바랍니다. (돈)

45. 예수의 부활과 연합된 생활 (롬 6:3~5)

본문 4절에 보면 예수님께서 십자가에 못 박혀 죽으신 것과 같이 우리들도 예수님을 믿고 그리스도와 함께 죽는 경험을 거쳐야 된다고 소개하고 있습니다. 이는 우리가 한 번 죽는다는 경험을 거친다는 단순한 의미가 아닙니다.

예수님의 십자가 죽음에 부활이 포함되어 있는 것과 같이, 우리가 우리 자신을 십자가에 못 박을 때도 영광스러운 생활이 약속되어 있습니다. 이를 경험하시기를 바랍니다.

1. 부활신앙이 주는 능력을 경험하시기 바랍니다

예수님을 믿고 하나님의 자녀가 될 때 성별의 은혜와 경건한 삶 자체도 하나님이 주시는 큰 상급입니다. 신앙은 이렇게 생활만 격상시키는 것으로 끝나지 않습니다. 우리 자신을 지혜롭게 하며, 능력 있게 하고, 더 강한 사람으로 세워 줍니다. 이러한 은혜를 허락하시는 것은 성령과 연합된 생활 속에서 얻어지는 하나님의 복입니다. 그 은혜까지도 부활신앙에 근거합니다.

이는 우리가 변화받는 목표가 부활에 있기 때문입니다. 이 부활신앙은 생명의 능력이 됩니다. 욥기 19:26에 보면 "내 가죽이 벗김을 당한 뒤에도 내가 육체 밖에서 하나님을 보리라"고 고백하고 있습니다. 욥도 죽은 뒤에 영계에서 하나님을 볼 것을 간증하고 있습니다. 이것이 부활신앙입니다. 그 큰 고난과 시련 속에서도 능히 승리할 수 있습니다. 고난과 시련과 모든 연단을 이길 수 있는 은혜도 부활신앙으로 가능해집니다. 부활신앙은 초인적인 인간이 되게 합니다.

2. 부활신앙은 사명자가 되게 합니다

그리스도인들이 은혜받고 영적으로 성장하게 되면 자신과 가정보다 자기 사명에 더 큰 비중을 두게 됩니다. 이는 신앙의 생리가 바로 봉사적인 생활에 있기 때문입니다. 영적으로 성장하게 되면 자기의 사명을 깨닫고 그 사명에 충실한 사람이 됩니다.

부활의 뜻이 살리는 은혜를 교훈하는 것과 같이 우리는 하나님의 영광을 위하고 하나님의 뜻을 세우기 위해 사명의 사람으로 살아야 합니다. 사명의 사람은 이기적이거나 개인적이지 않고 다른 사람을 위해 책임감을 갖고 사는 것입니다. 그보다 더 귀한 사명은 한 가정이나 한 교회를 책임지는 마음가짐으로 가정과 교회를 바로 세우기 위해 수고하는 혼신의 노력을 가리킵니다. 힘든 가정이나 쓰러져가는 가정을 세우고 미약한 교회를 큰 교회로 일으켜 세우는 데 크게 공헌하는 사람을 말합니다. 이러한 사역이 바로 부활신앙입니다.

3. 부활신앙은 나라를 살리는 힘이 됩니다

루터는 "죽기까지 독일주의, 죽기까지 복음주의"라는 말을 했습니다. 신앙으로 살되 자기가 태어난 나라와 하나님과 묶어야 되고 나라에 대한 연대적인 책임을 가져야 한다는 말입니다. 훌륭한 신앙의 사람들은 거의 다 민족주의자의 모습을 가지고 있습니다. 손양원 목사님도 자신은 가정을 위해 바치고, 가정은 교회를 위해 바치며, 교회는 나라를 위해 바치고, 나라는 하나님을 위해 바칠 것을 말했습니다.

개인의 운명과 나라의 운명은 하나입니다. 그러므로 나라를 새롭게 변화시키고 나라의 내면적인 개혁을 교회가 감당해야 합니다. 나라를 위한 기도의 도고자가 되어야 합니다. 이 민족의 죄와 이 민족의 타락상을 위해 대신 회개해야 합니다. 나라를 살리는 길도 이 백성의 마음을 하나님께로 돌이키는 데 있습니다. 양심 운동이 일어나 온 나라가 회개하고 국민 의식이 바뀌도록 책임 있는 중보기도를 드리시기 바랍니다. (돈)

46. 하나님이 정하신 구원의 목표 (고전 15:12~13)

오늘 본문에 보면 부활은 우리 인류를 구원하시기 위해 하나님이 세우신 본래의 목표였습니다. 그러므로 예수님의 부활까지도 그 계획에 근거한다고 설명하고 있습니다. 예수님이 부활하므로 부활이 있게 된 것이 아니라 하나님이 미리 섭리한 부활에 의해서 예수님까지도 부활하셨다는 뜻입니다. 인간은 부활이 아니고는 하나님나라에 들어갈 수 없기 때문에 부활은 구원의 가장 큰 명제가 됩니다.

1. 부활신앙

요한복음 11:25~26에 보면 예수님은 '부활'이요 '생명'이라고 하셨습니다. 또 "나를 믿는 자는 영원히 죽지 아니하리라"고 약속하고 있습니다. 예수님은 하나님으로서 인류를 구원하기 위해 오셨는데 예수님 자신을 부활이라 하였고 생명이라 하였습니다. 예수님을 부활이라고 한 것은 부활의 근거가 예수님의 십자가에 있기 때문입니다. 예수님은 십자가를 지시고 우리 죄를 대속하셨습니다. 그 십자가는 단순한 죄사함을 위한 대속의 은혜 외에 부활을 목표하고 있다는 말입니다.

우리의 죄는 우리의 육체와 생명을 파괴시켰습니다. 그러나 예수님의 십자가는 우리의 육체와 생명을 회복하는 부활의 사역을 감당하였습니다. 그러므로 '나를 믿는 자는 영원히 산다'고 약속하신 것입니다. 여기서 영원히 산다는 말은 내세에 포함시킨 영광된 생활을 의미합니다. 우리가 분명히 알아야 할 것은 지옥 가는 사람도 영생합니다. 그러나 그들은 심판의 부활과 형벌의 영생입니다. 예수님을 믿는다는 사실은 엄청난 은혜를 포함하고 있습니다. 부활신앙을 가지시기 바랍니다.

2. 부활의 의미

우리가 여기서 다룬 부활은 하나님나라에 들어가 영원히 사는 생명의 부활이었습니다. 그러나 부활에 대해 우리가 구분해야 할 내용들이 있습니다. 그것은 모든 사람이 부활한다는 사실입니다. 천국 가는 사람도 부활하고 지옥 가는 사람도 부활합니다. 믿고 구원받은 사람의 부활은 구원을 완성하는 과정으로 천국생활을 위한 부활입니다. 그러나 심판의 부활은 하나님의 정죄를 받아 지옥에 들어가는 사람들에게 있을 부활을 가리킵니다.

또한 천국 가는 사람도 영생하고 지옥에 들어가는 사람도 영생합니다. 이에 대한 정확한 지식을 갖기 바랍니다. 또 다른 부활이 있는데, 나사로가 다시 산 것이나 야이로의 딸과 사르밧 과부의 아들이 죽었다가 산 것과 같은 부활입니다. 그러나 그들은 또다시 죽었습니다. 이 부활은 육신의 생명을 연장받은 부활입니다. 부활의 의미를 정리해 보시기 바랍니다.

3. 부활을 참으로 기다리는 사람들

예수님께서 설명해 주신 대로 사람이 세상을 떠나면 중간상태로 들어가고 음부와 낙원으로 갈라서게 됩니다. 사람이 죽는 것은 우리의 존재가 소멸되는 것이 아니고 존재는 그대로 남아 있고 상태와 생활의 공간만 바뀌게 됩니다. 그러므로 창세 이후에 구원받고 낙원에 있는 성도들이 우리보다 예수님의 재림을 더 사모합니다. 이는 예수님의 재림과 부활이 묶여 있기 때문입니다(살전 4:16~17).

예수님이 재림하실 때 부활이 이루어지기 때문에 죽은 성도들이 더 재림을 사모하고 있습니다. 재림과 부활은 같은 시간에 묶여 있는 사건입니다. 하나님께서 예수님의 재림을 더 영화롭게 하기 위하여 휴거와 부활을 함께 진행하십니다. 예수님의 재림은 이 세상에서 가장 큰 날이 될 것입니다. 이 은혜에 감사하시기 바랍니다.　(돈)

47. 부활의 종교 (고전 15:23~26)

부활은 학설이 아니고 사실이기 때문에 권세가 있습니다. 예수님은 하나님이시기 때문에 부활하셨고 또한 부활을 우리에게 약속하셨습니다. 이것은 하나님이 인류를 창조하신 일 만큼이나 새롭고도 특수한 하나님의 은혜요 하나님의 주권입니다. 하나님만 예수님과 같이 우리를 부활시킬 수 있습니다. 혈과 육은 하나님의 나라를 유업으로 받을 수 없습니다. 우리는 부활을 통해 내세를 얻게 됩니다.

1. 부활의 필요성

온 인류는 아담과 하와의 범죄로 인해 다 죄 아래 놓이게 되었습니다. 그러므로 하나님과의 친교가 깨어지고 죄의 지배를 받게 된 것입니다. 그보다 더 두려운 일은 죄는 반드시 심판을 받고 하나님의 형벌을 받을 수밖에 없다는 사실입니다. 예수님의 십자가가 이 일을 담당하였습니다. 이 은혜로 누구든지 믿기만 하면 하나님의 자녀로 구원받게 되었습니다.

이렇게 죄에 대한 용서는 완벽하게 이루어졌지만 우리 자신은 물려받은 혈통이나 인간의 형체를 벗어나지는 못했습니다. 그러므로 부활을 통해 우리가 새로 지음받은 신령한 사람이 되게 하시므로 하나님나라에 들어 갈 수 있게 하셨습니다. 예수님이 재림하실 때 이루어지는 부활이나 변화의 과정을 거치지 않고는 아무도 하나님나라에 들어갈 수 없습니다. 부활은 성도가 구원을 성취하는 과정에 반드시 거쳐야 할 하나님의 큰 은혜입니다. 모든 성경의 목표가 부활에 있고 구원의 목표도 부활이요, 하나님의 은혜의 목표도 부활에 있습니다.

2. 부활의 순서

본문에 보면 예수님을 부활의 첫 열매라고 하였고 다음은 예수님이 재림하실 때 부활이 있다고 하였으며 마지막에는 세상 끝에 부활이 있다고 하였습니다. 예수님이 부활의 첫 열매란 말은 과일 나무의 첫 열매를 보면 그 나무가 어떤 나무인지를 아는 것과 같이 예수님의 부활을 통해 알 수 있다는 말입니다. 그러므로 예수님의 부활은 부활의 시범이요, 부활의 실례요, 부활의 실상임을 설명하고 있습니다.

우리 사람에게 있게 되는 첫째 부활은 예수님 재림 때에 이루어집니다. 아담이나 아브라함이나 다윗이나 바울 사도나 앞으로 죽을 구원받은 성도들까지 다 예수님 재림 시에 부활합니다. 이것을 1차 부활이라고 합니다. 그 후는 나중인데 모든 정사와 모든 권세와 능력을 멸하는 세상 끝에 부활이 있습니다. 첫째 부활은 그리스도 안에서 잠자는 자들의 부활로 성도의 휴거와 함께 이루어지는 부활입니다. 이 때에 낙원에 있는 중간상태의 모든 성도들이 부활하게 됩니다. 이 부활을 고린도전서 15장에는 신령한 몸과 하늘에 속한 자의 형상으로 변화된다고 하였습니다.

3. 부활의 상태

구원받은 우리는 신분으로 보나 소속으로 보나 분명한 하나님의 자녀입니다. 또 하나님나라를 유업으로 받을 수 있는 자격도 얻었습니다. 그러나 우리의 구원은 부활할 때 완성됩니다. 지금은 구원받은 하나님의 자녀이면서도 아직 완성되지 못한 상태에 있습니다. 우리 육체를 봐도 구원받았지만 병들고 늙고 죽어야 합니다. 우리의 인격도 화를 내고 남을 미워하기도 하고 우리 감정으로 상처를 입힙니다. 구원받았지만 전인적으로 변화받지는 못했습니다. 그러나 부활하면 병들지도 않고 늙지도 아니하며 우리 육체가 완성됩니다. 또 우리의 인격도 남을 미워하거나 악한 생각을 가질 수 없는 완성된 인격을 소유하게 됩니다.

부활은 우리의 모든 부족함이 완성되는 은혜입니다. 이와 같이 부활은 구원받은 성도들에게 더없이 소중하고 제일 되는 소망이 됩니다. (돈)

48. 예수님이 부활하신 이유 (눅 24:1~12)

기독교는 부활의 종교입니다. 우리의 신앙은 부활 사건에서 시작됩니다. 사도 바울의 말씀처럼 만일 그리스도의 부활이 없다면 우리의 믿음은 헛것이 되고 믿는 사람들은 세상에서 가장 불쌍한 사람들이 될 것입니다(고전 15:14~19). 그러나 예수님의 부활은 역사적인 사실이요, 진리입니다. 그러기에 2천년이 지나도록 수많은 사람들이 목숨까지 내어놓고 그리스도를 믿으며 부활의 복음을 전하고 있습니다.

예수님의 부활을 부정하려는 거짓 학설들도 많습니다. 기절설, 제자도거설, 요셉이거설, 타묘설, 환상설, 강령설, 착각설, 환각설 등이 있습니다. 그러나 그 어떤 학설로도 예수님의 부활의 확실성을 부정할 수가 없습니다. 예수님의 부활이 당연히 필연적으로 일어날 수밖에 없었던 이유를 살펴봅시다.

1. 성경에 예언되었기 때문입니다

예수님의 부활 사건에 대해서 사도 바울은 고린도전서 15:3~5에서 증거하기를 "성경대로 그리스도께서 우리 죄를 위하여 죽으시고 장사 지낸 바 되었다가 성경대로 사흘 만에 다시 살아나사 게바에게 보이시고"라고 했습니다.

예수님의 전 생애는 성경의 예언을 성취하는 삶이었습니다. 동정녀 탄생, 베들레헴의 출생, 가룟 유다의 배신, 십자가 수난사건, 예수님의 부활, 승천, 재림 모두 성경대로 되었고 지금도 진행 중입니다.

성경은 예수님의 부활에 대해서 수없이 예언하고 있습니다(욥 19:25, 사 53:10, 호 6:2, 마 16:21, 막 8:31, 눅 9:22, 요 2:19). 예수님의 부활은 신구약 성경에서 분명하게 예언되었는데 주님이 부활하지 않으시면 성경의 권위는 상실될 수밖에 없습니다. 그렇기에 예수님의 부활은 성경대로 필연적인 사건이 될 수밖에 없었습니다. 성경은 정확 무오한 하나님의 진리입니다. 진리(예언)대로 부활하신 것은 너무도 당연한 일입니다.

2. 예수님은 죄가 없으시기 때문입니다

죄가 없으면 죽음도 없습니다. 그러므로 예수님은 죽음의 지배 아래 놓일 수 없는 분입니다. 예수님의 십자가는 우리들이 져야 할 십자가를 대신 지신 사역이지 주님 자신의 몫은 아니었습니다. 그러므로 그 사역이 끝나면 부활하시는 것은 너무도 당연한 이치입니다.

예수님이 죄가 없으신 사실은 성경에서 명백하게 증언되고 있습니다 (마 27:3~4, 눅 23:4, 41, 47, 히 4:15). 사도 바울도 그 진리를 강력하게 설명하고 있습니다. "하나님이 죄를 알지도 못하신 자로 우리를 대신하여 죄로 삼으신 것은 우리로 하여금 그 안에서 하나님의 의가 되게 하려 하심이라"(고후 5:21).

3. 예수님은 생명이시기 때문입니다

예수님의 부활이 당연한 것은 예수님은 참 생명이요, 영원한 생명이기 때문입니다. 주님께서 "나는 부활이요 생명이니 나를 믿는 자는 죽어도 살겠고 무릇 살아서 나를 믿는 자는 영원히 죽지 아니하리니"(요 11:25~26)라고 하셨듯이 주님 안에서는 누구든지 생명을 얻게 됩니다. 죽었던 야이로의 딸, 나인 성 과부의 독자, 나사로도 모두 살아났습니다.

생명이신 주님께서 사망에 매여 있으실 수 없기 때문에 사망을 이기시고 부활하셔서 생명이심을 몸소 보여 주셨습니다. 생명이신 예수님의 부활은 너무도 당연하고 필연적인 일이었습니다.

아직도 부활의 기쁜 소식을 알지 못하는 이웃들에게 부활하신 예수 그리스도를 증거합시다. (렬)

49. 예수 부활의 능력 (고전 15:12~20)

구약에서 최고 기적이 천지 창조라면, 신약에서 최고 기적은 예수님의 부활입니다. 기독교는 부활이 핵심인 종교입니다. 부활을 제외하는 교리나 신학은 아무 의미가 없습니다. 그래서 초대교회로부터 오늘에 이르기까지 교회와 성도들은 순교적 정신과 사명으로 부활의 복음을 전해 왔습니다.

이러한 사실들을 분명하게 체험한 바울은 기독교의 부활 진리를 역설하면서 만일 부활이 없다면 신자는 어떻게 될 것이며, 기독교가 어떻게 되겠는가에 대해 설명하면서 부활의 역사성과 사실성을 강조했습니다(12~19절).

1. 부활에도 순서가 있습니다

잠자는 자들의 첫 열매가 되신 예수님의 순서가 제일 먼저이고, 두 번째는 예수님 재림하실 때 부활신앙을 가지고 죽었던 자들이고, 세 번째는 예수님 재림 때까지 부활신앙을 가지고 살아 있던 자들이 부활의 몸과 똑같은 몸으로 휴거하는 것입니다. "각각 자기 차례대로 되리니 먼저는 첫 열매인 그리스도요 다음에는 그리스도 강림하실 때에 그에게 속한 자요"(고전 15:23).

2. 예수님의 부활은 우리에게 위대한 능력으로 나타납니다

1) 부활의 때에 원수 마귀는 완전히 멸망되고 맙니다. 이 땅에서 마귀는 지금도 발악하며 믿는 성도들을 넘어뜨리려고 하며, 하나님의 일을 방해하고 있습니다. 그러나 마귀의 역사가 영원토록 지속되는 것은 아닙니다. 마귀의 활동은 예수님의 재림 때까지 만입니다. 마귀는 예수님의

부활과 재림으로 가장 불쌍한 존재가 되고 말 것입니다. 그러므로 이 땅에서 우리는 부활과 재림의 신앙으로 무장하고 마귀를 대적하고 예수님의 재림을 소망하면서 신앙생활을 해야 합니다.

  2) 신자의 심령을 변화시키는 능력으로 나타납니다. 인간은 범죄한 모습으로 심령에는 악성과 죄성이 가득하고 연약한 존재로 살아갑니다. 하는 짓마다 하나님의 진노와 심판을 받아야 될 죄된 모습뿐입니다. 그러나 이런 모습을 십자가에 못 박아 버리셨고, 죽으셨다가 다시 살아나셨기에 부활신앙을 지닌 사람은 그 심령이 새롭게 변화됩니다.

  3) 신자의 삶을 변화시키는 능력으로 나타납니다. 예수님이 십자가에서 못 박혀 죽으신 후에 모든 제자들은 도망을 쳤고, 저들은 숨어서 두려움에 떨고 있었습니다. 절망과 낙심 속에서 어찌할 바를 모르고 있었습니다. 그러나 예수님의 부활을 목격한 후 담대해졌습니다. 소망을 갖고 이겨 나갔습니다. 환난 중에도 인내하며 사명을 감당할 수 있었습니다. 주님의 부활은 저들의 삶을 새롭게 변화시키는 놀라운 능력으로 나타났습니다.

  4) 신자에게 영원한 소망과 생명을 주는 능력으로 나타납니다. 부활에 대한 확신이 있는 사람 속에는 부활의 생명이 주어지고, 영원한 소망이 있기 때문에 이 세상의 어떤 고난이나 문제 속에서 흔들리지 않으며 견고해 집니다. 그 부활의 능력은 때때로 기적의 능력으로, 문제를 해결하는 능력으로, 악을 물리치는 능력으로, 질병을 이기게 하는 능력으로 우리 속에 나타납니다.

  5) 완전한 몸으로 변화시키는 능력이 될 것입니다(고전 15:42~44). 지금 우리의 몸은 불완전하여 병에 걸리기도 하고, 다치기도 하고 죽을 수밖에 없는 몸입니다. 그리고 제한적인 몸이어서 시공간의 제약을 받습니다. 그러나 부활의 몸은 썩지 않는 몸이며, 병들지 않는 몸이며, 죄를 짓지 않는 몸이고 환경의 지배를 받지 않는 몸으로 영광스럽고, 신령한 몸입니다. 그 몸으로 영원한 나라에 들어가게 됩니다. (렐)

50. 예수 살아나셨다 (마 27:57-28:6)

예수의 부활은 우주의 가장 큰 사건이며 기독교의 기초가 됩니다. 그러므로 기독교는 부활의 종교입니다. 예수의 시체를 장사한 아리마대 요셉은 어떤 사람이며, 예수의 무덤을 지키던 군인들의 헛수고와, 다시 사신 예수를 만나는 자의 기쁨과 부활신앙을 가진 그리스도인들의 영생을 배우도록 하겠습니다.

1. 예수의 시체를 자기 무덤에 장사한 아리마대 요셉

하나님의 나라를 기다리는 신자(눅 23:51)인 요셉은 주께서 십자가에 돌아가신 것을 보고 그가 메시아라는 것을 확신하고 "당돌히 빌라도에게 들어가 예수의 시체를 달라"(막 15:43)고 하였으니 실로 용기 있는 신앙인이었습니다. 그는 니고데모와 협력하여 깨끗한 세마포로 예수의 시체를 싸서 바위 속에 판 자기의 새 무덤에 장사하였으니 담대한 신앙인이었습니다.

이사야의 예언과 같이(사 53:9) 부자의 무덤에 장사되었습니다. 아리마대 요셉은 숨은 봉사자요, 고마운 사람이었습니다. 오늘도 아리마대 요셉과 같은 숨은 봉사자를 기다리고 있습니다. 막달라 마리아와 다른 여자들이 무덤을 향해 가고 있는데 제자들은 지금 어디 갔습니까? 만일 부활이 없었다면 예수의 종교는 무덤 속에서 멸절되었을 것입니다.

2. 예수의 무덤을 지키는 군인들

제사장 등 종교인들이 빌라도에게 몰려가서 세상을 미혹하던 그 사람 즉 예수가 살았을 때, 사흘 뒤에 자기가 살아난다고 말한 것을 기억하고 있다면서 예수의 무덤을 단단히 지키도록 명령해 달라고 간청을 하였습니다. 제자들이 예수의 시체를 훔쳐가고 백성에게는 그가 죽은 사람들 가운데서 살아났다고 하면 후의 속임이 전보다 더 클 것이라고 했습니다. 빌라도는 마지못해 허락하면서(마 27:65) 책임을 회피하기 위해 경비병을 두어 단단히 지키게 하였습니다.

세상 사람들은 흉계를 꾸미지만 하나님은 웃고 계십니다(시 2:4). 원수들의 음모가 도리어 부활을 위한 반증이 되었습니다.

3. 예수 과연 다시 사셨네

안식일이 지나고 이레의 첫날(주일) 동틀 무렵에 막달라 마리아와 다른 마리아가 예수의 무덤을 보려고 갔습니다. 예수는 안식일 다음날 주일에 다시 살아나셨습니다. 부활하신 주님은 주일에 제자들이, 유대인들이 무서워 모두 문을 닫아걸고 있을 때에 오셔서 "너희에게 평강이 있을지어다"하고 인사하셨습니다(요 20:19).

오순절이 되어서 제자들이 모두 한곳에 모였을 때 성령이 강림하였으니, 살아생전 예수님이 말씀하신 "내가 아버지께로부터 너희에게 보낼 보혜사"(요 15:26) 즉 성령이, 오순절날 즉 주일에 강림하셨습니다(행 2:1~4). 여인들이 예수님의 무덤을 보려고 갔을 때 갑자기 큰 지진이 일어났고 천사가 하늘에서 내려와 무덤의 돌을 굴려내고 그 돌 위에 앉았습니다. 천사의 모습은 번개와 같았고 그의 옷은 눈과 같이 희었습니다.

무덤을 지키던 사람들은 천사를 보고 무서워서 떨었고 죽은 사람처럼 되었습니다. 그러나 주를 찾는 여인들에게는 "무서워하지 마십시오" 위로하면서 "그대들이 십자가에 못 박히신 예수를 찾는 줄을 압니다. 그는 여기에 계시지 않고 그가 말씀하신 대로 살아나셨습니다. 와서 그가 누워 계시던 곳을 보십시오. 그러니 그대들은 빨리 가서 제자들에게 전하십시오"(마 28:6~7)라고 하였습니다.

예수님이 다시 사신 증거는 이러합니다.

(1) 부자 요셉이 예수님의 장례를 치른 것은 성경에 응한 것으로(사 53:9) 성경이 부활을 증거하였습니다.

(2) 군인들이 무덤을 지키고 있었으니 제자들이 예수의 시체를 가지고 갈 수가 없었습니다.

(3) 원수들이 예수의 시체를 가져갔다면 사도들이 예수의 부활을 증거할 때 반박하였을 것인데 아무 반응이 없었습니다.

(4) 주님은 다시 살아나셔서 무덤에서 나왔으므로 무덤이 비어 있었습니다.

(5) 여인들이 예수의 무덤을 찾아갔다가 다시 사신 예수를 만나게 된 것은 그들의 사랑과 신앙심이 강하기 때문입니다.

(6) 안식일이 예수 다시 사신 날로 변경된 것은 부활의 역사적 증거입니다.

(7) 군인들의 졸도로 무덤을 지키던 자들이 부활을 실증하게 되었습니다.

(8) 천사가 예수의 부활을 알린 것은 천상에서도 부활을 증거하는 것입니다.   (택)

51. 부활의 승리 (막 16:1~8)

사람의 일은 죽음으로 끝나지만 생명의 주는 부활하셨습니다. 그를 믿는 자도 부활할 것을 믿습니다. 죽음은 한번이요, 부활은 영원합니다. 고생은 잠깐이요, 주님의 나라는 영원합니다. 우리는 승리의 주, 생명의 주님을 믿습니다.

1. 세상 권세를 이기신 주님

예수는 십자가에서 죽은 지 3일 만에 부활하셨습니다. 유대 종교가의 박해와 로마 정권의 판결과 로마 군인의 형집행으로 예수는 골고다에서 십자가의 죽임을 당하여 돌무덤 속에 장사 지낸 바 되고 빌라도가 무덤을 인봉하고 로마 군대가 예수의 무덤을 감시하였습니다.

예수를 따르던 무리들은 흩어지고 그의 제자들은 도망하였으니 나는 새도 머물지 못하는 골고다의 나사렛 예수의 무덤을 어느 누가 엿볼 수가 있겠습니까? 그런데 죽었던 예수는 3일 만에 무덤 속에서 나왔습니다. 세상 모든 권세가 생명의 주를 무덤에 가두지 못하였으니 예수는 다시 살아나셨습니다.

부활하신 예수는 유대 종교의 권세를 이기셨으니 세상 어떤 종교의 권세도 예수의 종교를 방해하지 못합니다. 예수님은 부활하사 세상 권세를 이기셨으니 부활을 믿는 예수의 사도들도 이겼고, 부활을 믿는 교회도, 성도도 세상 권세를 이긴 것입니다.

2. 죄악 권세를 이기신 주님

죄가 없으신 예수는 십자가에서 피흘려 죽은 지 3일 만에 부활하셨습니다. 죄의 값은 죽음인데 무죄하신 예수가 죽는다는 것은 생명의 원칙에 어긋나는 일입니다. 예수는 그 제자들이 보기에도 무죄하였으니 "모든 일에 우리와 똑같이 시험을 받으신 이로되 죄는 없으시니라"(히 4:15)고 하였고, 빌라도도 "나는 그에게서 아무 죄도 찾지 못하였노라"(요 18:38)고 하였습니다.

하나님 앞에서 의로우신 예수는 사람 보기에도 무죄하였으니 "사망이 쏘는 것은 죄인데"(고전 15:56) 사망이 어찌 무죄한 예수를 주관할 수 있겠습니까? 그러면 무죄하신 예수는 어찌하여 죽으셨는가? 무죄하신 예수는 우리의 범죄 때문에 죽임을 당하시고 또한 우리를 의롭게 하시려고 살아나셨습니다(롬 4:25).

무죄한 예수가 죽으시고 다시 사심으로 말미암아 죄인이 의롭다 함을 얻었으니 예수는 죄악의 권세를 이기신 주님이십니다. 그러므로 죄를 이기시고 살아계신 그리스도 예수 안에 있는 자는 또한 죄를 이길 수 있습니다. 누가 감히 그들을 정죄하겠습니까? 그리스도 예수는 죽으셨을 뿐 아니라 오히려 다시 살아나셔서 하나님의 오른 편에 계시며 우리를 위하여 대신 간구하여 주십니다(롬 8:34). 무죄하신 예수는 죄악의 권세를 이기시고 부활하셨습니다. 누구든지 예수를 믿으면 멸망하지 않고 영생을 얻습니다.

3. 사망 권세를 이기신 주님

하나님의 아들 예수는 생명이요, 부활이시니(요 11:25) 사망 권세가 저를 사로잡지 못하고 음부도 저를 가두지 못하였습니다. 생명의 주님은 죽음의 사슬을 끊고 음부의 쇠고랑을 깨뜨리고 다시 살아나셨습니다. 거룩한 영으로는 죽은 사람들 가운데서 부활하여 하나님의 아들로 확정되셨으니 곧 우리 주 예수 그리스도이십니다.

인간의 역사 이래 죽지 않는 사람은 없습니다. 아담도 이마에 땀을 흘리다가 죽었고 모세도 느보산상에서 죽었으니 아담 이후 모든 사람은 죽습니다. 바울은 "사망아 너의 승리가 어디 있느냐 사망아 네가 쏘는 것이 어디 있느냐 사망이 쏘는 것은 죄요 죄의 권능은 율법이라 우리 주 예수 그리스도로 말미암아 우리에게 승리를 주시는 하나님께 감사하노니"(고전 15:55~57)라고 고백했습니다.

부활하신 예수를 믿는 자도 그와 같이 사망 권세를 이기고 영광 중에 부활합니다. 구주 예수 부활하시어 사망 권세를 이기셨으니 죽음의 그늘 아래서 떨고 있는 인생들은 생명의 주님을 믿고 영생을 얻어야 합니다. 무죄하신 예수는 무덤에서 나오사 죄악의 권세를 이기셨고, 하나님의 아들 예수는 사망 권세를 이기셨으니 부활하신 예수를 믿고 우리도 승리의 생활을 하여야 합니다. (택)

52. 부활의 신앙 (요 20:1~10)

1. 예수 부활의 첫 목격자 막달라 마리아

부활하신 예수님을 처음으로 목격한 사람은 막달라 마리아였습니다. 그녀는 다른 여자들과 함께 예수님이 묻힌 무덤을 알아 두었다가 안식일이 지나기가 무섭게 향품을 가지고 예수님의 무덤으로 갔습니다. 예수님이 다시 살아나신다는 말씀에 대한 확신 때문에 예수의 시신이 사라진 상황에서도 예수님을 만나야겠다는 믿음을 갖고 있었습니다.

예수님의 시신이 없음을 확인한 막달라 마리아는 제자들에게 달려가 이를 알렸습니다. 예수의 다시 살아나신다는 말씀을 굳게 믿던 막달라 마리아는 부활하신 예수님의 첫 목격자가 되었습니다. 인생의 패배와 절망의 자리에서 울고 있던 막달라 마리아가 이제는 예수 부활의 소식을 온 세상에 전하는 여인이 되었습니다. 부활하신 예수는 인간을 근본적으로 변화시켜 주시는 것을 막달라 마리아는 체험했습니다.

2. 예수님의 부활을 의심하다 확신하게 된 도마

도마는 의심이 많은 사람이었습니다. 다른 제자들은 부활하신 예수님을 뵙고 감격에 넘쳐 있는데 도마는 직접 예수를 뵙지 않고는 그리스도의 부활을 믿을 수 없다고 주장하였습니다. 그런데 그 다음 주일 예배 때 문이 모두 닫혀 있었는데 부활하신 예수님이 나타나 "평화가 있기를 빈다."고 인사하셨습니다. 그리고 도마에게 "네 손가락을 내밀어서 내 손을 만져보고 내 옆구리에 넣어 보아라 그래서 의심을 떨치고 믿음을 가지라"고 말씀하셨습니다. 이때 도마는 예수님께 "나의 주님 나의 하나님"이라고 고백하며 의심을 버리고 예수의 부활을 믿게 되었습니다(요

20:24~28). 하나님께서 인간에게 능력 있게 살도록 믿음을 주셨으나 인간들이 자신의 지식으로 판단하면서 믿지 않기 때문에 인생은 불행과 고통에 빠지게 됩니다. 그러나 믿음을 잘 지키는 사람은 자기 생각을 잘 극복하고 옳게, 바르게 살게 됩니다.

예수께서는 겨자씨만큼이라도 참 믿음이 있으면 산을 옮기게 된다고 믿음의 소중함을 가르쳐 주셨습니다. 부활을 의심하다가 믿게 된 도마에게 예수님께서 "너는 나를 보았으므로 믿느냐? 나를 보지 않고 믿는 사람은 복이 있다"(요 20:29)고 말씀하신 것은 믿음의 태도가 어떠해야 하는지를 밝히신 것입니다. 첫째, 그리스도의 언약의 말씀을 믿어야 합니다. 둘째, 증거자의 증언을 믿어야 합니다. 셋째, 믿을 수 없는 것을 믿어야 합니다.

3. 부활하신 예수님으로부터 임명을 받은 베드로

예수님의 제자였던 베드로, 가야바의 법정에서 예수님을 부인하며 저주까지 하던 베드로(마 26:74)가 부활하신 예수님을 만난 후 새사람이 되었습니다. 주님은 실패를 경험한 베드로에게 오셔서 사명을 회복해 주셨습니다. 디베랴 바닷가에서 베드로에게 "네가 나를 사랑하느냐" 세 번씩 반복하여 물으셨습니다. 그리고 "내 양을 치라 내 양을 먹이라"고 사명을 주셨습니다.

베드로는 부활하신 주님의 이 질문으로 주님과의 관계를 완전히 회복하게 되었습니다. 허물 많은 베드로를 용서하시며 사랑으로 안으시고 소망을 주셨습니다. "네가 이 사람들보다 나를 더 사랑하느냐"고 물으신 것은 책망하려는 것이 아니라 그를 새롭게 변화시켜 사명을 맡기시고자 하신 것입니다. 그렇다면 부활하신 예수님이 왜 같은 질문을 세 번씩이나 하셨는지 살펴보아야 합니다.

첫째, 베드로의 잘못을 용서해 주시기 위함입니다. 예수께서 베드로를 정죄하고 징계하려 하셨다면 이런 질문을 하시지 않았을 것입니다.

성도 여러분, 주님께서 우리에게 시련을 주시고 당황하게 하실 때 거기에서 주님의 뜨거운 사랑을 발견하여야 합니다.

둘째, 베드로의 진실한 대답을 듣기 위함입니다. 예수님의 질문은 신적인 사랑을 물으신 것이었고 베드로는 인간적인 우정으로 답변했습니다. 같은 질문을 세 번씩이나 거듭한 것은 '네가 정말 신적 사랑이 아니고 겨우 우정이냐?'라고 물으신 것입니다. 베드로는 자신을 과시할 수가 없어서 그는 처음과 같은 대답을 되풀이하였습니다. 그러나 예수님은 그의 대답을 옳게 여기시고 반복하여 사명을 맡겼습니다.

셋째, 겸손하게 하시기 위함입니다. 세 번씩이나 같은 질문을 받은 베드로는 "모든 것을 아시는 주님, 내가 주를 사랑하는 줄 주께서 아십니다"(요 21:17)라고 겸손하게 대답을 했습니다. (택)

53. 부활의 증언 (행 10:34~43)

그리스도인들은 부활절이 되면 기쁨과 승리의 노래를 부릅니다. 왜냐하면 그리스도가 죽은 지 3일 만에 다시 살아난 것은 그리스도인들에게 희망과 용기를 갖게 하는 신앙의 증거가 되기 때문입니다. 사도행전 10장은 예수의 복음이 이방인 고넬료에게 전파되는 기록입니다.

기독교는 당시 세계의 지배권과 문명을 가지고 있는 로마를 감화하지 않고는 도저히 세계에 진출할 수 없었습니다. 그러므로 천사가 베드로에게 나타나 유대인과 로마인이 만나게 되고 마침내 베드로는 고넬료에게 예수의 부활을 증거하게 되었습니다.

1. 전도하신 예수(37~38절)

예수의 복음은 갈릴리에서 시작하여 온 유대지방에 퍼졌습니다. 나사렛 목수인 예수의 가르치는 말씀이 이렇게 널리 퍼지는 것은 하나님이 나사렛 예수에게 성령과 능력을 부어 주셨기 때문입니다. 예수는 두루 다니시며 선한 일을 행하시고 귀신에게 눌린 사람들을 모두 고쳐 주었습니다. 그 일생은 기쁨보다는 고통의 삶이었습니다. 인간애, 인류애야말로 예수가 전하려는 참 뜻이었습니다.

2. 십자가에서 죽으신 예수(39절)

예수의 복음을 들은 군중은 예수의 교훈과 실천에 놀라고 그를 지지하였습니다. 그러나 그 당시 민중의 지도자인 제사장과 서기관들은 예수를 없앨 방법을 찾다가 군중을 충동하고 총독 빌라도에게 압력을 가하여 예수를 십자가에 못 박았습니다. 예수님은 고통이 너무 심하여 "하나님 하나님 어찌하여 나를 버리시나이까" 하고 부르짖었습니다. 십자가에 못 박히신 예수께서 마지막 말로 "다 이루었다"고 하신 것은 그의 승리적 완성을 표시한 말입니다. 예수를 죽인 자는 유대인과 로마인이었으나 예수께서 행하신 모든 일을 증거한 자들은 사도들이었습니다.

3. 다시 사신 예수 (40~41절)

예수의 일생이 십자가 위의 죽음으로 끝났다면 그는 하나의 비극의 주인공에 불과하였을 것입니다. 그러나 예수님의 삶은 그의 십자가로 끝난 것이 아니라 새로운 삶의 시작입니다. 예수님은 죽음을 통하여 많은 생명을 구원하셨고, 사망에서 다시 사심으로 소망을 주셨습니다.

예수의 부활이 환상이 아닌 것은 40일 동안 제자들에게 나타나셨으며, 제자들은 그와 함께 먹기도 하고 마시기도 했습니다. 제자들은 그분을 손으로 만져 볼 수도 있었고 수많은 사람들이 다시 살아나신 예수님을 친히 보기도 했습니다. 죄인을 대신하여 십자가에서 죽으신 예수의 승리는 부활 사실 속에 나타났으며 제자들은 자신의 목숨을 바쳐 예수의 부활을 증거했습니다. 예수 십자가와 부활로 인해 교회가 탄생했습니다.

4. 심판자이신 예수 (42~43절)

다시 사신 예수를 믿는 신자들은 예수를 산 자와 죽은 자의 심판자로 하나님이 정하신 것을 사람들에게 선포해 증거했습니다. 다시 말하면 부활의 증인이 되었습니다. 예수에 대해서는 모든 예언자들(렘 31:34, 사 53장, 시 51편)도 예수를 믿는 사람들은 누구든지 그의 이름으로 죄 사함을 받는다고 증거했습니다. 나사렛 예수를 유대인과 로마인이 십자가에 못 박아 죽였으나 이 예수를 하나님이 다시 살리셨습니다. 이 예수를 믿는 자는 누구든지 구원을 받는다고 사도들은 증거한 것입니다.

베드로는, "다른 이로써는 구원을 받을 수 없나니 천하 사람 중에 구원을 받을 만한 다른 이름을 우리에게 주신 일이 없음이라"(행 4:12)고 외쳤습니다. 이것이 부활의 증언입니다. (택)

어린이 주일

✿✿✿✿✿✿✿✿✿✿

김상복(복) 김창근(근) 나원용(용) 배굉호(호)
송기식(식) 신성종(종) 이병돈(돈) 임택진(택)

* 설교자의 표시는 (   )안의 약자로 표기했습니다.

54. 아빠, 무얼 하시는 거예요 (딤전 3:1~7)

오늘 본문에는 교회 지도자들의 자격에 관한 말씀이 나와 있지만 사실상 이 자격은 모든 기독교인 아버지들에게 적용되는 말씀입니다. 아버지들은 자녀에게 어떤 모본을 보이고 어떤 교육을 시켜야 할까요?

1. 가정의 분위기를 조성해야 합니다

우리들 대부분은 이 세상일에 영향을 끼칠 만한 위치에 있지 않습니다. 하지만 아버지들은 각자 자기 가정(그 아이들의 세계)에 큰 영향을 끼칩니다. 따라서 가정(아이들의 세계)을, 아이들이 올바르게 자랄 수 있는 가장 훌륭한 곳으로 만드는 것이 아버지의 권리요, 의무입니다. 왜냐하면 아버지는 그 세계의 거울이기 때문입니다.

아버지들이 가정의 분위기를 잘 조성하여 아이들이 소속감을 느낄 수 있도록 배려를 아끼지 말아야 합니다. 학교교육은 인생을 살아가는데 있어서의 지식과 기술을 가르쳐 줄 뿐입니다. 인간의 인격을 성숙시키는 삶의 자세와 태도는 부모 슬하에서 정립되는 것입니다. 그러므로 아버지들은 하늘에 계신 아버지께서 자기 자녀들을 잘 돌보시는 것과 같이 모든 일에 사랑으로 규율을 행사해야 합니다.

2. 자녀들을 노엽게 하지 말아야 합니다

"아비들아 너희 자녀를 노엽게 하지 말지니 낙심할까 함이라"(골 3:21)의 말씀처럼 오늘날 부모들이 무심코 던진 말이나 행동으로 인해 자녀들이 쉽게 상처를 받습니다. 또한 신체적인 학대로 말미암아 자녀들이 노여워하거나 심지어는 낙심하게 되는 경우들이 허다합니다. 물론 잘못을 바로잡기 위해서는 회초리도 필요합니다. 그러나 사랑의 마음이 전

제되지 않고, 아버지들의 북받치는 감정을 그대로 쏟아붓기 때문에 자녀들은 상처를 받습니다. 그것뿐만 아닙니다. 어떤 어른들은 아이라고 무시하고 인격적으로 짓밟는 경우가 있습니다. 이런 심리적인 학대는 신체적 학대보다 더 큰 증오와 고통을 가져다주기도 합니다.

어른들은 자녀의 입장을 전혀 고려하지 않은 채 일방적으로 무슨 일을 결정하거나 상황을 판단하기가 쉽습니다. 먼저 가정의 아버지들은 자녀들을 이해하는 노력이 필요합니다.

특히 오늘날과 같이 급변하는 시대의 아이들은 어른들이 겪었던 문제와는 전혀 다른 문제들로 고민하고 있습니다. 그러므로 자녀들의 말에 귀를 기울이십시오. 그들의 관심사가 무엇인지, 그들의 문젯거리가 무엇인지 알기 위해 세심한 배려를 아끼지 말아야 할 것입니다. 그렇게 할 때 자녀들의 정서적, 영적 생활에 실제적인 도움을 줄 수 있는 아버지가 될 수 있습니다.

3. 하나님 안에서 양육해야 합니다

집을 건축하는 데는 좋은 재목도 필요하지만 가장 중요한 것은 그 집의 기초가 얼마나 튼튼한가 하는 것입니다. 기초가 무엇인가에 따라 가정의 행, 불행이 결정될 수 있습니다. 주님께서는 "지혜로운 사람은 반석 위에 주초를 놓고 집을 짓는데 이런 집은 창수가 나고 바람이 불어도 무너지지 않으나, 어리석은 사람은 모래 위에 집을 지어 쉽게 무너짐을 당한다"고 말씀하셨습니다.

가정의 외적인 모습이 화려하게 보여도 기초가 튼튼치 않으면 어떤 어려운 일이 닥칠 때 그 가정은 든든히 서지 못할 것입니다. 그러나 예수 그리스도를 구주로 영접하고 하나님 말씀을 듣고 순종하는 가정, 하나님 신앙 위에 세워진 가정은 든든할 것입니다. 부모가, 특히 아버지를 중심으로 한 가정을 하나님 중심으로 사랑과 신뢰와 말씀에 찬 분위기로 이끌어 가면 자녀들은 자연히 바른길로 걸어갈 것입니다. (복)

55. 네 자녀를 노엽게 말라 (엡 6:1~4)

세계적인 교육가 페스탈로치는 "가정은 최상의 학교이며 이 학교의 교과과정의 사랑이다."라는 말을 남겼습니다. 자녀들은 가정에서 부모 안에 있는 사랑과 믿음을 보고 나도 저와 같이 되기를 원한다는 소망을 불러 일으킬 수 있어야 합니다. 가정은 부모의 사랑이 넘치며 자녀들이 훌륭한 인물이 되게 하는 보금자리여야 합니다. 자녀의 미래는 지금 부모들이 심고 있는 것에 달려 있습니다. "사람이 무엇으로 심든지 그대로 거두리라." 이것이 영원한 철칙입니다. 성경은 자녀교육의 원칙을 소개합니다.

1. 아비들아 네 자녀를 노엽게 하지 말라

본문 4절에는 "또 아비들아 너희 자녀를 노엽게 하지 말고 오직 주의 교훈과 훈계로 양육하라"고 말씀하고 있습니다. 자녀교육에서 특히 아버지의 책임이 중요합니다. 구약에 보면 아버지가 그 가정이나 가족 중에서 일종의 제사장으로 자신의 신앙만이 아니라 자녀교육의 책임을 가지고 있습니다. 하나님께서는 먼저 자녀들을 노엽게 하지 말라고 하셨습니다. 자녀를 양육하며 교육한다고 하지만 실제로는 화나게 하는 경우가 있습니다. 자녀들은 부모들이 자기 본위일 때 노여워합니다. 부모들은 자녀들의 인격을 무시하고 부모의 소유라고 생각하는 경향이 있습니다. 자녀는 부모의 소유물이 아닙니다.

시편 127:3에서 "자식들은 여호와의 기업이요 태의 열매는 그의 상급이로다"라고 하였습니다. 자녀는 하나님이 주신 생명이라는 것입니다. 그러므로 부모는 자기중심적 사랑을 조심하여야 합니다.

부모는 자녀들을 많이 격려하고 인정하고 작은 일에도 칭찬하여야 합니다. 부모는 자녀들을 항상 위로하고 적극적으로 사랑하여야 합니다. 부모는 자녀들의 관심사가 무엇인지를 생각하고 깊은 대화를 나누어야 합니다. 많은 부모들이 부모가 된다는 것이 무엇인지를 모르고 자녀들을 귀찮은 존재로 생각합니다. 그래서 혹독하게 때리고, 관심을 두지 않고 제대로 양육하지 않습니다. 그러나 부모는 하나님께서 자녀 된 우리들을 사랑하심같이 자녀들을 올바로 사랑하여 그들을 이해하며 노엽게 하지 않는 부모가 되어야 합니다.

2. 주의 교훈과 훈계로 양육하라

교훈과 훈계로 양육하는데 그 앞에 '주'라는 말이 있습니다. 그것은 자녀를 믿음으로 양육하라는 것입니다. 부모는 자녀들을 믿음으로 강하게 양육하여야 합니다. 믿음으로 양육하여야 할 중요한 이유는 하나님께만 소망이 있기 때문입니다.

사람들은 지식이 많으면 훌륭한 사람이 되고 행복하게 되는 줄로 생각합니다. 그러나 그것이 행복의 전부가 아닙니다. 잠언 9:10은 "여호와를 경외하는 것이 지혜의 근본"이라고 했습니다. 유대인들은 철저히 하나님 경외를 가르쳤습니다. 유대인 부모들은 지금도 하나님 말씀을 들려주는 것으로 유명합니다. 자녀들이 밝은 길을 걷기를 원한다면 하나님의 말씀을 가르치십시오. 자녀들이 교회생활에 충실하도록 가르쳐야 합니다.

3. 자녀들에게 모범이 되라

자녀들을 양육하려면 부모들이 먼저 본이 되어야 합니다. 엄밀히 말하면 비행 청소년은 없습니다. 다만 비행 부모가 있을 뿐입니다. 문제아의 뒤에는 반드시 문제 부모가 있습니다. 자녀들은 부모의 말을 본받는 것이 아니라, 부모의 삶을 본받습니다. 부모는 자녀들이 하나님의 말씀으로 살도록 하나님의 말씀을 먼저 듣고, 믿음으로 사는 것이 얼마나 귀하고 가치 있는 일인지 부모의 삶으로 모범을 보여야 합니다. (군)

56. 어떻게 가르칠까 (마 6:25~30)

예수님께서는 이 땅에 오셔서 33년의 짧은 삶을 살다가 가셨으며 그 중에도 공생애는 3년에 불과했습니다. 3년간의 짧은 기간이었으나 주님은 참으로 귀중한 것을 가르치셨으며 그 교수법도 평범하면서 효과적이었습니다. 오늘 우리도 따라 쓸 수 있는 교수법이었으므로 몇 가지로 나누어 생각해 보겠습니다.

1. 보여 주시며 가르쳐 주셨다

주님은 제자들을 가르치실 때 "공중 나는 새를 보라 들의 백합화를 보라"고 하시며 우리 생활 주변에 있는 것을 보여 주시면서 새들을 먹이시고 사람을 먹이시는 분이 하나님이심을 가르쳐 주셨습니다. 또한 수고하지 않고 길쌈하지 않아도 솔로몬의 입은 옷보다 더 아름답게 들의 꽃을 입혀 주시는 분이 하나님이시며 우리 인생을 입혀 주시는 분도 하나님이심을 보여 주신 것입니다.

주님은 병든 사람을 고쳐 주시고, 배고픈 사람들을 먹이시고 물 위를 걸으시면서 주님의 사랑과 능력을 보여 주시며 가르쳐 주셨습니다. 우리는 그렇게 큰일을 보여 줄 수는 없지만 병든 사람을 찾아가 기도해 주고, 가난한 사람에게 나누어 주고, 미운 사람을 사랑하는 일을 자녀들에게 보여 주면서 예수님을 믿는 힘이 즉 사랑의 힘이 이렇게 큰 것임을 가르치는 스승들이 되어야 하겠습니다.

주님이 보여 주시면서 가르쳐 주셨듯이 우리들도 자녀들에게 생활을 통하여 주님의 뜻과 사랑을 보여 주며 가르칩시다. 시각을 통해 잘 보고 배우도록 보여 주는 스승들이 됩시다.

2. 들려주시며 가르쳐 주셨다

주님은 보여 주시는 동시에 듣기 쉽고 이해하기 쉬운 말씀으로 하나님의 크고 깊으신 뜻을 가르쳐 주셨습니다.

우리들의 마음씨와 말씨 그리고 움직임 등을 쉬운 말씀이나 예를 드시면서 그 잘하는 점과 잘못된 점들을 정확하게 가르쳐 주시고 교훈해 주셨습니다. 전해 듣는 오늘의 우리들에게도 귀한 말씀들을 들려주셨습니다. 그러므로 우리가 주님의 말씀을 많이 읽고 우리 자녀들에게 전해 주며 들려주어야겠습니다.

부모님들이 자녀들 앞에서 별생각 없이 하는 말이 자녀들에게 주님의 말씀 듣고 따르려는 데 방해가 될 때가 있습니다. 자녀들은 부모님들이 가정일이나 사회의 사건들에 대해 말씀하실 때 예수님의 뜻을 따라 말씀하시는지 아닌지 다 듣고 있습니다. 그러므로 주님의 말씀을 잘 들려주고 또 주님 뜻을 따라 말하는 부모와 스승이 되시기를 바랍니다. 청각을 통한 교육을 잘합시다.

3. 실행해서 느끼게 해주시며 가르쳐 주셨다

주님은 제자들에게 조금씩 일을 하게 하시면서 그 일들을 통해 마음에 느끼고 깨달음이 있도록 해주셨습니다. 떡 다섯 개와 물고기 두 마리를 가지시고 하늘을 우러러 축사하시고 떡을 떼어 제자들에게 주시면서 제자들로 또 떼어서 무리들에게 주게 하셨습니다(마 14:19~21). 또 둘씩 둘씩 짝을 지어 복음을 전하게도 하시면서 실제로 느끼고 깨닫게 해주셨습니다.

우리도 자녀들로 하여금 말씀을 따라 실행하면서 그 뜻을 깨닫도록 가르치는 스승들이 되어야겠습니다. 형제나 친구 사이에 믿으라고 권면하게 하고, 사랑으로 용서하고, 용서도 청해 보면서 신앙적인 체험을 갖도록 이끄시며 가르치는 스승으로서 부모님들의 책임을 다하시기 바랍니다. 보여 주고, 들려주고, 느끼게 하면서 가르치는 스승들이 됩시다. (용)

57. 자녀를 바르게 양육하는 가정 (엡 6:4)

　사람을 교육한다는 것은 고금동서를 막론하고 모두 어렵고 중한 일로 여겨져 왔습니다. 학교교육도 중요하지만 사람의 기본 인격은 가정에서 형성되기 때문에 가정교육을 중하게 보고 있습니다. 사도 바울은 가정에서 자녀를 교육하되 소극적인 면과 적극적인 면이 있다는 것을 쉬운 말로 알려 주고 있습니다. 먼저 소극적인 면으로 하지 말아야 할 일을 살피고, 둘째와 셋째로 적극적으로 해야 할 일들을 살펴보겠습니다.

1. 자녀를 노엽게 하지 맙시다

　좋은 교육을 위해 먼저 피교육자인 우리 자녀들을 노엽게 하지 말라고 하였습니다. 소극적인 면이지만 자녀들이 노여워하지 않도록 하자는 것입니다. 자녀들은 어떤 때 노여워하나요?

　먼저 모르고 잘못했을 때 과하고 가혹하다고 여겨질 정도로 책망과 벌을 받게 되면 자녀들은 속으로 노여워하며 어른들의 말씀을 잘 받아들이지 않기가 쉽습니다. 잘못했을 때 그게 왜 잘못인지를 일깨워 주는 친절과 여유를 사랑으로 베풀어야 하겠습니다.

　또 한 가지는 꼭 해야 할 일을 안 했을 때도 그대로 두어서는 안 되지만 그 일로 인해 자녀들을 가혹하다고 느낄 정도로 꾸짖으면 역시 마음으로 노여움을 느끼게 되기에 사랑 어린 설득을 통해 미루지 않고 실천할 수 있게 하라는 것입니다.

2. 주의 교훈으로 양육합시다

　사랑하는 우리 자녀들을 주의 교훈으로 양육시켜야겠습니다. 즉 사람으로서 알아야 할 일과 해야 할 일을 부모가 가르치며 양육하라는 것입니다.

이 세상은 누가 왜 지었는지를 알아야 하며 또 나는 누구이고, 무엇을 하며 어떻게 살아야 하는지를 알고, 내 이웃은 누구이며 어떻게 그들을 대하고 살아야 할지를 아는 것이 교양 있는 사람입니다. 이것을 부모들이 가정에서 가르쳐 양육하라는 것이 본문의 뜻입니다.

내가 낳기만 하고 배불리 먹이고 입히기만 한다고 부모의 책임을 다하는 것이 아닙니다. 내 사랑하는 자녀가 자기가 누구이며 왜 사는지 어떻게 살아야 할지를 부모에게 듣고 그렇게 사는 부모의 삶을 보면서 교양 있는 자녀로 자라도록 키워야겠습니다.

젖 떼기가 무섭게 내 자녀의 기본 교육까지 남의 손에 맡기고, 자기가 누구인지도, 왜 사는지도 모르면서 경쟁에 뒤지지 않도록 달리게만 하는 세상교육에 맡기는 길을 따르지 말고 살아계신 하나님 앞에서 주의 교훈으로 가르쳐 주며 키워야겠습니다.

3. 주의 훈계로 양육합시다

부모는 자녀에게 주의 훈계로 양육하면서 그들이 그대로 살도록 동기를 부여하고 그 과정을 살피며 도와주고 노력 여하에 따라 주어지는 결과를 주님 말씀에 비추어 인정도 하고 칭찬도 해주며 때로는 격려를 통한 훈계도 해주면서 말씀 따라 그리스도를 닮은 사람으로 자라나게 도와줘야 하겠습니다.

따라서 하나님의 자녀요, 그리스도를 믿음으로 구원받고 성령과 함께 살아가는 삶을 살기 위해 주님 말씀 따라 이렇게 살아야 한다는 것을 부모들이 가르치고, 그런 동기에서 기쁜 마음으로 살아가도록 양육해야 한다는 것입니다.

자녀들을 노엽게 하지 않고 주의 교훈과 훈계로 양육할 수 있도록 우리의 가정을 잘 가꾸어 나아갑시다. (용)

58. 어린이 신앙양육 (신 4:9~12)

하나님은 자녀교육에 많은 관심을 가지셨고 강조도 하셨습니다. 신앙교육은 어릴 때부터 시작하는 것이 중요합니다. 그 무엇보다도 우선적으로 해야 할 일이 바로 어린이 신앙양육입니다.

1. 어린 시절은 인생의 중요한 시기입니다

본문 9절을 보면 "오직 너는 스스로 삼가며 네 마음을 힘써 지키라 그리하여 네가 눈으로 본 그 일을 잊어버리지 말라 네가 생존하는 날 동안에 그 일들이 네 마음에서 떠나지 않도록 조심하라 너는 그 일들을 네 아들들과 네 손자들에게 알게 하라"고 했습니다.

어린 시절은 인생을 결정하는 중요한 과정입니다. 어린 시절은 전인적인 인격 형성과 체력, 지력, 감력 등 영역의 모든 것을 좌우하는 인간 형성의 90% 이상이 결정되는 중요한 시기이며, 도덕적이고 종교적인 심성 역시 이 시기에 결정된다 해도 과언이 아닙니다. 그러므로 모든 부모들이 애쓰고 힘쓰는 보람은 내 자녀를 위한 것이기 때문이요, 그들이 우리의 세대를 이어갈 주인공들이기 때문입니다.

자녀들을 어려서부터 교육하는 것이 바람직한 것입니다. 그러기에 교육은 가정에서부터 출발해야 합니다. 많은 위인들과 교회의 지도자들이 가정에서 신앙과 생활의 지도 속에서 성장하며 위대한 역사를 창출하였고, 예수님 역시 공생애를 위한 준비 기간의 대부분을 가정에서 지내셨습니다. 우리는 자녀들이 어릴 때부터 성경 말씀을 많이 보고 듣게 하여 잘 행하게 해야 합니다. 이것이 복입니다.

2. 신앙교육을 어떻게 해야 합니까

자녀교육의 첫 번째 지침은 하나님 경외하는 것을 가르치는 일입니다.

"네가 호렙 산에서 네 하나님 여호와 앞에 섰던 날에 여호와께서 내게 이르시기를 나에게 백성을 모으라 내가 그들에게 내 말을 들려주어 그들이 세상에 사는 날 동안 나를 경외함을 배우게 하며 그 자녀에게 가르치게 하리라 하시매"(10절).

즉 부모가 하나님을 잘 믿고 자녀에게 잘 가르치라는 말씀입니다. 하나님 사랑하는 것을 가르쳐야 합니다(신 6:4~5). 그러기 위해서 먼저 예배를 가르쳐야 합니다. 하나님 사랑의 제일 되는 표현은 예배드리는 일입니다. 예배를 사모하여 예배드리는 것이 좋고 열심을 내도록 가르쳐야 합니다. 또 한 가지는 마땅히 갈 길과 할 일을 가르쳐야 합니다. 출애굽기 18:20에 "그들에게 율례와 법도를 가르쳐서 마땅히 갈 길과 할 일을 그들에게 보이고"라고 했습니다. 사람이 옳은 길을 가고 옳은 일을 하면 힘이 생깁니다.

자녀교육의 두 번째 지침은 행할 길을 가르치는 일입니다. "마땅히 행할 길을 아이에게 가르치라 그리하면 늙어도 그것을 떠나지 아니하리라"(잠 22:6). 가르치는 일은 어릴수록 효과가 좋습니다. 신앙생활도 조기교육을 해야 합니다. 어떤 분은 어릴 때는 교회에 데리고 오지 않습니다. 학생 때는 공부해야 하고, 청년 때는 바빠서 못 나오다가 어른이 되면 못 올 이유 때문에 못 오고, 늙으면 병들거나 힘이 없어서 오지 못합니다.

부모는 자녀가 어릴수록 신앙의 본을 보여 주어야 하는데 4가지 본을 보여 주어야 합니다. ① 기도하는 본을 보여 주어야 합니다. ② 주일 성수하는 본을 보여 주어야 합니다. ③ 십일조하는 본을 보여 주어야 합니다. ④ 말씀대로 바르게 사는 본을 보여 주어야 합니다. 이렇게만 가르치고 본을 보이면 자녀손들이 축복받고 바르게 살 것입니다. 세계적인 부호, 소위 성공했다는 사람들의 공통점이 바로 이것입니다.

자녀교육의 세 번째 지침은 선한 일꾼이 되도록 가르쳐야 합니다.

"하나님의 말씀과 기도로 거룩하여짐이라 네가 이것으로 형제를 깨우치면 그리스도 예수의 좋은 일꾼이 되어 믿음의 말씀과 네가 따르는 좋은 교훈으로 양육을 받으리라"(딤전 4:5~6). 말씀과 기도로 깨우치면 선한 일꾼이 될 수 있다고 했습니다. 디모데의 어머니와 할머니의 평생 소원은 디모데가 선한 일꾼이 되는 것이었습니다.

자녀교육의 네 번째 지침은 섬기는 자로 가르쳐야 합니다.

우리의 자녀들을 섬기는 자 즉 봉사자로 키워야 합니다. 어린 시절은 인생의 중요한 시기입니다. 우리는 자녀들에게 하나님 경외하는 것을 가르쳐야 합니다. 하나님을 사랑하는 것을 가르쳐야 합니다. 예배를 가르쳐야 합니다. 마땅히 갈 길과 할 일을 가르쳐야 합니다. 그리고 본을 보여야만 합니다. (호)

59. 신앙의 어머니 (삼상 1:19~28)

오늘 성경 본문에 나오는 사무엘의 어머니 한나는 훌륭한 믿음의 어머니의 표상이 되고 있습니다.

1. 신앙의 어머니는 기도의 사람입니다

한나는 자녀가 없습니다. 이것이 그녀의 아픔이요, 슬픔이었습니다. 한나의 대적 브닌나가 한나의 무자함을 보고 그녀를 괴롭히고 격동시키며 번민케 했습니다. 그것도 매년 그렇게 했습니다. 한나는 자기를 괴롭히는 브닌나에 대해 반응하기 시작했습니다. 그것은 하나님 앞에 나아가서 엎드려 기도하는 것이었습니다. 한나는 신앙의 여인이었습니다. 문제의 해결을 위해 다른 데로 가지 않고 하나님께로 갖고 나아왔습니다.

한나는 자식을 얻기 위해 기도했습니다.

한나의 기도는 서원기도였습니다. "서원하여 이르되 만군의 여호와여 만일 주의 여종의 고통을 돌보시고 나를 기억하사 주의 여종을 잊지 아니하시고 주의 여종에게 아들을 주시면 내가 그의 평생에 그를 여호와께 드리고 삭도를 그의 머리에 대지 아니하겠나이다"(삼상 1:11). 그 머리에 삭도를 대지 않겠다는 것은 나실인으로 하나님께 바치겠다는 기도입니다. 한나의 기도는 중언부언하는 기도가 아니라 제목이 분명했습니다.

한나의 이러한 기도는 응답을 받았습니다.

"엘리가 대답하여 이르되 평안히 가라 이스라엘의 하나님이 네가 기도하여 구한 것을 허락하시기를 원하노라 하니"(삼상 1:17). 엘리 제사장의 축복입니다. 구약시대 주의 종의 축복은 그대로 이루어졌습니다. "그들이 아침에 일찍이 일어나 여호와 앞에 경배하고 돌아가 라마의 자기 집에 이르니라 엘가나가 그의 아내 한나와 동침하매 여호와께서 그를 생각하신지라"(19절). 하나님이 한나를 기억하셨습니다.

한나는 아들을 낳아 사무엘이라는 이름을 지었습니다(20절).

사무엘의 이름은 '하나님이 들으셨다'는 뜻입니다. 하나님께서 주신 것을 알고 서원을 행하겠다는 신앙의 각오로 이름을 지었습니다. 그리고 기도로 양육했습니다. 한나는 기도로 자녀를 얻고, 기도로 자녀교육을 시킨 기도의 어머니였습니다. 가장 훌륭한 신앙교육은 기도하는 것입니다.

2. 신앙의 어머니는 자녀를 믿음으로 양육합니다

한나는 사무엘을 믿음으로 양육했습니다. "오직 한나는 올라가지 아니하고 그의 남편에게 이르되 아이를 젖 떼거든 내가 그를 데리고 가서 여호와 앞에 뵙게 하고 거기에 영원히 있게 하리이다 하니"(22절). 보통 근동 지방에서는 젖 떼는 기간을 3년 정도로 봅니다.

사무엘을 하나님께 바치기 위해서 정성으로 양육하겠다는 의지입니다. 한나는 하나님 앞에 바치기 위하여 각오하고 아들을 양육했습니다. 하나님 앞에 바치기를 서원했으므로 거기에 합당한 종교교육을 시켜야 했습니다.

유대인들은 세계적으로 우수한 인물들을 많이 배출했습니다. 세계 인구의 3.3%에 불과한 그들이 노벨상의 26%를 차지했습니다. 수천 년 동안 유리방황하던 그들이 하나의 국가를 다시 세운 것은 바로 종교교육 때문이었습니다.

3. 신앙의 어머니는 아들의 평생을 하나님께 바칩니다

"이 아이를 위하여 내가 기도하였더니 내가 구하여 기도한 바를 여호와께서 내게 허락하신지라 그러므로 나도 그를 여호와께 드리되 그의 평생을 여호와께 드리나이다 하고 그가 거기서 여호와께 경배하니라"(27~28절). 한나는 자기가 이곳에서 기도하여 응답받은 것을 상기하고 그 약속을 지키고 있습니다.

　한나는 아들 사무엘의 평생을 이제 하나님께 맡겼습니다. 우리는 여기에서 잘 생각해 보아야 합니다. 한나의 영광은 어디에 있습니까? 그것은 하나님께 서원한 대로 아들의 평생을 하나님께 드린 데 있습니다.

　감리교의 창설자이며 18세기 구라파를 부흥시킨 부흥사요, 많은 저서와 교육 기관을 창설하고 자선 사업으로 수많은 사람을 도운 요한 웨슬리(1703-1791)에게도 진실한 신앙의 어머니가 있었습니다. 요한 웨슬리의 어머니 수잔나는 생애를 끝내면서 자녀들에게 이런 말을 했다고 합니다. "사랑하는 자녀들아 내가 죽거든 울지 말고 찬양의 노래를 불러다오." 후일 요한 웨슬리가 "나의 나 된 것은 모두 어머니 덕분이다"라고 고백한 것은 그가 얼마나 어머니로부터 인격과 신앙의 영향을 많이 받았는지를 보여 주는 것입니다.

　우리 어머니들은 자녀들의 평생을 하나님께 바쳐야 합니다. 신앙의 어머니가 절실히 필요한 때입니다.　(호)

60. 신앙의 아버지 (욥 1:1~12)

우리의 가정에 가장 소중한 분은 신앙의 아버지입니다. 자녀들의 영혼을 사랑하며 하나님께 자녀들의 복을 빌 수 있는 아버지가 있다면 그것은 복 중의 복이 아닐 수 없습니다. 이런 신앙의 아버지가 너무도 요구되는 세상입니다.

1. 욥은 모범적인 신앙의 소유자였습니다

욥은 어떤 사람이었습니까? 성경은 한마디로 하나님을 경외하는 사람이라고 소개합니다. "우스 땅에 욥이라 불리는 사람이 있었는데 그 사람은 온전하고 정직하여 하나님을 경외하며 악에서 떠난 자더라"(1절).

하나님을 경외하는 자의 특징이 무엇입니까? 온전하고, 정직하여, 악에서 떠난 자라고 합니다. 욥은 악에서 떠난 자입니다. 하나님이 가장 싫어하시는 것이 악입니다. 욥은 하나님이 싫어하시는 악에서 멀리한 자였습니다. 그는 하나님을 경외한 사람입니다. 한마디로 욥은 하나님 앞에서 영적으로 하나님을 사랑하며 섬기며 도덕적으로도 흠 없이 깨끗하게 살려고 노력한 사람이었습니다. 항상 신전 의식을 가지고 산 믿음의 사람이었습니다.

모범적인 신앙인은 가족들에게 인정을 받아야 합니다. 자녀들을 불러 놓고 기도하며 예배드리는 삶 속에서 자녀들에게 모범이 되었습니다. 그의 아내가 나중에 욥이 고난을 받으며 고생하는 것을 보고 하나님을 욕하고 죽으라 해도 그는 변함없이 신앙의 지조를 지킴으로 아내에게 모범이 되었습니다. 그의 친구들이 몰려와서 그를 책망하고 나무랐지만 욥의 의연한 태도를 보고 그들도 머리를 숙일 수밖에 없었습니다.

욥이 신앙적으로 위대함은 바로 하나님께서 그를 인정하셨다는 데 있습니다. 욥을 향한 하나님의 평가는 "그와 같이 온전하고 정직하여 하나님을 경외하며 악에서 떠난 자는 세상에 없느니라"(8절)는 것이었습니다. 이 세상에서 가장 확실한 신앙은 하나님께서 인정하시는 신앙입니다. 우리도 하나님께 인정을 받는 신앙인이 되어야 합니다.

2. 욥은 자녀들의 신앙에도 관심을 가졌습니다

욥은 자녀들이 열 명이나 되었고 엄청난 부자였기에 생일 잔치가 연이어 벌어졌습니다. 잔치가 자주 있게 되면 신앙이 해이해질 수 있습니다. 욥은 이것을 알고 사전에 불미한 일을 방지하기 위해서 자녀들을 다 불렀습니다. 그리고 성결케 하고 그들의 명수대로 번제를 드렸습니다. 번제드리는 이유는 "내 아들들이 죄를 범하여 마음으로 하나님을 욕되게 하였을까 함"(5절)이었습니다. 욥은 자신의 자녀들이 내면으로부터 진실되게 하나님을 공경하고 두려워하며 섬기기를 원했습니다. 그래서 항상 자녀들을 불러 놓고 번제를 드리며 성결케 했습니다. 이것은 일종의 가정예배를 통한 철저한 가정 종교교육입니다.

3. 고난 속에서도 하나님만을 끝까지 의지했습니다

욥은 사단의 시험에도 불구하고 끝까지 하나님을 의지하여 승리한 신앙의 아버지 모습을 보여 줍니다. 욥기 1:9~12의 내용입니다. 하나님의 허락을 받은 사단은 순식간에 그 많은 욥의 재산을 다 없애버렸습니다. 도적들이 나타나서 약탈해 가고 하늘에서 불이 내려와 다 태워 버렸습니다.

그뿐만 아니라 욥의 열 자녀를 모두 죽여 버렸습니다. 그런데 욥의 반응은 전혀 예상 밖이었습니다. 사단이 생각한 것과는 전혀 다르게 나타났습니다. "주신 이도 여호와시요 거두신 이도 여호와시오니 여호와의 이름이 찬송을 받으실지니이다 하고 이 모든 일에 욥이 범죄하지 아니하고 하나님을 향하여 원망하지 아니하니라"(욥 1:21~22). 이 얼마나 놀랍고 훌륭한 신앙입니까?

사단은 두 번째 시험에서 욥에게 고통을 주었습니다. 욥을 쳐서 발바닥에서 정수리까지 악창이 나게 했습니다. 얼마나 심했는지 욥은 재 가운데 앉아서 기와 조각으로 몸을 긁었습니다. 그러자 그 아내가 욥에게 "당신이 그래도 자기의 온전함을 굳게 지키느냐 하나님을 욕하고 죽으라"(욥 2:9)고 했습니다. 욥은 육체적으로 죽을 고생을 하고 있는데 신앙이 없는 아내마저 자기를 괴롭히니 영과 육이 너무도 고통스러운 지경에 빠지고 말았습니다.

이때 욥은 그 아내를 향하여 "그대의 말이 한 어리석은 여자의 말 같도다 우리가 하나님께 복을 받았은즉 화도 받지 아니하겠느냐" 하고 이 모든 일에 욥이 입술로 범죄하지 아니했습니다(욥 2:10).

이런 욥과 같은 신앙을 가진 아버지는 반드시 어려운 문제를 해결하고 승리할 수 있습니다. 여러분이 지금 당하고 있는 그 어떤 어려운 문제도 해결받을 수 있을 것을 믿으시길 바랍니다. (효)

61. 마땅히 행할 길을 가르치라 (잠 22:1~6)

우리나라 속담에 세살 버릇 여든까지 간다는 말이 있습니다. 이는 어린 시절에 배우고 익힌 것이 평생을 지배한다는 말입니다. 오늘의 본문 중 6절 말씀은 "마땅히 행할 길을 아이에게 가르치라 그리하면 늙어도 그것을 떠나지 아니하리라"고 명령하십니다. 그것은 어른의 책임이요, 부모의 사명입니다.

예로부터 이름 있는 집안의 자손들은 몸가짐부터 말씨까지 어려서부터 잘 배웠습니다. 그래서 행동거지가 바른 아이를 보면 뉘 집 아이인지 잘 배웠다고 하고 그 언행이 바르지 못하면 배운 데가 없는 아이라 하여 그 부모가 욕을 먹었습니다. 그러면 오늘 본문은 구체적으로 무엇을 가르치라는 것입니까?

1. 명예롭게 살다가 명예롭게 죽는 길을 가르쳐야 합니다

인간의 보편적 가치는 도덕성입니다. 그것은 가치관이라고도 말합니다. 하나님은 모든 인간에게 양심을 주셨습니다. 그 양심이 악을 부끄러워하고 선을 기뻐합니다. 본문 1절 말씀은 많은 재물보다 명예를 택하라고 하십니다. 재물을 취할 때 명예를 더럽히면서까지 재물을 택하지 말라는 말씀입니다.

우리 자녀들이 "재물이냐, 명예냐"를 선택해야 할 때 명예를 선택하도록 바른 가치관을 심어 주어야 합니다. 오늘날 명예를, 인기가 오르고 이름이 알려지는 것으로 착각하고 있습니다. 그런 명예는 물거품과 같습니다. 참다운 명예는 양심에 부끄럽지 않은 의의 길을 선택하는 것입니다.

지금은 명예를 모르는 세상입니다. 서양의 기사도정신도 사라지고 동양의 군자도 실종되었습니다. 명문가도 없고 명문학교도 사라졌습니다. 또한 하나님의 자녀들이 긍지와 명예를 잃어가고 있습니다. 어린아이들에게 진정한 명예를 일깨워 주는 일, 즉 양심과 명예의 부활이 기독교의 가정들에게서 일어나야 합니다.

2. 하나님의 은총을 알고 깨닫게 해야 합니다

은총이란 은혜 은(恩)자에 총애받는다는 총(寵)자로서 은혜받고 사랑받는다는 뜻입니다. 우리는 창세기에서 이삭의 두 아들인 에서와 야곱을 기억합니다. 에서는 배가 고프다고 팥죽 한 그릇에 장자의 명분을 동생에게 팔았습니다. 에서와 야곱의 차이는 무엇입니까? 에서는 하나님의 은혜를 대수롭지 않게 여겼습니다. 팥죽 한 그릇과 바꾸었습니다. 에서는 하나님의 은혜보다 자신의 힘을 믿었습니다. 사냥을 잘하는 능력 있는 사람이었습니다. 그러나 야곱은 하나님의 은혜를 사모했습니다. 그러므로 하나님은 에서보다 야곱을 사랑하셨던 것입니다. 하나님은 자녀들에게 은혜 주시기를 기뻐하십니다.

본문은 은이나 금보다 은총을 더욱 택하라고 하십니다. 은이나 금은 오늘의 말로 돈입니다. 돈을 더 믿지 말고 하나님의 은총을 믿으라는 것입니다. 아이들에게도 돈보다 더 중요한 것이 하나님의 은혜라는 것을 가르치라고 하십니다.

주님은 사람이 떡으로만 사는 것이 아니라고 하십니다. 사람이 은과 금으로만 사는 것이 아니라 하나님의 은혜로 사는 것입니다. 하나님의 은혜로 세상에 생명이 태어나고, 은혜로 성장하고, 은혜로 구원받고, 은혜로 축복받고, 은혜로 결혼하고, 은혜로 능력 있는 신앙생활을 합니다.

오늘날 사람들은 물질에 대한 탐욕으로 인간의 양심과 명예를 다 잃어가고 있습니다. 그리고 하나님의 은혜보다 돈을 더 의지합니다. 그래서 세상은 혼탁하고 죄악이 극에 달하고 있습니다.

길이 하나 있습니다. 이제라도 자녀들에게 하나님의 자녀로서의 긍지와 명예를 가르쳐야 합니다. 이 명예에 살고, 이 명예에 죽을 수 있는 사람들이 이땅에서 일어나야 합니다. 더 나아가서 자신의 약함을 알고 하나님의 은혜를 사모하고 은혜로 살아가는 자녀가 되도록 은혜 교육에 힘쓰는 부모들이 되어야 합니다.

예화 한 편을 소개하겠습니다.

대만에서 선교하는 K선교사는 선교 현지에서 낳은 다섯 살짜리 아이가 한국어를 몰라서 고민하던 중 한국 교민 아이들이 한글을 배우는 주일학교에 아이를 보냈습니다.

하루는 대만에서 선교사님들의 국제회의가 있어서 공항에 선교사님들을 영접하려고 나가는데 귀여운 아이를 데리고 나갔습니다. 드디어 공항에 선교사님들이 내리고 반갑게 인사를 하는 중인데 다섯 살짜리 아들이 말했습니다.

"아빠 이 새끼들이 다 선교사님들이야?"

공항은 폭소로 가득찼으며, 후에 선교사들의 자녀교육 문제가 크게 논의되었습니다. (식)

62. 자녀교육의 성공과 실패 (엡 6:1~4)

자녀교육에 정성을 다하는 점에서 한국의 부모들은 세계에서 둘째가지 않을 것입니다. 과외공부의 비용을 위해 어머니가 파출부 일을 하는가 하면, 자녀의 조기 유학을 위해 기러기 아빠가 되는 경우도 많이 있습니다.

그러나 그렇게 기른 자식들이 성장하여 부모의 은혜를 얼마나 기억할는지 궁금합니다. 효도는 고사하고 부모를 학대하는 불효자식이 날마다 늘어나고 있습니다. 하나님의 말씀에 성공적 자녀교육의 길이 제시되어 있습니다.

1. 노엽게 하지 말라

자녀교육에 실패하는 이유는 무엇입니까? 본문 4절 상반절에 보면 그 이유가 잘 나타납니다. "또 아비들아 너희 자녀를 노엽게 하지 말고" 자식은 부모의 소유물이 아니라 고귀한 인격입니다. 인격이란 곧 하나님의 형상을 지닌 독립적 인간이란 뜻입니다.

그런데 부모는 자녀를 자신의 소유로 착각하여 인격을 무시하거나 자기 마음대로 자식에게 강요합니다. 이에 자녀는 부모를 노여워하고 분노를 내면에 축적합니다. 이로 인해 자녀의 인격이 손상되고 그 상처가 불효와 불신앙으로 표현됩니다.

2. 주의 교훈과 훈계로 양육하라

성공하는 교육은 무엇입니까? 본문 4절 하반절에 이렇게 말씀합니다. "오직 주의 교훈과 훈계로 양육하라" 부모의 주장이나 감정이나 소신대로 하지 말고 오직 주의 말씀으로 양육하라고 하십니다. 주의 말씀은 워낙 방대합니다. 그러므로 주의 교훈과 훈계를 몇 가지로 요약하려고 합니다.

첫째, 살아계신 하나님께 예배하는 예배 정신이요, 둘째로 십자가의 사랑과 은혜로 죄인을 구원하시는 은혜의 복음이요, 셋째로 은혜받은 인간이 마땅히 해야 할 사명입니다. 그 사명의 내용은 이웃사랑이며, 이웃 중에 가장 가까운 이웃이 부모입니다. 그러므로 부모를 공경하는 것은 마땅한 일이며, 땅에서 잘되고 장수하는 축복의 길입니다.

3. 땅에서 잘되는 길

자녀에게 효도를 잘 가르쳐야 합니다. 그것은 부모가 자식에게 대접을 받고자 함이 아니요 자녀가 복받는 길이기 때문입니다. 사도 바울은 성도들에게 효도의 길을 강조하고 있습니다. "네 아버지와 어머니를 공경하라 이것은 약속이 있는 첫 계명이니 이로써 네가 잘되고 땅에서 장수하리라"(엡 6:2~3).

유명한 솔로몬 왕은 자기는 천하의 이치를 통달한 지혜의 왕이었으나 자식 교육에 실패했습니다. 솔로몬 왕이 죽은 후에 그 아들 르호보암이 왕위에 나아갔는데 그는 부왕을 섬기던 늙은 대신들의 충고를 버리고 자기와 함께 자란 젊은 신하들의 의견을 택하여 부왕 솔로몬보다 더 강압적인 정치를 했습니다.

이에 여로보암이 10지파를 이끌고 나가 이스라엘 왕이 됨으로 나라가 남북으로 분열되었습니다. 이는 르호보암 속에 잠재했던 불효의 발로입니다(왕상 12:6~17). (식)

63. 부모를 본받는 자녀들 (창 26:7~11)

오늘 본문에는 이삭이 그랄에 갔을 때 그의 아내를 누이라고 속인 내용이 나옵니다. 이것은 20장에 나오는 아브라함의 이야기를 이름만 바꾼 채, 반복되고 있는 느낌을 주는 이야기입니다. 그 아버지에 그 아들입니다. 자녀는 얼굴만 닮는 것이 아니라 같은 문화 속에서 여러 해를 함께 살기 때문에 생각과 생활이 닮게 되어 있습니다. 그러면 부모는 어떻게 자녀들에게 모범을 보여야 합니까?

1. 자식은 여호와의 주신 기업임을 잊지 말아야 합니다

시편 127:3에 보면 "자식들은 여호와의 주신 기업이요 태의 열매는 그의 상급이로다"라고 했습니다. 자식은 귀중한 존재라는 뜻입니다.

그러면 어떻게 자식들을 기업처럼 성장시켜야 합니까? 기업을 성장시키려면 반드시 투자를 하듯이 부모들은 반드시 자식들을 위해서 투자를 해야 합니다. 물론 교육을 위해서 물질도 투자해야 합니다. 그러나 가장 중요한 것은 시간과 사랑과 기도의 눈물을 자녀의 영성을 위해 투자해야 합니다. 문제는 현대에 와서 외형적인 것을 우선하는 데 문제점이 있습니다.

2. 마땅히 행할 길을 자녀들에게 가르쳐야 합니다

잠언 22:6에 보면 "마땅히 행할 길을 아이에게 가르치라 그리하면 늙어도 그것을 떠나지 아니하리라"고 부모의 사명을 말씀하고 있습니다. 우리말에도 "세 살 적 버릇이 여든까지 간다."고 했습니다. 어려서의 교육이 중요하다는 뜻입니다.

사실 부모가 자식 마음대로 하도록 내버려 두면 결국 잘못된 길로 갑니다. 엘리의 두 자녀인 홉니와 비느하스가 제사장의 일을 하면서도 악한 죄들을 지은 것은 부모의 교육이 없었기 때문입니다. 부모는 자식에 대한 그 책임을 져야 합니다.

3. 자식을 자기의 소유물처럼 함부로 대해서는 안 됩니다

에베소서 6:4에 보면 "아비들아 너희 자녀를 노엽게 하지 말고 오직 주의 교훈과 훈계로 양육하라"고 했습니다. 아무리 어린 자식이라고 해도 나름대로의 인격이 있고 주장이 있기 때문입니다. 부모라는 이유만으로 자녀를 노엽게 해서는 안 된다는 뜻입니다.

중요한 것은 자식은 부모를 본받기 때문에 부모는 항상 경건한 마음으로 하나님 앞에서 부끄러움이 없는 삶을 살아야 하고 주의 교훈과 훈계로 양육해야 합니다.

아주 아름답게 생긴 부부가 딸을 낳았습니다. 그런데 너무도 못생긴 딸을 낳은 것입니다. 코는 합죽 코이고, 눈은 쭉 찢어지고, 광대뼈가 나온 보기 드문 딸을 낳은 것입니다. 부부는 쉬쉬 했지만 친척들이 난리를 피웠습니다. 도대체 누구의 자식이냐 하는 논쟁이 일어난 것입니다. 무엇 때문입니까? 본래 부부는 둘 다 못생긴 얼굴이었으나 성형수술로 아름답게 만든 것이었습니다. 그 자녀는 부모 본래의 모습으로 태어났던 것입니다. (종)

64. 자식을 위한 부모의 축복 (창 27:22~40)

1. 편애를 가지고 한 이삭의 축복

이삭이 야곱을 축복했을 때 그를 에서라고 믿고 기도했습니다. 그는 두 가지를 축복했습니다. 첫째는 "풍성한 곡식과 포도주를 네게 주시기를 원하노라"(28절)고 축복했습니다. 둘째는 "만민이 너를 섬기고 열국이 네게 굴복하리니"라고 하면서 "너를 저주하는 자는 저주를 받고 너를 축복하는 자는 복을 받기를 원하노라"(29절)고 했습니다.

에서가 왔을 때 이삭은 한탄하면서 첫째, "네 주소는 땅의 기름짐에서 멀고"(39절)라고 했고, 둘째, "너는 칼을 믿고 생활하겠고 네 아우를 섬길 것"(40절)이라고 했습니다. 여기서 기름짐에서 멀다는 말은 산악지대에서 살게 될 것을 예언한 것입니다. 사실 에서의 후손들은 페트라(유목민이 건설한 해발 900m의 산악도시)에서 볼 수 있는 대로 정말 산악지대에서 살았습니다. 그리고 칼을 사용하는 일을 많이 하게 되었습니다.

이 사건에서 보여 주는 것은 부모는 자녀들을 편애해서는 안 된다는 것을 말해 줍니다. 어떤 자녀든지 똑같은 자녀는 없습니다. 다 성품도 다르고, 재능도 다릅니다. 그러나 부모는 그들의 개성을 존중히 여기고, 공평하게 사랑해야 합니다. 편애는 마음에 드는 것만 보고 있는 그대로를 보지 못하게 하기 때문에 나쁜 결과를 가져옵니다.

2. 축복대로 다 이루어진다

이삭이 야곱과 에서를 향해 축복한 것은 예언처럼 그대로 이루어진 것을 역사를 통해서 알 수 있습니다. 왜 그럴까요? 하나님께서 말씀으로 세상을 창조하면서 인간을 그의 형상대로 창조했습니다. 이때에 인간의 말에 하나님의 능력의 일부가 포함되어 있어서 말하는 대로 되는 것입니다.

일본의 에모토 마사루가 쓴 「물은 답을 알고 있다」란 책은 우리들에게 우리의 말 한마디가 얼마나 중요한 결과를 가져오는가를 말해 줍니다. 물은 우리가 어떤 말을 하느냐에 따라 그 결정체가 만들어진다는 것입니다. "사랑해", "나는 네가 좋아." 라고 말하면 물에는 눈으로 볼 수 있는 아름다운 결정체가 만들어지지만 저주할 때는 그 결정체가 부서지고 보기 나쁘게 변한다는 것입니다. 그런데 인간은 70% 이상이 물로 된 존재이기 때문에 우리의 말에 따라 마음에 기쁨도 슬픔도 생기고, 아름다운 결정체도 생긴다는 것입니다. 이것은 부모의 축복의 기도가 자녀들에게 어떤 영향을 주는가를 증명해 주는 과학적 증거입니다.

3. 부모의 사명은 자녀를 축복하는 데 있다

부모는 자녀를 축복해 주는 사명이 있습니다. 왜냐하면 부모는 하나님을 대신해서 자녀들을 기르는 사명을 가지고 있기 때문입니다. 그래서 아무리 화가 나도 "이 망할 자식"이란 저주는 하지 말아야 합니다. 물론 부모가 어린 아이의 코를 풀어 주면서 "흥해, 옳지 흥해" 하고 말하는 경우가 많기 때문에 우리의 자녀들이 망하지는 않습니다.

물론 자녀들에게 목회자의 안수기도를 받게 하는 것도 좋습니다. 그러나 매일 저녁에 잠자고 있는 자녀들의 머리에 손을 얹고 축복기도하면 마치 이슬비처럼 잠자는 자녀들에게 축복이 임합니다. 가장 좋은 방법은 매일 일정한 시간을 정해서 가정예배를 함께 드리고, 부모가 그들을 위해서 기도해 주는 일입니다. 어떤 기회를 통해서든지 우리는 자녀들에게 축복기도를 해주어야 합니다. (좀)

65. 그리스도인의 자녀교육 (시 127:3~5)

1. 자녀는 보호되어야 한다

앤드류 머레이는 자녀를 통해 미래의 비전을 보고 성장과정에서 주변의 위험을 보라고 하였습니다. 한마디로 자녀는 철저히 보호되어야 합니다. 어릴 때에 음식물에 대한 주의와 질병과 좋지 못한 습관을 막기 위해 얼마나 애씁니까? 자녀가 청소년이 되어도 계속 관찰과 정성을 게을리하지 말아야 합니다. 정신세계를 보호하고 성도덕의 타락에서 몸을 지켜야 합니다. 또한 종교적인 이단과 그릇된 사조에서 영혼을 지켜야만 합니다. 이와 같이 자녀들을 위해 부모가 많은 관심을 기울여야 하지만 부모의 보호는 한계가 있습니다.

내가 기울이는 정성만큼이나 자녀들을 위해 하나님께 기도하십시오. 부모의 손이 미치지 못하고 부모의 보호가 제한되지만 하나님은 그 이상의 모든 위험이나 유혹 그리고 죄에서 지켜 주십니다.

2. 자녀에게 종교교육을 실시해야 한다

잠언 22:6을 보면 "마땅히 행할 길을 아이에게 가르치라 그리하면 늙어도 그것을 떠나지 아니하리라"고 하였습니다. 자녀에게 종교교육을 실시하고 하나님을 두려워하는 마음을 가르쳐야 합니다. 신앙적인 지도 없이 성장하게 되면 훌륭한 인격자가 될 수 없습니다. 가치관이 바로 정립되지 않기 때문에 세상에서 성공해도 실패하게 됩니다. 신앙 안에서 자녀들을 양육하십시오.

부모는 자녀들에게 길잡이가 되어야 하고 안내자가 되어야 합니다. 참 그리스도인의 모습을 보여 주고 참된 길과 참으로 해야 할 일을 말없이 생활로 보여 주십시오. 종교교육은 가르치는 교육이 아니라 생활의 훈련이어야 합니다.

첫째, 부모의 감정으로 자녀들을 지도해서는 안 됩니다.

부모가 매를 때려도 자녀들이 매에 대한 공감을 느껴야 합니다. 예를 들면 거짓말을 했거나 성경의 원리를 떠났거나 주일을 범했거나 형제간에 용서하지 않았을 때와 같은 경우 매를 맞는다고 하면 채찍에 대해서 정당성을 느끼게 될 것입니다.

자녀들이 매를 맞은 것은 교육적인 채찍이지 부모의 감정풀이가 아니었다고 하는 판단을 갖게 해야 합니다.

둘째, 인격적인 지도를 해야 합니다.

자녀가 잘못했을 경우라도 다른 형제들이나 가족들이 있는 데서 책망하지 말아야 합니다. 혹 책망을 할지라도 은밀히 지도하면 눈물이 나도록 감사하고 고맙게 알 것이며 자기의 잘못을 시정하는데 충실할 것입니다.

자녀의 잘못을 이해하며 용서하는 자세로 지도해야 합니다. 자녀의 잘못은 사건이나 행동이지 인격이나 숙명이 아닙니다. 비관적인 태도로 훈계하지 말고 긍정적인 자세로 양육해야 합니다.

셋째, 적극적인 자세로 관찰해야 합니다.

자녀들이 잘못을 했을 때에 채찍보다는 잘하도록 격려하는 방법이 훨씬 효과적입니다. 싸우지 말라고 꾸짖기보다 서로 사랑을 베풀 때 칭찬해 주십시오. 이것이 지혜로운 양육 방법입니다.

3. 자녀를 사랑해야 한다

자녀는 사랑의 대상입니다. 그러나 지나친 친절은 사랑이 아닙니다. 지나친 관심과 기대도 사랑이 아닙니다. 또한 자녀에 대한 지나친 욕심도 사랑이 아닙니다. 진정한 사랑은 그 자녀를 위해 신앙 인격의 정상적인 성장을 위한 지도여야 합니다. 자녀의 생명과 그 심령을 사랑하는 부모가 되십시오.

  자녀들을 참으로 사랑하는 방법은 자녀들을 인격적으로 대하는 일입니다. 자녀들과의 대화에 있어 깊은 관심을 표하십시오. 부모가 자녀들을 지도하는 일을 외면하거나 무관심해 하면 그 외면과 무관심 속에서 자녀들은 병들어 갑니다. 육체적인 양육과 사회 교육의 모든 후원에 만족한다 할지라도 정에 굶주리거나 외로움을 느끼게 될 때 자녀들이 탈선하기 쉽습니다. 사랑을 쏟으시기 바랍니다.

4. 자녀를 축복해야 한다

  창세기 9:25~27에 보면 노아가 함은 저주하고 셈과 야벳은 축복하였습니다. 노아의 기도가 그대로 자녀들에게 응했습니다. 자녀를 항상 축복하시기 바랍니다. 자녀를 위해 기도하시기 바랍니다. 부모라는 윤리적인 신분으로는 자녀를 도울 수 없는 경우가 많지만 기도로써는 어떤 경우도 도울 수 있습니다.

  자녀를 위해 복을 비는 부모가 되어야 합니다. 자녀들의 기억에 육체적인 사랑이나 헌신적인 봉사만을 남게 해서는 안 됩니다. 많은 신앙 실천의 감화를 남길 때 그것이 종교적인 유산과 정신적인 유산이 되어 곧 자녀를 축복하는 결과가 됩니다. (돈)

66. 디모데가 교육받은 가정 (딤후 1:3~7)

본문은 자녀교육에 관심이 많으나 세상학문을 익히기 위한 학교교육에 치중하여 신앙교육을 소홀히 하는 오늘의 기독교인 가정에 경종이 되는 교훈입니다.

1. 디모데는 누구인가

디모데의 부친은 헬라인이요, 어머니는 유대인으로 유니게이며 외조모는 로이스(5절, 행 16:1)입니다. 그는 루스드라에서 출생하여 좋은 평판을 들은 것으로 보아 유순하고 인정 많은 사람이었고(행 16:2), 바울로부터 "내 사랑하고 신실한 아들"(고전 4:17) "믿음 안에 참 아들"(딤전 1:2)이라고 칭찬을 받은 것으로 보아 책임감 있고 신실한 믿음의 소유자였습니다.

바울이 디모데의 병을 위하여 물만 마시지 말고 포도주를 조금씩 쓰라고 권면한 것으로 보아 그는 병약하였고 매우 금욕적인 생활을 했던 것 같습니다(딤전 5:23).

루스드라에 동년배의 청년들도 많았을 텐데 유독 디모데 한 사람만이 선교의 동역자로 바울에게 발탁된 것은 디모데에게 큰 자랑과 영광이 아닐 수 없습니다. 그러나 이것은 우연이나 횡재가 아니고 디모데 자신이 뿌린 씨의 열매요, 신앙으로 얻은 결과입니다.

디모데는 내실이 있는 사람입니다. 디모데의 외모가 어떠했는지는 자세히 알 수 없으나 그의 내면적 부분에 대해서 잘 알 수 있는 것은 바울이 디모데를 향해 "네 속에 거짓이 없는 믿음이 있음을 생각함이라"(5절)고 하였으니 디모데의 속에는 금보다 더 보배로운 믿음이 있었습니다.

　디모데는 좋은 가정에서 교육받은 사람입니다. 디모데의 외할머니 로이스와 어머니 유니게는 디모데를 위해 가정에서 철저한 신앙교육을 하였습니다. 외조모와 어머니 배후에는 하나님이 계셨습니다. 권력이나 재력이 결코 자녀교육에 좋은 배경이라고 장담할 수 없는 것은 그것들이 오래 가지 못하기 때문입니다. 그러나 경건한 가정의 교육과 전능하신 하나님은 든든한 보호자가 될 수 있습니다.

2. 디모데가 받은 가정교육

　가정은 자녀를 낳고 양육하는 장소입니다. 그런데 오늘날 가정의 문제는 자녀교육에 관한 것입니다. 어느 부모가 자녀들이 잘 되기를 바라지 않겠습니까만은 자녀교육에 실패한 사사 엘리 같은 사람도 있습니다.

　자녀교육의 중요성은 옛날이나 지금이나 두 번 세 번 강조해도 부족할 뿐입니다.

　사람은 누구나 가정 속에서 태어나 가정 속에서 살다가 죽음과 더불어 가정을 떠납니다. 그러나 우리 사회에 생각만큼 건강한 가정이 과연 얼마나 되겠습니까? 세상에 뜻대로 안 되는 것이 자식이라고 부모들은 말하지만 화목한 가정은 부모 하기 나름이라고 합니다.

　디모데의 아버지는 헬라인이요, 어머니는 유대인으로 혼혈아입니다. 아버지가 이방인이면 할례를 받을 수 없었던 그 당시 풍습 때문에 천대와 멸시 속에 자란 사람이 디모데입니다. 그러나 디모데가 바울이 칭찬할만한 훌륭한 목회자가 된 것은 경건한 가정교육 즉 어머니의 신앙교육을 받았기 때문입니다.

　그의 어머니 유니게는 여인 중에 최상의 책임을 완수한 어머니입니다. 유니게는 자기에게 주어진 디모데를 옳게 기르고 바르게 가르쳐 하나님과 교회에 봉사하게 하였기 때문입니다. "맹모삼천지교"란 말과 같이 자녀를 바르게 교육하기 위해 부모들이 얼마나 노력하십니까? 노력해도 옳게 정직하게 노력해야 좋은 결과를 얻을 수 있습니다.

이 세상에서 가장 뛰어난 창조력을 가진 이는 어머니라고 합니다. 어머니는 생명을 가진 사람을 만들어 내기 때문입니다. 그러므로 가장 좋은 스승은 어머니라고 합니다.

유니게는 여인 중에 최상의 유산을 남긴 여인입니다. 우리가 세상을 떠나갈 때 무엇인가 값진 것을 남길 수 있다면 좋을 것입니다. 그것이 재산이라도 좋고, 사업이라도 좋고, 사상이라도 좋을 것입니다. 그러나 여인에게 있어서 가장 좋은 유산은 역시 가장 귀한 자녀를 남기는 일입니다. 아브라함의 축복은 이스라엘을 남긴 것이요, 롯의 비극은 모압과 암몬 족속을 남겼다는 사실입니다.

남존여비 시대에 유대왕국사를 쓰면서 사무엘 상권 첫머리에 여자 한 나의 이야기를 쓴 것은 한나는 사무엘을 낳고 청렴한 사람으로 양육하여 유대나라에 정치인으로 종교인으로 국가발전에 공헌하였기 때문입니다.

유니게는 디모데를 낳아 신앙교육으로 하나님과 인류를 위해 공헌하였으니 최상의 유산을 남긴 어머니가 된 것입니다. 아이들에게 가장 좋은 스승이 어머니라면 누구든지 먼저 신앙의 어머니가 되어야 합니다. (택)

어버이 주일

****

김상복(복)   김순권(권)   김창근(근)   나원용(용)
배굉호(호)   송기식(식)   이병돈(돈)

* 설교자의 표시는 (　)안의 약자로 표기했습니다.

67. 팔에 안을 자녀가 없는 이들 (삼상 1:1~11)

오늘 본문 말씀에서 한나가 일시적으로 아이를 잉태치 못한 것은 하나님의 직접적인 섭리였지만, 무자했던 사실로 인하여 첩으로부터 고통받고 괴로워하는 모습과 함께, 그 남편이 그녀의 슬픔에 동참하면서 진정으로 달래는 애정 어린 위로의 모습이 나타나 있습니다.

여기서 인간은 극심한 고통에 빠져 있을 때, 그 고통을 이해해 주는 사람이 있다는 사실을 깨닫게 되면 능히 그 상황을 극복할 수 있음을 또한 시사해 주고 있습니다. 우리 주위에는 이러한 고통 중에 있는 자가 없는지 돌아보아야 할 것입니다.

1. 자녀 없는 사람들과 함께

아이들이 삐뚤어진 글씨로 사랑이 담뿍 담긴 카드를 만드느라고 정신이 없습니다. 큰 아이들은 꽃을 손수 만들기도 합니다. 아이들은 하루 동안 엄마, 아빠를 편히 쉬게 합니다. 어버이날, 자녀가 있는 대부분의 어버이들은 일년 내내 받아야 하는 예찬을 받습니다. 이날은 행복과 기쁨이 있는 날입니다. 그러나 모든 가정이 꼭 그렇지는 않습니다. 왜냐하면 재미있는 그림을 함께 그리고, 아침 식사를 준비할 자녀들이 없다는 것을 더욱 생각나게 해 주기 때문입니다.

팔에 안을 자녀가 없는 어버이들은 어쩌면 이날을 연중 가장 고통의 날로 생각할지도 모릅니다. 아이들이 없는 그들의 삶 속에는 한나가 겪어야 했던 고통이 참기 어려운 하나의 현실로 나타나 있습니다.

우리는 이날을 자녀가 없는 사람들이 갖는 어려움을 함께 나누어 질 수 있는 날로 삼을 수 있을 것입니다. 갈라디아서 6:2에 "너희가 짐을 서로 지라"고 말씀하셨습니다. 여기서 "짐"은 혼자서 감당하기에는 과중한 시련이나 고통, 어려움을 의미합니다. 인간의 힘으로는 어찌할 수 없는 상황에서 오는 짐들을 자발적으로 함께 지려는 노력이 있을 때, 그 짐은 가벼워지고 벗을 수 있을 것입니다.

2. 어떤 짐을 구체적으로 질 것인가

사려깊은 말과 사랑의 행위는 공허한 삶을 채워 주는데 큰 도움이 될 것입니다. "언제 당신은 가족을 갖게 되십니까?" "무엇 때문에 아이를 못갖게 되었나요?" 등 사람들의 마음을 찢는 언급은 피하도록 합시다. 그리고 아이를 갖지 못했다고 해서 차별을 두거나 신체적 결함이 있는 사람인 양 취급하지 맙시다. 즉, 2등급의 사람들로 여기지 말자는 것입니다. 또한 그들 앞에서 지나친 자기 자식의 자랑을 늘어놓지도 맙시다. 그런 언사는 오히려 고독과 어려움을 가중하게 만드는 일일 것입니다.

그러므로 그들 앞에서 더욱 조심스러운 언행이 있어야 할 것입니다. 그들의 입장에 항상 서려고 노력하는 자세가 있을 때에 언행에 실수가 없을 것입니다. 그리고 기회가 있을 때마다 자녀가 없는 부부들을 친구처럼 돕고, 그들을 가족행사나 교회봉사에 참여하게 합시다.

우리는 그들을 도와주는 입장에서 있는 것이 아니라 우리가 사랑해야 될 대상이라는 것을 명심하면서, 우리의 사랑이 그들에게 잘 표현될 수 있도록 노력에 노력을 기울여야 할 것입니다. 우리 주님은 어떻게 사랑해야 할 것인가에 대한 관심이 많으신 분이십니다. 진솔하게, 자발적으로, 기쁨으로 그들의 친구가 되어 줍시다.

3. 위로의 하나님을 그들에게

고린도후서 1:4에 "우리의 모든 환난 중에서 우리를 위로하사 우리로 하여금 하나님께 받는 위로로써 모든 환난 중에 있는 자들을 능히 위로하게 하시는 이시로다"고 말씀하셨습니다. 환난을 경험해 본 사람, 어려움을 겪은 사람, 그런 사람만이 진정으로 다른 사람의 눈물을 이해할 수 있습니다. 독일의 시인 괴테는 "나는 눈물 젖은 빵을 먹어 보지 않은 사람과는 인생을 논하고 싶지 않다."고 했습니다. 고난을 체험한 사람만이 고난 속에 처하고 외로움 중에 있는 사람들의 진정한 위로자가 될 수 있을 것입니다.

우리 주님은 최악의 외로움과 고난을 경험하신 분입니다.

그렇기 때문에 주님은 위로하시지 못할 사람이 없습니다. 그분은 십자가 위에서 철저한 고독과 고난을 통하여 우리의 위로자와 구원자가 되셨습니다. 과거에도 우리와 함께하신 하나님, 그분은 오늘도 우리와 함께하십니다. 그리고 지금 고독과 어려움에 처해 있는 자들과 함께하시길 원하십니다.

우리를 능히 위로하시는 주님, 모든 위로의 하나님을 그들에게 전합시다. 그들이 어려움을 통하여 하나님의 위로와 구원을 더욱 뜨겁게 체험할 수 있도록 우리의 손과 발, 그리고 입이 전달 도구가 되기를 함께 기도하며 노력하는 자가 됩시다. (복)

68. 룻을 통해 배우는 부모 공경 (룻 1:15~22)

하나님께서는 부모를 통해 우리를 이 땅에 보내셨습니다. 그런 점에서 우리 존재의 근원인 부모를 생각하지 않고는 우리의 존재 자체를 생각할 수 없습니다.

우리는 자라면서 부모의 사랑과 수고를 기억하지 못하고 좋지 않은 기억과 상처에 사로잡혀 있다가 우리 자신이 부모가 되어 자녀를 낳고 기르면서 그 사랑과 수고가 오늘의 나를 있게 한 것임을 깨닫습니다. 하나님께서는 약속 있는 첫 계명으로 "네 부모를 공경하라"고 명하셨습니다. 본문의 룻을 통해 부모를 공경하는 삶을 배울 수 있기를 바랍니다.

1. 룻은 고난 중에도 어머니를 공경하였습니다

룻의 시어머니 나오미가 다시 베들레헴으로 돌아가고자 했던 것은 가난하고 힘든 상황에서 외국생활에 한계가 있었기 때문입니다. 그래도 고향에 가면 친척이 있어 위로가 될 것이라 생각하고 돌아오지만 아무런 보장이 없던 상황이었습니다.

그 때에 나오미가 두 며느리를 향하여 "너희는 각기 너희 어머니의 집으로 돌아가라"(룻 1:8)고 하면서 이별의 입맞춤을 하지만 룻은 시어머니 곁을 떠나지 않았습니다. 재차 권고하지만 룻은 "어머니께서 가시는 곳에 나도 가고 어머니께서 유숙하시는 곳에 나도 유숙하겠나이다" 하면서 떠나지 않습니다. 물려받을 재산도 없는 어려운 상황이지만 룻은 겉치레로 공경하지 않고 진심으로 시어머니를 따르면서 사랑하고 공경합니다. 홀로 되었고 경제적 능력이 없는 시어머니와 끝까지 함께하면서 섬기고 공경하는 모습을 보여 줍니다.

2. 룻은 어머니의 필요를 채우며 공경하였습니다

룻은 유대 땅에 오자마자 남의 밭에 나가서 열심히 이삭을 줍고, 그것으로 요리하여 시어머니의 육신의 필요를 채우면서 마음을 즐겁게 해드립니다. 밭에 나가 보리 이삭을 줍는다는 것은 가장 밑바닥 삶을 보여 주는 생활상입니다. 그러나 하나님께서 부모를 공경하는 자에게 "네가 잘되고 땅에서 장수하리라"(엡 6:3)고 하셨듯이, 시어머니를 잘 공경한 룻도 땅에서 누릴 복을 받았습니다. 이삭 줍던 밭의 주인인 보아스를 만나 아름다운 가정을 이루었습니다.

나이가 들어감에 따라 어르신들은 생활 능력이 없어지고, 경제적인 부분에 의존하는 경향이 생깁니다. 이때에 부모의 마음이 편안해지도록 필요한 것들을 채워 주는 공양이 필요합니다. 그래서 우리의 가정이 룻과 같이 땅에서도 잘되는 복을 받아 누릴 수 있기를 바랍니다.

3. 룻은 어머니께 순종함으로 공경하였습니다

룻은 시어머니의 말씀을 잘 따르는 며느리였습니다. 타작마당의 일과 관련하여 보면 젊은이들 입장에서는 이해가 잘 되지 않을 것입니다. 나오미는 몇 주간 룻에게 이삭을 줍게 하더니 이제는 목욕을 하고 화장을 하고 좋은 옷을 입은 후에 밤중에 보아스를 만나도록 합니다. 보통 사람 같으면 어머니의 이 말을 의아해하고 마음에 내켜 하지 않았을 것입니다. 그러나 룻은 "어머니의 말씀대로 내가 다 행하리이다" 하고, 시어머니의 명대로 다 하였습니다(룻 3:5~6). 결국 시어머니가 가르쳐 준대로 순종하여 보아스를 남편으로 맞이하게 됩니다.

하나님께서는 우리가 주 안에서 부모에게 순종해야 한다고 가르치십니다. 순종할 때 하나님의 뜻이 이루어지고 하나님의 복이 주어집니다. 그런데 말세일수록 "부모를 거역하고 감사치 않는다"(딤후 3:2)고 합니다. 구약에서는 부모 말씀에 순종하지 않는 자녀들을 사람 취급하지 않고 무겹게 다루었습니다.

  이렇게 하나님께서 엄격하게 순종을 강조함은 이를 통하여 하나님의 뜻을 세우고 가정의 질서를 세우기 위한 것입니다. 순종하는 가정을 하나님께서 기뻐하시고 그 가정에 참 평안을 주실 것입니다.

  룻은 어려운 조건에서도 최선을 다하여 어머니를 섬겼고, 필요를 채웠으며, 말씀에 순종하였습니다. 결국 룻은 땅에서 얻은 복만이 아니라 메시아의 계보를 잇는 하나님의 은총을 누렸습니다. 부모를 공경하고 효를 행하는 자녀들에게 이러한 하나님의 은총이 주어질 것입니다. (권)

69. 주 안에서 부모에게 순종하라 (엡 6:1~3)

인간이 행복한 인생을 살려면 관계를 중요하게 생각해야 합니다. 행복은 소유나 재산이나 지위에 있지 않습니다. 그것은 하나님과 사람들과 맺는 관계에 있습니다. 우리는 하나님을 마음과 뜻과 정성을 다하여 사랑하고, 이웃을 내 몸같이 사랑하여야 합니다. 이웃 중에 첫째는 부모님입니다. 인간이 세상에서 처음 맺는 관계는 부모님과의 관계입니다.

1. 부모 공경은 하나님의 명령입니다

부모 공경은 선택할 수 있는 것이 아닙니다. 이 명령 앞에는 순종이 있을 따름입니다. 부모님은 가정에서 하나님의 대리자입니다. 눈에 보이는 부모를 공경하지 못하면서 눈에 보이지 않는 하나님을 섬긴다는 것은 거짓이요, 위선입니다. 하나님께서는 이 명령을 어기는 자는 심판하신다고 하셨습니다. 잠언 30:17에는 "아비를 조롱하며 어미 순종하기를 싫어하는 자의 눈은 골짜기의 까마귀에게 쪼이고 독수리 새끼에게 먹히리라"고 하셨습니다.

성경은 부모님께 순종하는 것이 옳다고 하였습니다(1절). "옳으니라"는 말은 마땅히 해야 하는 일이라는 것입니다. 부모님은 자식을 낳아 주셨고, 사랑하셨고, 헌신하셨습니다. 그러므로 공경하여야 합니다. 사람의 생각에는 두 가지가 있습니다. 추리적 사고와 계시적 사고입니다. 추리적 사고는 이것저것 따져 보아 옳고 그른 것을 결정합니다. 그러나 계시적 사고는 하나님께서 알려 주시는 것을 받아들이는 것입니다. 창조주 하나님의 말씀을 순종하는 것이 옳습니다. 하나님의 말씀이 우리를 행복하게 하고 옳은 길로 인도합니다. 그러므로 순종해야 합니다.

2. 자녀들은 부모에게 순종해야 합니다

골로새서 3:20에 "자녀들아 모든 일에 부모에게 순종하라 이는 주 안에서 기쁘게 하는 것이니라"고 하였습니다. 현대인의 성경에는 "자녀들은 모든 일에 부모에게 순종하십시오. 이것이 주님을 기쁘시게 하는 일입니다"라고 번역되었습니다.

부모님에 대한 순종이나 공경은 단순히 부모님을 기쁘게 하는 일일 뿐 아니라 하나님까지 기쁘시게 하는 일입니다. 나의 부모님을 정하여 주신 하나님께서 내게 주신 말씀이므로 순종할 때 하나님께서 기뻐하십니다. 그러나 우리가 부모님을 거절한다면 부모님을 허락하신 하나님을 거절하는 것입니다.

부모를 기쁘게 하는 자는 하나님께서 그를 기쁘게 하십니다. 하나님께서는 효도하는 자녀를 축복하십니다. 룻기에 보면 시어머니 나오미가 모압을 떠나 고향으로 돌아가게 됩니다. 오르바는 눈물을 흘리고 돌아갔지만 룻은 끝까지 어머니를 따라가겠다고 하였습니다(룻 1:16~17). 룻은 다윗의 증조할머니가 되고 예수님의 족보에 들어가는 영광을 얻습니다.

3. 주 안에서 부모에게 순종하십시오

성경은 "너희 부모를 주 안에서 순종하라"고 말씀합니다. 순종이란 말의 어근은 "잘 듣는다."는 것입니다. 사람은 다른 사람의 인격을 인정할 때 경청하는 자세를 취합니다. 잠언 23:22에 보면 "너를 낳은 아비에게 청종하고 네 늙은 어미를 경히 여기지 말지니라"고 하였습니다.

자녀는 부모님을 인정하고 순종하여야 합니다. 부모님이 존재 의미를 느끼시도록 하고 기쁘시게 해드려야 합니다. 그리스도인은 항상 부모님의 은혜를 기억하고 부모님의 가르침을 따라 살며, 부모님을 존중히 여겨야 합니다. 사람을 향한 첫 계명인 부모를 공경하라고 하신 하나님의 말씀에 순종하여야 합니다. (근)

70. 부모 공경 잘하는 가정 (출 20:12, 룻 1:16~17)

부모를 공경하는 길은 여러 가지가 있지만 오늘은 룻의 어머니 공경에 대해 살피면서 오늘 우리들을 위한 교훈을 찾겠습니다. 흉년을 피해 모압땅으로 갔던 엘리멜렉과 부인 나오미 그리고 두 아들로 된 이 가족들은 그곳에서 두 자부도 보고 잘 지냈으나, 십 년쯤 되어 남편과 두 아들이 죽게 되자 나오미는 아들 없는 두 며느리와 지내다가 고국으로 돌아오게 되었습니다. 그런데도 나오미가 큰 위로를 받은 것은 룻의 공경을 통해서였습니다. 룻이 어떻게 홀시어머니를 공경했나요?

1. 함께 살면서 공경했다

고향 베들레헴으로 가기 전에 시어머니 나오미가 두 며느리들에게 친정으로 돌아가라고 권했는데, 처음엔 안 가겠다고 했으나 결국 오르바는 시어머니에게 입 맞추고 인사하고 돌아갔습니다. 그러나 룻은 본문 16절 말씀대로 "어머니께서 가시는 곳에 나도 가고 어머니께서 머무시는 곳에서 나도 머물겠나이다"라고 간곡하게 말씀드려 결국은 함께 베들레헴으로 돌아가 살게 되었습니다. 죽음의 자리까지 함께 가겠다고 말한 며느리 룻의 마음에 나오미는 큰 위로와 힘을 얻었습니다.

부모는 자녀들이 함께 있어 주기를 바랍니다. 기쁜 마음으로 함께하는데 참 공경의 길이 있습니다. 그런데 요즘은 핵가족 제도 때문에 서로 떨어져 사는 경우가 많은데, 그런 경우에도 몸은 헤어져 있어도 마음은 늘 함께 있어야겠습니다. 특히 노후의 병약해진 부모님들을 함께 모시거나 늘 가까이하는 일은 중요한 공경의 길입니다. 룻과 같이 언제 어디서나 함께 지내려는 마음이 중요합니다.

2. 대화함으로 공경했다

룻은 대화를 통해 시어머니 공경을 잘했습니다. 대화가 잘 되는 가정이 행복한 가정인데 룻은 자연스럽게 대화를 잘했던 것으로 여겨집니다.

룻이 시어머니를 모시고 베들레헴으로 온 뒤에 경제적으로 퍽 어려웠는데 이 문제의 해결을 위해 룻은 어머니와 대화를 잘했습니다. 룻은 어머님께 "내가 밭으로 가서 내가 누구에게 은혜를 입으면 그를 따라서 이삭을 줍겠나이다"라고 말씀드렸고, 어머니는 이에 답하시기를 "내 딸아 갈지어다"(룻 2:2)라고 하였습니다. 어려운 살림 때문에 근심하고 원망하지 아니하고 서로 대화하면서 문제 해결의 길을 찾았습니다. 얼마나 아름다운 장면인지요!

그런데 요즘 우리들의 가정에는 대화가 점점 줄어들고 있습니다. 여러 가지 일을 가지고 좀더 진지한 대화를 가져야겠습니다. 방송이나 읽을거리 등이 우리 대화를 막고 세대차이로 대화가 어려운 면도 있으나 극복해가며 가족간에 특히 자녀들이 노부모님들의 관심사에 마음을 기울여 대화를 많이 함으로 부모 공경을 잘하시기 바랍니다.

3. 대접함으로 공경했다

룻은 어머니께 말씀드리고 들에 나아가 보아스의 농장에서 이삭을 주웠고 보아스에게 은혜를 입었습니다. 룻은 최선을 다해 이삭을 줍고 주운 것을 어머니께 보여드리고 그 곳에서 남긴 떡을 내어 어머니를 대접하고 어머니의 마음을 즐겁게 해드리므로 어머니를 잘 공경한 효부였습니다. 노후보장제도니 연금이니 하지만 부모님들은 자녀들이 부모님들의 사랑을 생각하며 기쁜 마음으로 준비해 드리는 것을 받으실 때가 가장 기쁘신 것입니다.

함께 모시고 살며, 대화도 잘하고 우리 소득으로 대접하면서 "부모를 공경하라"고 하신 계명을 잘 지키시는 자손들 되기를 바랍니다. (용)

71. 주 안에서 순종하는 가정 (엡 6:1~3)

아무리 세상이 변한다 해도 사람들이 아침에 가정을 나와 하루 종일 활동하다가 다시 가정으로 돌아가는 일은 변하지 않습니다. '즐거운 곳에서는 날 오라 하여도 내 쉴 곳은 작은 집 내 집뿐이네'라는 노래와도 같이 가정은 하나님이 우리에게 주신 가장 큰 복입니다.

따라서 가족들은 가장 큰 복으로 주신 이 가정을 잘 가꾸기 위해 노력해야겠습니다. 그러면 어떤 노력을 기울여야 할까요?

1. 부모님의 사랑을 잊지 말자

오늘 우리들은 많은 변화 속에 살고 있습니다. 급진적인 산업화 사회 속에 살고 있으며 그 결과로 도시화의 물결로 가정생활에도 변화가 왔는데 그것이 핵가족 제도입니다.

핵가족 제도하에 살게 되면서 많은 가정들이 노부모와 그 자녀손들 간에 따로 헤어져 살고 있으며 가부장 제도에도 변화가 일어나고 있습니다. 그러나 본문 1절에서 말씀한 대로 우리는 '주 안에' 있습니다.

서로의 편리를 위해 각각 산다 해도 우리 삶은 주 안에서 영위되어져야 합니다. 우리를 낳으시고 길러 주신 부모님의 사랑을 잊지 말아야 하는 것이 주 하나님의 뜻이라는 것을 늘 기억해야겠습니다. 또한 부모님이 언제 어디에 계시든 하나님의 뜻 안에서 부모님을 대하는 그런 가정으로 가꾸어가야 하겠습니다.

2. 너희 부모에게 순종하라

바울이 "자녀들아 주 안에서 너희 부모에게 순종하라"(1절)고 했을 때

이는 주로 어린 자녀들을 위한 말씀으로 해석됩니다. 그런데 요즘 자녀들은 옛날 자녀들같이 주로 부모님의 말씀만 듣고 부모님의 생활만을 보는 것이 아니고 그들의 주변 것들을 듣고 보며 자랍니다. 아이들은 흥미로운 텔레비전 프로그램이나 컴퓨터 게임에 깊이 빠져 있거나 가족간의 관계성이 부족해서 예전보다 인성교육을 시키기가 어려운 점이 있습니다. 그러기에 부모에게 순종하여야 한다는 일을 이치에 맞게 그리고 부드러우면서도 권위 있게, 그 외에 자기들을 위해서도 좋은 일이로구나 하는 것을 알도록 가르쳐서 순종케 해야 합니다.

주님의 뜻 안에서 자녀들이 부모에게 순종하는 가정이 되도록 가르쳐야 합니다. 힘든 일이지만 어려서부터 바로 알려 주어야 합니다. 자녀들 앞에서 부모님이 조부모님에게 주 안에서 순종하는 본도 보여야 하겠습니다.

3. 아버지와 어머니를 공경하라

바울은, 부모를 공경한다는 일은 하나님께서 주신 명령의 말씀이요 그 말씀은 "네 부모를 공경하라 그리하면 네 하나님 여호와가 네게 준 땅에서 네 생명이 길고 복을 누리리라"(신 5:16)는 약속의 계명이라고 했습니다.

이 계명은 하나님께 지켜야 할 네 가지 계명 뒤로 인간 상호간에 지켜야 할 첫 계명이라고 하였습니다. 그런데 이 공경이라는 말씀은 잘 생각해야 할 일입니다. 나의 일도 바쁘고 자녀 돌보기도 바쁘지만 부모님을 공경한다는 일은 매우 중요한 일이므로 더욱더 힘써야 될 줄로 압니다.

부모 공경이란 곧 그 마음을 편하고 기쁘시도록 해드리는 일이요, 그 육신의 건강과 활동에 필요한 것을 의식주 면에서 구체적으로 관심을 갖고 채워드리는 것입니다. 국가와 사회가 맡을 부분은 맡되 기본적으로는 낳으시고 길러 주신 부모님을 자녀들이 공경함이 마땅한 일입니다.

우리 부모님을 주 안에서 순종하고 공경하여 아름다운 가정으로 가꾸어 나아갑시다. (용)

72. 주 안에서 부모를 공경하라 (엡 6:1~3)

주 안에서 부모를 공경하는 것이 어떤 것입니까?

1. 주 안에서 순종하라

성경은 "자녀들아 주 안에서 너희 부모에게 순종하라 이것이 옳으니라"(1절)고 가르칩니다. '주 안에서'는 자녀가 부모에게 순종할 때 주께 순종하는 범위 내에서 해야 함을 시사합니다. 부모에 대한 자녀의 순종은 동서고금을 막론하고 인륜(人倫)이며, 더욱이 그리스도에 대한 충성과 부모에 대한 순종은 그리스도인 자녀에게 있어서 마땅한 일이기 때문입니다. 부모님은 우리를 낳아 주셨고 우리를 양육해 주셨습니다. 또한 부모님으로부터 많은 것을 받았습니다. 성경은 순종하는 것이 효도라고 가르칩니다.

유대민족이 수세기 동안 나라도 국토도 잃고 방황했지만 우수한 민족이 될 수 있었던 것은 유대민족에게는 엄격한 가정교육이 있었기 때문입니다. 유대인들은 어디를 가든지 가정이 유대민족이 되었고, 가정이 유대국가가 되었습니다. 유대인들의 아버지는 자녀들에게 있어서 율법의 권위요 표준입니다. 부모에게 절대 순종하는 정신이 유대민족을 그토록 위대한 민족으로 이끌어 왔던 것입니다.

예수님도 나사렛에서 목수 일을 하시면서 부모님께 순종하였습니다. 애굽의 총리대신이 되었던 요셉도 그의 아버지 야곱이 찾아 왔을 때 그 앞에 무릎을 꿇고 효성을 다했습니다.

2. 부모를 공경하라

"네 아버지와 어머니를 공경하라 이것은 약속이 있는 첫 계명이니"(2

절). '공경(恭敬)'이란 말의 뜻은 '몸가짐을 공손히 하고 존경한다'는 말입니다. 한마디로 부모를 높이고 존경하라는 말입니다. 그러나 솔직히 말해서 부모들 중에는 존경받지 못할 분들이 많습니다. 그럼에도 불구하고 성경은 "네 부모를 공경하라"고 했습니다. 하나님은 존경받을 만한 부모에 한해서 공경하라고 하지 않으셨습니다. 부모가 공경받을 자격이 없어도 자녀는 부모를 미워하고 멸시해선 안 됩니다. 잠언 30:17에 "아비를 조롱하며 어미 순종하기를 싫어하는 자의 눈은 골짜기의 까마귀에게 쪼이고 독수리 새끼에게 먹히리라"고 했습니다.

3. 부모를 공경하는 자에게 약속한 복

첫째, 부모를 공경하는 자에게 이땅에서 잘 되는 복을 약속했습니다. '잘되는 복'이란 '형통하다, 막힘이 없다'는 의미이고 또 '기쁘게 한다'는 뜻으로 쾌감, 만족감, 행복감을 말합니다. 효도하는 자녀는 마음의 생각과 계획에서부터 행동하는 삶 전반의 모든 것이 형통해지며 행복해진다는 의미가 있습니다. 부모님의 말씀에 순종하는 것은 하나님의 뜻에 순종하는 것이 되고 복의 근거가 됩니다. 미국의 20대 대통령 제임스 가필드는 대통령 취임식에서 자기 어머니를 대통령 자리에 모시고 대통령 선서를 했습니다. 어머니의 기도와 눈물에 감사할 줄 아는 가필드는 모인 군중들로부터 환호와 갈채를 받았다고 합니다.

둘째, 부모를 잘 섬기며 효도하는 자에게 장수하는 복을 약속하고 있습니다. '장수하는 복'이란 효도하는 개인이 육신적으로 장수하는 것을 가리키며, 이스라엘 사람인 경우에 약속의 가나안 땅에서 단명하지 않고 장수한다는 약속이고 또한 자손대대로 받는 복을 의미하는 것입니다.

자손이 복을 받습니다. 아버지에게 순종하며 아비를 공경한 요셉은 애굽의 총리가 되고 그의 자손들이 이스라엘의 열두 지파 중 두 지파를 차지하는 복을 누렸습니다. 구약의 레갑 후손들이 대대로 부모의 명을 좇아 포도주를 입에 대지 않고 순종함으로 복을 받았습니다. (호)

73. 내가 아버지를 봉양하리이다 (창 45:1~11)

　효도는 일반계시인 양심에 나타난 하나님의 말씀일 뿐만 아니라 성경에 여러 번 기록되었고 강조된 특별계시입니다. 그러므로 효도는 하나님이 인간 양심의 법에 기록해 주신 말씀이고, 또 성경에 기록된 특별한 하나님의 명령입니다. 명령일 뿐 아니라 분명한 약속으로 부모를 공경하면 땅에서 잘되고 장수하리라고 하셨습니다. 효도는 영원히 변치 않는 하나님의 말씀이요, 세상이 아무리 변해도 그 가치는 변하지 않으며 새로운 약속으로 우리에게 다가오는 신선한 언약입니다.
　오늘 본문에 나타난 요셉의 태도에서 진정한 효도 정신을 배우고자 합니다.

1. 자녀가 어디서나 인정받고 사는 것을 보여 드림이 효도입니다
　본문 9~10절에 요셉은 형들에게 말합니다. "당신들은 속히 아버지께로 올라가서 아뢰기를 아버지의 아들 요셉의 말에 하나님이 나를 애굽 전국의 주로 세우셨으니 지체 말고 내게로 내려오사 아버지의 아들들과 아버지의 손자들과 아버지의 양과 소와 모든 소유가 고센 땅에 머물며 나와 가깝게 하소서."
　부모는 누구나 자녀가 자기가 속한 집단이나 그 세계에서 인정받고 사는 것을 볼 때 기뻐합니다. 자식이 어디서나 자기의 몫을 감당하고 떳떳하게 사는 것이 그렇게 자랑스러운 것입니다. 학교에서 직장에서 교회에서 인정받고 칭찬받는 것을 알면 부모는 행복합니다. 그러나 자식이 제 구실을 못하는 것 같으면 근심이 되어 잠을 이루지 못합니다.
　효도의 기초는 부끄럽지 않은 인생을 사는 것입니다. 아들 며느리가 화목하고 주일이면 자손들이 교회에 나와 나란히 예배드리는 모습을 보는 부모는 행복합니다.

효도는 무슨 대단한 것이 아니라 열심히 사는 모습을 보여 드리고 부끄럽지 않은 인생을 살도록 힘쓰면 됩니다. 자식 자랑하고 싶은 부모님께 자랑거리를 드리는 것이 효도입니다.

2. 봉양이 효도입니다

요셉이 생각할 때 이제 아버지는 세상에 사실 날이 길지 않을 것 같아서 남은 인생이라도 정성껏 봉양하고 싶었습니다. 요셉의 아버지인 야곱은 젊은 시절에 유능하고 야심찬 사나이였습니다. 하나님의 축복에 대한 꿈과 야망이 대단한 사람이었습니다. 그러나 이제는 백발이 되고 그 나이 일백삼십 세가 되었습니다. 젊음과 비전과 패기는 다 사라졌습니다. 요셉은 노년의 아버지를 봉양하기로 결심하고 지성을 다했습니다.

어떻게 하는 것이 부모를 봉양하는 것입니까?

① 시간 나는 대로 이일 저일 말씀드리는 것입니다.

나갈 때 인사드리고 들어와서 다시 문안드리는 것이 효도입니다. 지금 우리 사회는 노인들을 상대도 하지 않으려고 합니다. 대화할 사람이 없습니다. 그러니 자연 말수가 적어지고 생각이 굳어지고 심하면 치매가 생깁니다.

② 맛있는 것을 사드리는 것입니다.

③ 부모를 위해 중보기도하는 것입니다.

부모가 자식 위해 기도하는 것은 당연하게 알지만 자식이 부모님 위해 기도하는 것은 그렇게 절실하지 않습니다. 효자는 부모님의 영혼을 위해 중보기도합니다.

④ 부모님을 인정해 드려야 합니다.

사람이 나이 들면 고향 생각을 하고 과거의 일을 회상하게 됩니다. 지난날 젊어서 자식을 위해 고생하던 일을 생각합니다. 그리하여 내 인생이 결코 헛되지 않았음을 확인하고 싶어 합니다. 자식들은 이런 부모의 마음을 헤아려야 합니다.

요셉과 같이 대성공은 못할망정 부끄럽지 않은 자식, 자랑거리가 있는 자녀가 되어야 합니다. 그리고 노부모님 여생을 위해 자주 목소리를 들려 드리고 위로해 드리고 위하여 기도해 주어야 합니다.

이젠 무력하고 쓸모없는 인생이 되었다고 슬퍼하시는 부모님의 형편을 세심히 살펴서 여생을 행복하게 사시다가 천국 가실 수 있도록 봉양해야 하겠습니다. (식)

74. 제5계명 (출 20:3~12)

오늘 본문은 모세가 시내산에서 받은 십계명 중 제1계명에서 제5계명까지의 말씀입니다. 제1계명에서 제4계명까지는 하나님을 어떻게 섬겨야 하느냐 하는 계명이고, 제5계명은 부모님께 효도하라는 계명입니다. 십계명 중 제5계명에서 제10계명은 인간에게 어떻게 해야 하느냐 하는 계명입니다. 그렇다면 인간에 관한 계명 중에 제일 첫 번째 되는 것이 바로 효도임을 알 수 있습니다.

그런데 왜 그런지 사람들은 효도나 부모 공경은 기독교적 교훈이 아니고 유교적 전통이라고 하는 생각이 지배적입니다. 그러나 그것은 잘못된 생각입니다. 십계명은 하나님이 친히 모세에게 내리신 것이요, 모세는 공자보다 훨씬 고대의 인물입니다. 제5계명이나 잠언의 효도 교훈은 유교의 효사상보다 더 오래된 교훈입니다.

1. 효도는 하나님의 명령이다

효도는 일찍이 이스라엘 백성에게 하나님께서 내리신 바른 명령입니다. 그것은 인간의 도리이기 이전에 하나님의 명령입니다. 그것은 마치 하나님 앞에 우상을 두지 말라는 명령과 같이 절대적 성격을 지닙니다. 거기에는 이유가 없고, 질문할 수 없으며, 조건을 달 수 없습니다.

그런데 사람들은 부모 공경에 대하여 이유가 많습니다. 부모가 젊어서는 자식이 그의 덕을 보지만, 부모가 늙고 병드니 모시고 사는 것을 싫어합니다. 건강한 부모는 집안일도 돌보아 주고 아이들도 길러 주지만, 늙고 병든 부모는 쓸모가 없다고 박대하고 멀리합니다.

알렉산드리아에서 활약했던 유대인 철학자 필로(Pillo)는 말했습니다.

"부모는 하나님의 본성과 인간의 본성 중간에 서있다. 이 두 가지 본성을 모두 소유하고 있다. 하나님이 무에서 유를 창조한 것같이 부모들도 하나님을 모방하여 인류를 영속시키기 때문이다."

2. 하나님을 알면 부모가 보인다

미국의 한 마을에 아들 부부와 사는 한 할머니가 있었습니다. 하루가 다르게 할머니의 시력은 나빠졌고 귀도 잘 들리지 않게 되었습니다. 그리고 식사 때 손이 떨려 컵에 있는 수프를 쏟기도 했습니다. 아들과 며느리는 식탁을 더럽힌다고 화를 내고 어머니를 식당 한쪽 구석에 따로 조그만 식탁을 만들어 놓고 그곳에서 식사하도록 하였습니다.

어느 날 저녁 할머니의 손녀딸이 블록으로 무엇을 만들고 있어서 아이의 아버지는 "무엇을 만들고 있느냐?"고 물었습니다. 아이는 "엄마 아빠의 식탁을 만들고 있어요. 언젠가 내가 자라면 두 분이 한쪽 구석에서 따로 식사하도록 말이에요."라고 했습니다.

부모 공경은 말처럼 쉬운 일은 아닙니다. 인간은 이기주의를 원죄로 안고 있어서 마음은 원이로되 실천이 어렵습니다. 예수님은 하나님을 아버지로 가르치셨습니다. 중세의 신학은 교회를 어머니로 보았습니다. 그러므로 인간은 하나님 아버지와 교회라는 어머니 품에서 자라납니다. 누가복음의 탕자 비유는 아버지를 멀리 떠난 불효자식이 아버지께 돌아온 이야기입니다. 불효자일 때는 아버지 사랑을 몰랐습니다. 그러나 아버지께 돌아왔을 때 그는 하나님 아버지의 사랑을 체험합니다.

예수님의 탕자 비유는 하나님의 사랑을 입은 인생이 인간으로서의 아들 노릇도 하게 된다는 메시지를 담고 있습니다. 우리는 예수님의 십자가에서 하나님의 사랑을 깨달았습니다. 하나님 아버지를 생각하면 부모님의 사랑도 알게 되고 왜 우리가 효도해야 하는지 알게 됩니다. (식)

75. 네 부모를 공경하라 (엡 6:1~3)

1. 부모의 위치

하나님이 모세에게 십계명을 주실 때에 하나님에 대한 계명과 사람에 대한 계명을 주셨습니다. 사람을 위해 주신 계명의 첫째가 "네 부모를 공경하라"입니다. 효도는 하나의 정성입니다. 어진 임금은 효로써 백성을 다스렸고, 충신은 효로써 임금을 섬겼으며, 어진 아내도 효로써 남편을 섬겼고, 덕 있는 남편은 효로써 아내를 사랑했으며, 훌륭한 부모는 효로써 자녀를 양육했다고 합니다. 이런 면에서 자녀가 부모에게 효도하는 것은 부모와 자녀 사이의 자연스러운 질서입니다.

우리에게 가장 중요한 사건이 있다면 인생의 성공이나 인간 성숙 이전에 내가 세상에 태어났다는 사실입니다. 그러므로 부모는 하나님 다음으로 소중한 분입니다. 요한복음 19:25~27을 보면 예수님이 직접 효도의 실천을 보여 주셨습니다. 예수님은 십자가의 고통과 죽음을 앞에 놓고 부모에게 못다 한 효도에 대한 남은 책임을 제자에게 부탁하는 효성을 보여 주셨습니다. 이것이 성경의 원리요 자녀들의 본분입니다.

부모는 자기 존재의 근원입니다. 이러한 지식을 기초로 해서 자녀는 자기가 서야 할 자리를 알아야 합니다. 효도는 창조적 질서요 윤리적인 사명입니다. 그뿐 아니라 하나님의 법이요 계명입니다. 하나님은 하나님의 사랑을 알리기 위해 부모의 사랑을 지으셨다는 말이 있습니다. 이 말과 같이 부모의 사랑은 인간의 사랑 중에 대표적인 사랑이며 가장 큰 사랑입니다.

교회에서 어버이주일을 지키는 것은 부모님에 대한 이해를 돕고 더 효성스럽게 부모를 섬기는 결단을 갖기 위함입니다. 썬다 씽은 "내가 만일 기독교를 몰랐으면 어머니 종교를 신봉하였으리라."고 말했습니다. 영국의 테일러 선교사도 "인간의 역사 속에 어버이같이 고마운 분이 또 어디 있으랴."고 말했습니다.

부모의 정성이 자녀들로 하여금 사람이 되게 합니다. 또 부모의 눈물은 자녀의 앞길을 지도하며, 부모의 기도가 자녀들의 장래를 붙들어 줍니다. 부모의 채찍은 자녀의 마음에 사랑을 심어 주고 부모의 교훈은 자녀들의 장래를 보장합니다. 그러므로 자녀가 부모를 공경한다는 것은 이유도 없고 조건도 없습니다. 부모를 섬기는 데는 감정이나 분위기가 문제가 될 수 없고 생업이나 인생의 여건이 지장이 될 수 없습니다.

신명기 27:16에 보면 "그의 부모를 경홀히 여기는 자는 저주를 받을 것이라"고 하였습니다. 또한 출애굽기 21:17에는 부모를 저주하는 자는 사형에 처하도록 지시하셨습니다. 부모는 공경의 대상이요 섬김의 대상입니다.

2. 공경의 방법

부모를 공경하는 길은 친근한 마음과 친절한 교제가 효도의 첫걸음입니다. 병들었을 때에는 정성으로 간호해야 합니다. 의식주 생활에 불편이 없도록 보살피는 것이 효도입니다. 환경적인 여건은 빈부의 차가 있겠지만 그보다도 마음에 불편이 없도록 해드리는 것이 효도입니다. 한가족으로서의 공동체 의식을 느낄 만큼 대화의 시간이 많아야 하고 친교의 시간이 많아야 합니다.

주 안에서 부모에게 순종하라는 것은 여러 가지 의미가 있습니다. 본문의 가장 큰 뜻은 부모의 생명을 구원하고 신앙생활을 통해 하나님과 올바른 관계를 맺게 하는 책임을 자녀가 져야 한다는 것입니다. 자녀들은 육적으로도 섬겨야 하고 가정의 분위기나 환경을 보다 낫게 해드려야 합니다. 또 영적으로도 만족하는 신앙인이 되게 인도해야 합니다. 교회에 대한 이해심이 부족한 사람들은 기독교를 윤리적인 면에서 잘못 이해하고 있습니다. 그러나 기독교는 효도의 종교입니다.

그뿐 아니라 교회는 사회적으로나 이웃 사람들에게까지 경로사상을 높이는 신앙 공동체임을 알아야 합니다. 하나님은 교회를 통해서 사람을 구원할 뿐만 아니라 인간으로서의 창조의 목적을 다 성취하고 감당하도록 우리를 양육하고 계십니다. 참 그리스도인은 하나님을 사랑하며 교회를 사랑하며 자기 가정을 사랑합니다. 보이는 부모도 사랑할 수 없는 사람이 하나님을 사랑한다는 것은 거짓말입니다. 하나님 사랑과 사람 사랑은 두 개의 일이 아니라 하나의 일입니다. 자기 가족도 사랑하지 못하면서 어떻게 이웃을 사랑할 수 있겠습니까? 부모를 공경하시기 바랍니다.

내 자녀를 사랑하는 마음을 돌이켜 생각해 보십시오. 여러분의 부모도 여러분을 그같이 사랑했습니다. 부모 공경에 대한 새로운 결의가 있으시길 바랍니다. (돈)

성령강림주일

❋❋❋❋❋❋❋❋❋❋

김창근(근)　박종순(순)　변한규(규)　송기식(식)
이병돈(돈)　임택진(택)　정주채(채)　피종진(진)

* 설교자의 표시는 (　)안의 약자로 표기했습니다.

76. 성령충만한 사람 (행 1:6~11)

구원은 예수를 믿음으로 단번에 이루어집니다. 그러나 성화의 삶은 평생에 걸쳐 이루어집니다. 구원은 신분의 변화요, 성화는 영적 성숙의 길고 긴 과정입니다. 그리스도인은 자신을 공격하는 세상의 유혹과 시험을 이기며 마음과 생각 그리고 생활까지 변화된 진정한 성도가 되어야 합니다. 이런 과정은 계속적이며 반복적인 선택과 성령충만의 삶을 통하여 이루어집니다. 그러므로 성도는 성령충만의 방법을 알아야 하고 사모하여야 합니다.

1. 성령충만하려면 자신의 꿈을 주님의 꿈으로 바꿔야 합니다

사람이라면 누구나 자신의 꿈을 가지고 있습니다. 그 꿈이 인생을 활력 있게 하고 어려움을 극복케 하는 원동력입니다. 꿈이 없는 사람은 불행하며 미래가 없습니다. 그러나 그리스도의 제자의 길은 그 꿈을 포기하는 것으로 시작됩니다. 예수님을 따랐던 제자들이 실패했던 이유는 자신의 꿈을 포기하지 못했기 때문입니다.

부활하신 예수님은 이스라엘의 회복의 때를 알려고 하는 제자들에게 때에 대한 관심을 버리고 성령충만하라고 하셨습니다. 제자들이 그리스도의 증인이 되기 위해선 먼저 자신의 꿈을 버리고 예수님의 꿈을 가져야 했습니다. 교회는 하나님의 뜻을 위한 하나님의 교회입니다. 자신의 뜻을 내세우지 않고 복음의 증인이 되려는 영적 목적을 가질 때 성령충만하게 됩니다.

2. 성령충만하기를 위해 기도해야 합니다

예수님은 승천하시기 전 제자들에게 오직 성령이 임하시면 권능을 받게 된다고 말씀하셨습니다. 성령충만은 매 순간 성령의 지배를 받는 것입니다. 마음의 주인으로 성령을 모신 상태입니다. 예수님의 약속과 명령을 따라 기도하면 성령께서 심령에 임하셔서 증인의 삶을 살게 하십니다. 세상과 육신의 삶을 끊고 하나님이 기뻐하시는 삶을 삽니다. 성령충만하면 계속 성령을 사모하고 성령의 다스리심에 순종하며 예수님의 마음으로 살 수 있습니다.

그리스도인은 무엇을 마시며 무엇을 입을까 염려하지 않고 성령의 지배를 받고 하나님의 나라를 위해 사는 사람들입니다. 교회의 부흥은 많은 사람들이 교회로 오는 것이 아니라 그리스도인들이 성령으로 충만해서 하나님의 교회가 증인의 역할을 감당하게 되는 것입니다. 많은 사람들이 세상의 죄악과 어둠 속에 방황하지만 성령충만한 그리스도인은 하나님을 사랑하며 이웃을 사랑하며 증인으로 삽니다.

3. 성령충만함으로 증인의 삶을 살아야 합니다

예수님은 성령이 임하시면 증인이 되리라 하셨는데 여기서 단어의 시제는 미래 수동태입니다. 예수님의 증인은 진리를 말하는 자요, 복음을 전하는 자입니다. 그에게는 용기와 순종하는 마음이 필요합니다. 베드로는 십자가에 거꾸로 달려 죽으며 복음을 증거했습니다. 스데반은 돌에 맞아 죽으면서도 천사의 얼굴을 하였습니다.

바울은 생명을 다하기까지 복음을 전했습니다. 이렇게 순교자의 각오로 증거하게 하는 것은 성령의 권능입니다. 세상에는 세 종류의 인간이 있습니다. 소유를 중시하는 물질적 인간, 성공을 중시하는 사회적 인간, 복음을 위해 사는 영적 인간입니다. 주님의 참된 증인이 되기 위해 성령충만한 영적 인생을 사모하는 한국 교회가 되어야 합니다. (근)

77. 성령충만하기를 (행 10:44~48)

사도행전 10:1-11:18의 말씀은 당시 가이사랴 지방에 주둔하고 있던 로마 군단 소속 백부장이었던 고넬료의 가정을 베드로가 방문한 기사입니다. 고넬료는 주전 82년 노예 1만 명을 해방시켰던 명장 푸불리우스 코넬리우스 술라의 가문에서 태어난 사람입니다. 로마 군인인 그가 어떻게 해서 예수를 믿게 되었는가에 대해서는 자세히 알 길이 없습니다만 짐작컨대 유대 나라에 파견된 로마 군대의 장교로 있는 동안에 예수를 믿게 되었던 것으로 보입니다.

고넬료가 베드로를 자기 집에 초청하여 말씀을 듣는 도중 성령께서 참석했던 모든 사람들에게 임하셨습니다. 또한 방언으로 말하며 하나님을 찬송하는 기적이 일어나게 되었습니다. 본문 44절을 보면 "베드로가 이 말을 할 때에 성령이 말씀 듣는 모든 사람에게 내려오시니"라고 했습니다. "성령께서 내려오셨다"는 표현은 성령이 임하셨다는 것입니다. 성령께서 그들을 찾아오셔서 그들을 감동시켰다는 것입니다. 그럼 성령의 역사에 대해 알아보겠습니다.

1. 성령은 어떤 사람에게 임하셨습니까

성령은 물건처럼 소유하거나 전매 특허를 낼 수 없습니다. 사도행전을 보면 성령은 유대인에게도 임하셨고 이방인에게도 임하셨습니다. 높은 사람에게도 임하셨고 낮은 사람에게도 임하셨습니다. 여자에게도 임하셨고 남자에게도 임하셨습니다. 군인에게도 임하셨고 일반 백성에게도 임하셨습니다. 성령은 다음 네 종류의 사람에게 임하십니다.

(1) 성령을 믿는 사람에게 임하십니다.

성령을 성부 성자 성령 삼위일체 하나님으로 믿는 사람들에게 성령은 임하십니다. 불신은 성령을 받는 데 제일의 방해요소입니다.

(2) 순종하는 사람들에게 임하십니다.

성령은 우리에게 그 뜻을 따라 살며 가르쳐 주시는 대로 살기를 요구합니다. 그런데 그 뜻을 거역하고 불순종하면 성령은 떠나시고 맙니다.

(3) 깨끗한 그릇을 준비하고 간직하는 사람들에게 임하십니다.

성령은 성결하고 깨끗한 영이시기 때문에 더러운 심령에는 임하시지 않습니다. 성결하고 경건한 생활을 하는 사람의 심령 속에 성령은 임하십니다. 즉 회개한 심령에 임하시는 것입니다.

(4) 부단히 간구하는 사람들에게 임하십니다.

누가복음 11:9~10을 보면 "구하라 그러면 너희에게 주실 것이요 찾으라 그러면 찾아낼 것이요 문을 두드리라 그러면 너희에게 열릴 것이니"라고 했습니다. 그리고 13절 하반절을 보면 "하물며 너희 하늘 아버지께서 구하는 자에게 성령을 주시지 않겠느냐"라고 하셨습니다. 부단히 성령 주시기를 간구하는 사람, 성령의 은사를 사모하는 사람에게 성령은 임하시는 것입니다.

2. 성령이 임하시면 어떻게 됩니까

(1) 믿음을 고백하게 됩니다.

고린도전서 12:3을 보면 "성령으로 아니하고는 누구든지 예수를 주시라 할 수 없느니라"고 했습니다. 성령께서 내 마음을 감동하시고 내 마음속에 충만히 임재해 계실 때 당당하게 "예수는 나의 구주", "나는 예수를 믿는다."라고 사람들 앞에서 고백할 수가 있게 됩니다.

(2) 복음을 전하게 됩니다.

사도행전 1:8에 "오직 성령이 너희에게 임하시면 너희가 권능을 받고 예루살렘과 온 유대와 사마리아와 땅 끝까지 이르러 내 증인이 되리라"고 말씀하셨습니다. 성령께서 내게 능력을 주시고 내 마음을 감동하시기 때문에 입을 열어 이 귀한 복음을 전하지 않을 수 없게 됩니다. 예수 믿노라면서 전도하지 못하는 사람, 예수 이야기를 꺼내지 못하는 사람들은 성령의 충만함을 받아야 합니다.

(3) 은사를 받게 됩니다.

성령을 받았다는 증거는 성령께서 주시는 은사(선물)를 체험하는 것으로 드러납니다. 고린도전서 12:7에서 바울은 "각 사람에게 성령의 나타내심은 유익하게 하려 하심이라"고 했습니다. 은사는 개인과 가정과 교회에 유익한 선물입니다. 은사는 관리가 더 중요합니다. 선하고 지혜로운 은사 청지기가 되어야 합니다. 은사는 언제나 하나님의 영광을 위하여, 복음을 위하여, 교회를 위하여 사용되고 관리되어야 합니다.

성령이 임하신 사람들, 성령을 충만히 받은 사람들은 사는 것도 하는 일도 생각하는 것도 아름답습니다. 성령이 임하시는 곳은 개인의 심령이든 가정이든 교회든 간에 아름답게 변화됩니다.   (숨)

78. 성령의 명령 (행 11:10~18)

본문의 이야기는 베드로가 성령의 명령에 순종하여 당시 로마 장교였던 고넬료의 집을 찾아가게 된 동기와 배경을 설명하고 있습니다.

베드로가 고넬료의 집을 방문하기 어려웠던 이유를 먼저 살펴봅니다.

1. 고넬료는 이방인이었고 베드로는 유대인이었기 때문입니다

유대인과 이방인 사이에는 마치 우리네 38선만큼이나 높은 장벽이 있어서 교제가 어려웠습니다. 자존심이 하늘만큼이나 높았던 유대인들은 그들이 먼저 자청하여 이방인을 만나는 법이 없었습니다.

뿐만 아니라 그들은 이방인을 멸시하고 경시했습니다. 그들에게는 구원도 없다고 생각했습니다. 그런 면에서 베드로가 고넬료의 집을 찾아가는 것은 어려운 일이었습니다.

2. 고넬료는 로마 장교였기 때문입니다

당시 로마는 막강한 힘으로 이스라엘을 지배하고 있습니다. 이스라엘의 왕도 로마 정부가 임명한 사람이었고, 왕 위에는 로마 총독이 파견되어 나와 있었습니다.

일제 치하의 우리나라 형편과 흡사했습니다. 그리고 그들은 도처에 식민지 통치를 위해 주둔군을 배치하였습니다. 그러한 주둔군 장교 중의 한 사람인 고넬료의 집을 찾아간다는 것은 어려운 일이었습니다.

3. 신앙관이 달랐기 때문입니다

유대인들은 유일하신 하나님을 섬겼지만, 로마인은 다른 신을 섬겼습니다. 그래서 그들에게는 신화가 많이 있습니다. 거기다가 그들은 황제를 신격화하여 섬겼으며 식민지에도 그것을 강요했습니다.

그처럼 우상 숭배와 황제 숭배에 젖어 있는 로마 사람의 집을 베드로가 어떻게 찾아갈 수 있었습니까?

4. 다른 유대인들이 싫어하기 때문입니다

베드로는 고넬료의 집을 찾아갈 마음이 없었지만 만약 있었다고 하더라도 다른 지도자나 유대인들이 베드로의 방문을 반대할 것은 분명한 것이었습니다. 왜냐하면 유대인들은 이방인들을 경멸하였고 특히 로마 군인에 대한 백성들과 지도자의 적개심이 심히 컸었기 때문입니다.

이렇게 여러 가지 제한 조건에도 불구하고 베드로는 고넬료의 집을 찾아갔습니다. 이유는 간단합니다. 성령께서 명령하셨기 때문입니다.

우리는 여기서 참으로 중요한 교훈을 찾아야 합니다. 그것은 성령의 명령 앞에서 좋으냐 싫으냐, 마음에 드느냐 안 드느냐 하는 따위의 사치스런 논리나 구실은 통하지 않는다는 사실입니다. 누가 뭐래도 성령이 가라 하시면 가야 하고, 하라고 하시면 해야 합니다. 성령을 거스리면 심판을 받습니다. 성령은 베드로에게 명령하셨습니다. "고넬료를 찾아가라." 이 한마디 명령에 베드로는 즉시 행동을 시작했습니다. 성령의 명령은 절대적인 명령입니다. 절대 명령에는 절대 순종해야 합니다.

본문의 교훈을 구체적으로 살펴보겠습니다. 17절을 보면 "내가 누구이기에 하나님을 능히 막겠느냐"고 했습니다. 하나님의 명령은 막을 수가 없습니다. 인간이 어떻게 하나님의 하시는 일을 막을 수 있겠습니까? 그것은 불가능합니다. 역사, 정권, 건강, 명성, 인기, 재물, 이것들이 무슨 힘이 있습니까? 하나님이 불면 먼지처럼 훌훌 날리게 됩니다. 하나님을 대적할 생각은 아예 하지 말아야 합니다.

성령께서 "오늘부터 그 일을 시작하라."고 명령하십니다. 우리는 그 명령대로 순종하면 됩니다.   (숟)

79. 오순절 성령강림 (행 2:1~13)

십자가에서 죽으시고 사흘 만에 부활하신 예수님은 40일 동안 이 땅에 계시면서 하나님나라의 일을 말씀하여 주셨습니다. 예수님의 죽음으로 인하여 불안과 슬픔 중에 있던 제자들에게 분부하신 핵심은 예루살렘을 떠나지 말고 아버지의 약속하신 것을 기다리라는 말씀이었습니다. "너희는 몇 날이 못되어 성령으로 세례를 받으리라"(행 1:5)고 말씀하신 대로 성령의 임하심의 사건을 말씀하는 것입니다. 부활하시고 승천하시는 예수님께서 왜 "예루살렘을 떠나지 말고 성령의 임재를 기다리라"고 하셨을까요? 오순절 성령강림의 의미는 무엇일까요?

1. 구약의 바벨탑 사건으로 언어가 혼잡하게 되었던 것이 회복된 것을 의미합니다

예수님의 말씀을 따라 마가의 다락방에서 기도하던 제자들에게 성령이 임하였습니다. 성령의 충만함을 받은 제자들은 성령의 말하게 하심을 따라 방언으로 말을 하게 되었으며, 그 말을 거기에 모인 모든 사람들이 알아들었습니다. 그러자 사람들은 "이 사람들은 다 갈릴리 사람이 아니냐 우리 방언으로 듣게 되니 어찌된 일이냐"고 말하면서 놀라움을 감추지 못하였습니다.

구약시대에 죄로 말미암은 홍수 심판 뒤에 사람들은 바벨탑을 쌓았고, 하나님은 그들의 생각과 행동이 죄된 것을 아시고, 그들의 언어를 치심으로 그들은 모두 흩어지고 말았습니다. 그런데 이제 하나님께서 흩어져 버린 언어를 방언을 통하여 모두가 알아듣게 하심으로 하나님의 심판으로 흩어져 버렸던 언어가 다시 회복된 것을 의미합니다. 성령님께서 강림하심으로 흩어져 버렸던 인간들이 다시 복음으로 하나 되어야 할 것을 의미하는 것입니다.

2. 복음이 땅 끝까지 전파될 것을 의미합니다

복음 전파를 통한 구원은 하나님의 정하신 절대적인 주권에 속해 있습니다. 그런데 하나님은 이 위대한 일을 직접 하시지 않기로 작정하셨습니다. 하나님은 이 놀라운 구원 사역을 인간을 통하여 이루시기로 작정하신 것입니다.

예수님의 승천 후에 사도가 보충되고, 일곱 집사가 세워지고, 그들을 통해 복음은 활발하게 증거되었습니다. 이로 인해 복음이 땅 끝까지 전파될 것을 보여 주신 것입니다. 하나님은 먼저 구원받은 성도들을 통하여 복음이 땅 끝까지 증거되기를 원하십니다.

3. 문제를 해결할 수 있는 능력을 주시기 위함이었습니다

예수님께서 말씀하신 대로 이제 복음 사역이 활발하게 진행되고 교회가 설립되는 과정이 진행되었습니다. 그러나 그에 못지않게 많은 박해와 핍박이 시작되었습니다. 그래서 하나님의 택한 백성들에게는 이러한 현실과 눈앞에 있는 장벽을 뚫고 나갈 수 있는 능력이 필요하였던 것입니다.

사도행전 2:37을 보면 "저희가 이 말을 듣고 마음이 찔려 형제들아 우리가 어찌할꼬"라고 하자, 베드로가 "너희가 회개하여 각각 예수 그리스도의 이름으로 세례를 받고 죄사함을 받으라 그리하면 성령의 선물을 받으리니"(행 2:38)라고 외쳤습니다.

이에 회개하고 세례를 받은 수가 3천이나 되었다고 했습니다. 그들에게 회개와 구원의 역사가 나타난 것입니다. 또한 사람들의 의식이 변화되었습니다. 이제 네 것 내 것이 없이 물건을 통용하게 되었습니다.

그리고 제자들이 능력을 받았습니다. 베드로와 사도들이 기도하러 성전에 들어갈 때에 성전 미문에 앉아있던 앉은뱅이가 도움을 청하였고 이에 베드로가 "은과 금은 내게 없거니와 내게 있는 것으로 네게 주노니 곧 나사렛 예수 그리스도의 이름으로 걸으라" 명하니 그가 곧 일어나 걷고 뛰며 하나님을 찬미하였습니다.

무엇이 그로 하여금 능력을 행하게 하였습니까? 이는 성령이 임하시고 성령의 능력을 힘입었기 때문입니다.

오늘도 많은 장벽들이 우리 삶의 주변을 가로막고 있습니다. 그러나 우리 앞에 있는 모든 장벽들도 성령의 능력을 힘입을 때 무너져 내리는 역사를 경험하게 될 것입니다. 하나님의 뜻은 땅 끝까지 복음이 전파되어 이 땅에 하나님나라가 건설되는 것입니다. 우리는 연약하지만 성령의 능력을 의지하고 복음을 들고 나갈 때 모든 장벽이 무너지고 주의 나라가 확장될 것입니다. (규)

80. 생수가 흐르는 강 (요 7:37~39)

이스라엘은 일 년에 절반은 비가 한 방울도 오지 않는 땅입니다. 우리는 불과 20일 정도만 비가 오지 않아도 진액이 마르는 것 같은데, 팔레스타인 땅에 사는 이들이야말로 얼마나 물이 귀한 것임을 뼈저리게 경험한 사람들인지 모릅니다. 이사야는 여호와 하나님의 약속을 전해줍니다. "그때에 …… 광야에서 물이 솟겠고 사막에서 시내가 흐를 것임이라 뜨거운 사막이 변하여 못이 될 것이며 메마른 땅이 변하여 원천이 될 것이며 승냥이의 눕던 곳에 풀과 갈대와 부들이 날 것이며"(사 35:6~7) 그들의 이상과 꿈은 언제나 물이 풍성한 나라였습니다. 하나님은 이스라엘 민족에게 목마름을 체험하게 하심으로 생수의 근원되시는 하나님을 찾도록(렘 2:13) 하신 것입니다.

1. 인간에게는 누구나 영적 갈망이 있습니다

오늘의 본문은 초막절 절기가 끝나는 날, 제사장들이 기우제 성격의 의식을 집행하는 날에 대한 말씀입니다. 제사장들의 행렬은 장엄했고, 실로암에 가서 물을 길어 제단에 부었습니다. 이 때 예수께서 외쳐 말씀하시기를 "누구든지 목마르거든 내게로 와서 마시라 나를 믿는 자는 성경에 이름과 같이 그 배에서 생수의 강이 흘러나오리라"고 하였습니다.

무슨 뜻입니까? 비가 좀 온다고 인생의 근원적인 갈증이 해소되는 것이 아니라는 말입니다. 영적인 갈증을 느끼는 자마다 주님은 당신께로 오라고 초대하시는 것입니다. 인간은 누구나 영적인 갈증을 느낍니다. 돈을 목마르게 쫓아다니던 사람이 돈을 좀 벌었다고 목마른 것이 사라지지 않습니다. 바람기 있는 남자가 두루 많은 여자들과 어울려 보았다고 목마름이 가시지는 않습니다. 그러면 이 목마름은 어디서 오는 것일까요? 목마름의 정체를 밝혀낼 필요가 있습니다. 인간의 이 끝없는 갈증은 단지 추상적인 공허가 아닙니다. 그것은 인간이 하나님의 기준에 따라 살지 못하는 데서 오는 좌절과 절망을 표현하는 것입니다. 우리의 양심은 바르게 살고 싶은데 그렇게 되지 않습니다. 목마름은 깨끗한 양심과 마음의 평온을 누리며 죄 없이 살고 싶다는 갈망에서 오는 것입니다.

2. 신앙인에게도 영적 갈망이 있습니다

문제는 "목마른 자들아 내게로 오라"고 말씀하신 주의 음성을 듣고 주님의 은혜로 한때 해같이 기쁨을 누렸던 사람들이 다시 목말라하고 있다는 현실입니다. 왜 이런 현상이 나타납니까? 경건한 사람들, 기도 많이 한다는 이들, 교회 지도자에게 영적 갈증 현상이 나타나고 있다는 것입니다. 그 이유가 무엇일까요?

그 이유는 신앙체험이 교리화되고 개념화되었기 때문입니다. 목말라 죽게 되었던 사람이 해갈을 받는 것은 개념이 아니라 생생한 체험입니다. 그런데 오늘날 많은 신자들이 신앙을 개념화하는 데서 문제가 발생합니다. 성경말씀에 나타난 진리가 도덕 교과서가 되었기 때문입니다.

이것이야말로 교회 안에 자리 잡은 새로운 율법주의인 것입니다. 성령으로 시작하여 육체로 되돌아갔으니 다시 목마르지 않을 수 없습니다. 그동안 우리는 성경말씀의 개념과 교리를 배우고 그것들의 원리를 다른 사람에게 적용하고 비판하였습니다. 자기 자신은 전혀 미치지 못하면서 말입니다. 문제는 다른 사람이 아니라 바로 나 자신입니다.

3. 내 속에서 생수의 강이 흐르면 목마르지 않게 됩니다

예수께서 "나를 믿는 자는 성경에 이름과 같이 그 배에서 생수의 강이 흘러나오리라"고 말씀하셨습니다. 하나님께서 우리의 심령 속에 성령을 충만하게 부어 주신다는 것입니다. 성령이 역사하시는 양태는 사람마다, 경우마다 다를 수 있습니다. 그러나 그 결과는 생수의 강이 흘러 넘쳐서 다시는 목마르지 않게 된다는 것입니다. 메마르고 굳어진 마음이 부드러워지고 옛날에 그렇게 교만하고 정죄하기 좋아하고 율법적이던 신앙이 변하여 겸손하고 사랑이 넘치며 하나님을 속에서부터 자연스럽게 사랑하는 마음이 솟아올라오게 된다는 것입니다.

예수님의 말씀에 조건이 있습니다. "나를 믿는 자는"이라고 하셨습니다. 예수님께서 우리를 죄와 율법신앙에서 구원하시고 자유를 주시려고 오셔서 십자가에서 피 흘리시고 삼 일만에 사망권세를 깨뜨리셨습니다. 이 사실을 믿으면 됩니다. 역사적 사실만 믿는 것이 아니라 그 예수님이 오늘 나의 율법주의, 형식주의의 무덤을 깨뜨리실 것을 믿으면 이때에 성령께서 우리 속에서부터 생수의 강을 터뜨려 주신다는 것입니다. (식)

81. 성령이 하시는 일(행 1:1~8)

사도행전을 '성령행전'이라고도 말합니다. 교회의 역사는 성령의 역사하심에 따라서 움직여간다는 말입니다. 오늘도 사도행전은 계속되고 있습니다. 오늘도 성령님은 각 사람에게 임하셔서 새롭게 변하게 하시고 세상 끝까지 그리스도의 증인이 되게 하십니다.

그런데 오늘날 성령이 하시는 일에 대한 잘못된 이해로 말미암아 교회 안팎에서 많은 문제를 야기하고 있습니다. 그리스도의 증인이 되는 것이나 그리스도의 몸된 교회를 세워나가는 일과는 아무 관계도 없는 개인적 신비주의에 빠지게 하거나 기성교회를 파괴하고 이탈하게 하는 것이 성령의 역사인양 오도되고 있습니다. 그러므로 우리는 성령이 하시는 일을 바로 알아야 합니다. 성령이 어떠한 일을 하십니까?

1. 말씀과 진리의 뜻을 깨닫게 하십니다

"예수께서 행하시며 가르치시기를 시작하심부터 그가 택하신 사도들에게 성령으로 명하시고 승천하신 날까지의 일을 기록하였노라"(1~2절). 이 말씀은 사도행전을 기록하기 전에 누가가 누가복음을 먼저 기록하였는데 거기에 예수의 생애와 교훈, 그리고 사도들에게 명하시고 승천하신 사실을 기록하였다는 것입니다. 사도들에게 성령으로 명하신 바를 기록하였다고 하였거니와 사도 바울은 모든 성경은 하나님의 감동으로 기록된 것이라고 하여 성경이 성령의 감동으로 기록되었음을 명백히 하고 있습니다. 따라서 성경은 기록된 하나님의 말씀인 만큼 성령께서 함께하심으로만 이해할 수 있는 책입니다.

예수님은 요한복음에서 말씀하시기를 보혜사 성령을 너희에게 보내 주실 터인데, 보혜사 성령이 오시면 나에 대하여 밝히 가르쳐 주실 것이라고 하셨습니다. 다시 말해, 성령님은 말씀과 진리의 뜻을 깨닫게 하신다는 뜻입니다. 교회에서 배우고도 이해가 되지 않는 말씀은 줄을 쳐놓고 깨닫게 해달라고 기도하면 최고의 스승 되시는 성령님께서 깨닫게 해주십니다.

2. 인간의 삶을 근본적으로 변화시키십니다

말씀을 깨닫고 기뻐하며 세례받고 신앙생활을 하다가 여러 가지 어려운 난관에 봉착하게 될 때가 있습니다. 말씀을 깨닫고 믿었지만 말씀대로 사는 것은 또 다른 차원에 있는 문제임을 알게 됩니다. 그러다보니 대부분의 그리스도인들은 늘 말씀대로 살지 못하는 것을 죄스럽게 생각하면서 운명처럼 체념하게 됩니다.

그러나 성경은 무엇이라고 말하고 있습니까? "요한은 물로 세례를 베풀었으나 너희는 몇 날이 못 되어 성령으로 세례를 받으리라"(5절). 말하자면 물세례만 받은 그리스도인이기 때문에 말씀대로 살 수가 없다는 것입니다. 모두가 기독교 신앙의 일차적 관문만 통과한 채 자신들의 힘으로 참된 그리스도인의 삶을 살아보려고 몸부림치지만 안 된다는 것입니다.

여러분, 아직 진리의 문턱에 서서 고민하고 있습니까? 요한의 물세례만 받은 것으로 진리를 깨달은 것이 아닙니다. 하나님은 여러분들을 좀 더 깊은 곳에서 만나기를 요구하십니다. 성령께서는 인간의 삶을 근본적으로 변화시키는 일을 하십니다.

3. 교회와 성도들에게 참된 권위가 나타나게 하십니다

오늘날의 많은 그리스도인들이 세상의 정치적인 억압과 불의에 대하여 바로 이때가 그 모든 것을 변혁시킬 때가 아니냐고 주님께 재촉합니다. 그러나 예수님은 말씀하시기를 때와 기한은 아버지의 권한에 두셨기 때문에 너희가 알 바가 아니라고 잘라 말씀하셨습니다. 바로 이 점이 우리를 당황하게 합니다. 인간은 바로 이때라고 주장합니다. 지금 이때에 내가 역사의 현장에 뛰어들 때가 아니냐고 말합니다. 우리가 이때를 인식하고 자신을 불사르면 하나님도 거기에 동의해 주실 것이라고 말합니다.

'민심(民心)'이 '천심(天心)'이라는 말로 비약되고 '민중은 곧 하늘이고 예수님'이라는 해석도 생겼습니다. 그런데 여기서 주님은 말씀하십니다. 때와 기한은 하나님의 고유 권한이니 침범하지 말라는 것입니다. 주님께서 말씀하시기를 더 급한 것은 너희가 성령을 받고 하나님이 주시는 권능으로 땅 끝까지 주님의 증인이 되는 것이라는 말씀입니다.

성령충만하여 여러분의 삶에서 주님의 권위가 나타나야 합니다. 성령의 역사 가운데 참된 권위가 교회와 성도들에게 형성될 수 있기를 바랍니다. (식)

82. 성령세례 (행 1:4~5)

예수님은 승천하시기 직전 제자들과 자리를 같이 했습니다. 이때에 제자들에게 예루살렘을 떠나지 말라고 부탁하셨습니다. 그 이유는 "몇 날이 못되어 너희들이 성령세례를 받으리라"는 말씀을 통해 밝혀 주셨습니다.

1. 성령세례를 정확히 알아야 합니다

세례 요한은 자신이 주는 세례는 회개케 하기 위한 물세례라고 했습니다. 그러나 자신 뒤에 오시는 분은 능력이 많으셔서 성령과 불로 주실 것이라고 성령세례가 있기 3년 전에 예언을 했습니다(마 3:11).

이같이 물세례가 있고 성령세례가 있습니다. 이 성령세례를 불세례라 하였고 예수님이 허락하시는 세례로 밝혔습니다. 성령세례는 하나의 사건입니다. 그러므로 한 번으로 만족합니다. 그러나 성령충만은 되풀이되고 평생 반복할 수 있습니다. 성령이 충만하게 임재하는 첫 번째 경험을 성령세례라고 합니다. 큰 회개나 또 거듭나는 체험을 가질 때에 성령세례까지 동반할 수 있습니다. 대부분 거듭나는 은혜를 거쳐 성령세례를 받습니다.

이 일에 대해 토리 목사님은 이렇게 소개하고 있습니다. 첫째, 성령세례는 본인이 받았는지 못받았는지 분명히 안다고 했습니다. 둘째, 자기가 거듭나는 체험도 했고 성령세례도 받았지만 성령세례와 거듭나는 것과는 분명히 다르다고 말했습니다. 셋째, 성령세례를 받고야 봉사적인 사람이 되었다고 간증하고 있습니다.

2. 성령세례는 하나님이 원하시는 일입니다

예수님께서는 크게 두 가지 사역을 위해 세상에 오셨다고 성경학자들은 주장하고 있습니다. 그 첫째가 인류의 죄를 대속하기 위해 오신 것입니다. 십자가에 못박히신 예수님의 희생을 통해 하나님께서는 창조한 모든 사람들의 죄를 담당하셨습니다. 예수님은 화목제물이 되심으로 사람을 구원하셨습니다.

예수님이 세상에 오신 두 번째 목적은 누가복음 12:49~50에 밝혀져 있습니다. "내가 불을 땅에 던지러 왔노니 이 불이 이미 붙었으면 내가 무엇을 원하리요 나는 받을 세례가 있으니 그것이 이루어지기까지 나의 답답함이 어떠하겠느냐"

이 말씀은 예수님이 직접 세상에 오신 이유를 밝혀 주신, 또 다른 사역입니다. 성령세례를 가리켜 내가 불을 땅에 던지러 왔다고 말씀하십니다. 또한 이 불이 붙기까지 내 마음의 답답함이 어떠하겠느냐고 말씀하심으로 예수님께서 소원하시는 목표를 깨우쳐 주셨습니다. 성령세례는 예수님이 원하는 은혜요, 모든 사람이 꼭 받아야 할 영적인 복입니다. 성령세례는 선택이 아니고 모두가 체험해야 할 높은 차원의 은혜입니다.

3. 성령세례는 이렇게 받습니다

사도행전 2:33에 보면 "하나님이 오른손으로 예수를 높이시매 그가 약속하신 성령을 아버지께 받아서 너희가 보고 듣는 이것을 부어 주셨느니라"고 했습니다.

본문에 보면 예수님이 하나님께 성령을 받아 우리 믿는 성도들에게 부어 주셨다고 소개하고 있습니다. 성령세례를 받기 위해서는 먼저 개인적으로 성령님을 시인하고 성령님을 사모해야 합니다. 성령님과의 연합을 원치 않으면 성령님이 그 사람과 함께하실 수 없습니다. 또한 마음을 정결케 하고 회개하여 죄사함을 받으면 하나님이 성령님을 허락하실 것을 약속하셨습니다(행 2:38). 예수님께서는 성령님을 보혜사라고 소개하셨습니다. 이는 우리를 보호하고 인도하며 지도해 주시는 스승이라는 말입니다. 세상을 혼자 살지 말고 성령님과 더불어 사시기 바랍니다. (돈)

83. 성령과 연합된 생활 (행 8:26~40)

빌립 집사는 성령의 인도하심을 구분할 만큼 성령과의 친교가 자연스러운 사람, 성령의 음성을 들을 수 있는 영적으로 마음이 열린 사람이었습니다. 우리도 여기까지 이르는데 필요한 것이 무엇인지 묵상합시다.

1. 성령이 함께하시는데 자유로운 사람이 되어야 합니다

성령님이 빌립 집사에게 내시를 찾아가도록 지시한 내용에서 우리가 받을 은혜가 있습니다. 이 말을 바꾸어 말하면 빌립은 날마다 성령과 동행하고 있음을 증명한 내용이 됩니다. 성령과 함께 살아가는 생활이 아니면 성령의 역사를 식별할 수가 없습니다.

빌립 집사는 성령의 영감이나 영음 그리고 성령의 인도하심을 자연스럽게 이해할 수 있었습니다. 성령과의 연합은 훈련으로 길들여집니다. 성령과 영적인 깊은 교제를 위해 함께 사역하는 훈련이 더해가시기 바랍니다.

성령님이 일하는데 불편한 사람이 되거나 성령님이 접근하는데 힘든 사람이 되면 성령의 역사를 제한하는 실수를 범하게 됩니다. 성령이 자유롭게 역사하실 수 있도록 열린 마음을 가져야 합니다. 성령을 앞세우고 성령을 따라가는, 즉 성령의 인도하심을 따를 때 우리는 더 지혜롭고 유능한 사람이 됩니다.

2. 성령의 영감을 순종해야 합니다

빌립 집사는 큰 행렬과 고급스러운 마차를 탄 큰 권세가 있는 사람에게 접근하여 대화를 건넸습니다. 이는 결코 쉬운 일이 아니었습니다. 그러나 빌립 집사는 서슴지 않고 이 일에 성령의 영감을 따랐습니다. 생각

밖으로 큰 환영을 받는 결과가 나타났습니다. 내시가 읽고 있던 성경은 이사야서였고 예수님의 십자가 고난에 대한 내용이었습니다. 이로 인해 복음이 전해졌고 예수님이 구세주인 것을 밝힘으로 복음을 받아 내시가 구원받는 역사가 일어났습니다.

이와 같이 성령의 영감에 순종하면 사람을 구원하고 하나님의 뜻을 이루게 됩니다. 무엇이 하나님의 뜻인가를 구별하기 위해 노력하기보다 성령의 감화를 전적으로 수용하시기 바랍니다. 그러면 하나님의 뜻을 이루는 사람으로 우리 자신이 변해가고 있는 것을 알게 될 것입니다. 성령의 감동이나 영감에 순종해 살면 가장 정확하고 가장 훌륭한 삶을 살아가게 됩니다. 훌륭한 사람이 됨으로 훌륭한 생활이 이루어지는 것이 아니라, 성령의 사람이 되면 훌륭한 열매를 맺게 되는 것입니다.

3. 세례예식의 소중함을 배우시기 바랍니다

큰 권세가 있는 에디오피아 내시가 물 있는 곳에 이르자 세례를 받았습니다. 예수님께서 제자들에게 마지막 유언과 같이 부탁하신 말씀이 있습니다. 그것은 "모든 민족을 제자로 삼아 아버지와 아들과 성령의 이름으로 세례를 베풀고"(마 28:19)라는 말씀입니다. 교회의 중요한 의식도 세례예식과 성찬예식입니다.

예수님을 구주로 영접하고 구원의 확신을 고백하면 어느 기간을 거쳐 반드시 세례를 받아야 합니다. 세례예식은 하나님의 자녀가 되는 표요, 세상 사람과 소속을 구분하는 의식이 되기 때문입니다.

세례는 온몸이 물속에 들어갔다 나오는 의식입니다. 이는 우리의 과거를 물속에 장사지내고 지난날을 정리하는 예식입니다. 더 중요한 것은 사람과 하나님 앞에서 하나님의 자녀가 되었다는 사실을 공인받는 일입니다. 그러므로 예수님께서는 세례예식을 꼭 거치도록 부탁하셨습니다. 세례예식은 하나님의 자녀로 새출발하는 분기점이며 영적으로 성별된 사람이 되었다는 예전이 됩니다. (돈)

84. 은사의 활용 (고전 12:7~11)

하나님은 성도들에게 많은 은사를 허락하십니다. 은사를 통해 헌신하는 것이 가장 정확한 헌신입니다. 다른 사람의 은사를 부러워하지 말고 내 은사에 대해서도 과소평가하지 말아야 합니다. 은사는 결코 우열이 없습니다.

다시 말하면 은사는 좋고 낮음이 있을 수 없습니다. 자신이 받은 은사에 대한 확신을 갖고 충성되이 봉사해야 하겠습니다.

1. 은사를 바로 알아야 합니다

성령의 은사에 대해서 많은 사람들이 잘못 알고 있습니다. 이는 방언이나 예언이나 통역 같은 국한된 은사를 생각하는 경향이 많기 때문입니다. 그러나 모든 은사를 직임이라 하였고 성령의 나타남이라고 표현하고 있습니다. 하나님은 더 원만한 교회를 이루기 위해서 각기 다른 직임을 맡기셨습니다.

다시 말하면 사람마다 다른 은사를 주어 이 지체들이 모임으로써 교회를 온전케 하신 것입니다. 그러므로 은사를 제한하거나 부정적으로 생각해서는 안 됩니다. 은사는 다 유익하기 위해서 주셨다고 말씀하고 있습니다. 또 은사의 소중함을 깨달아야 하겠습니다.

지혜의 은사만 생각해 보더라도 얼마나 소중한 은사인지 모릅니다. 여기서 말하는 지혜는 지능이나 세상의 지혜가 아닙니다. 이는 하나님이 주시는 지혜로 대인관계의 지혜, 처세의 지혜, 하나님 섬기는 지혜를 말합니다. 이 지혜는 경험으로 쌓여지는 것이 아니라 기도로 하나님께 받는 것입니다.

2. 은사의 필요를 생각해 보겠습니다

하나님께서는 우리에게 태어날 때부터 각기 다른 성향을 주셨습니다. 이것을 생명의 특성이라고 하며, 오늘 주제에 적용하면 개인의 은사라고 말할 수 있습니다. 사람마다 각기 다른 생명의 특징을 갖고 있습니다.

하나님께서는 개인 모두에게 더 유익하고 더 유용하게 교회와 하나님을 섬기도록 은사를 허락하셨습니다. 모든 영적인 은사는 하나님이 허락하시는 선물입니다. 노래를 잘한다든지 그림을 잘 그린다든지 악기를 잘 다룬다든지 운동을 잘하는 것과 같은 은사를 자연은사라고 합니다. 이 자연은사 위에 하나님은 영적인 은사를 더해 주셨습니다. 이렇게 큰 사랑으로 함께하시는 하나님의 은혜를 깨달아야 하겠습니다.

하나님은 은사를 제한하시지 않습니다. 더 필요한 은사를 구하고 더 효과적인 헌신을 위해서 은사에 대한 필요를 느끼시기 바랍니다. 은사대로 봉사하고 헌신하는 것만큼 정확한 헌신은 없습니다. 하나님이 허락하신 소중한 은사에 대한 지식을 가지시기 바랍니다.

3. 은사를 마음껏 활용하시기 바랍니다

하나님은 우리를 돕고 우리를 더 풍요롭게 하기 위해 은사를 주셨습니다. 그러므로 은사에 대해 부정적인 생각도 금물이며 은사를 등한시하는 것도 잘못입니다. 본인이 은사에 대한 관심이 없어도 자신도 모르게 은사대로 살고 있는 사람이 많습니다. 자기 은사를 발견하고, 그 은사를 잘 활용하여 봉사할 때 복받는 사람이 됩니다.

지식의 은사는 말씀을 깨닫는 은혜요, 말씀에 밝아지는 은혜를 말합니다. 병 고치는 은사는 나와 남의 병을 믿음과 기도로 치료하는 은혜의 경험을 말합니다. 그 외에도 능력을 행하는 은사는 자신과 세상과 사단을 이기게 하고, 예언과 방언과 영분별과 같은 은사는 하나님과의 영적 교통을 도와줍니다. 그 밖에 섬기는 일이나 가르치는 일 등 많은 은사가 있습니다. 각자에게 주신 은사를 잘 활용하시기 바랍니다. (돈)

85. 성령을 근심시키지 말자 (엡 4:22~32)

성령을 영접하는 일도 중요하지만 성령을 주인으로 모시는 일은 더욱 중요합니다. 성령이 내주하시고 우리를 다스리는 참 주인이 되셔야 합니다. 훌륭한 분을 모시는 것과 훌륭한 분과 함께 살아가는 일은 별개의 일입니다. 모셔 놓고 교제를 하지 않으면 모신 것이 아무런 의미가 없습니다. 성령님과 의논하고 동역하시기 바랍니다.

1. 성령을 근심시키지 말아야 합니다

성령의 인도하심과 양육하심을 받기 원한다면 성령을 근심시키지 말라고 했습니다. 이것이 성령과의 교제를 지속하는 방법입니다. 본문 앞뒤 구절의 배경을 보면 사람들의 여러 가지 죄와 탈선을 우리에게 소개하고 있습니다. 이 같은 허물과 죄를 범할 때 성령이 근심하신다고 했습니다. 더욱이 이런 생활을 지속하면 성령님은 이 사람을 도울 길이 없습니다. 성령을 근심시키지 말아야 합니다. 육신의 생각을 다스리고 정욕을 억제하며 타락의 속성을 멀리해야 합니다.

성령의 성향을 따라 우리 자신이 영적으로 성장해야 합니다. 그러므로 성령의 영감을 소멸하지 말라고 교훈하고 있습니다(살전 5:19). 성령을 계속 거스리며 그 영감을 묵살하고 거역하면 성령이 우리와 함께할 수 없습니다. 성령님이 우리를 떠나실 수밖에 없습니다. 성령님을 근심시키지 말고 성령의 영감을 따라 승리하시기 바랍니다.

2. 성령을 탄식케 해서는 안 됩니다

로마서 8:26에 보면 성령이 말할 수 없는 탄식으로 우리를 위해 간구하신다고 했습니다. 자식을 사랑하는 부모의 마음을 통해 우리는 하나님의 은혜와 사랑을 이해할 수 있습니다. 어찌 하나님의 사랑을 부모가 자녀를 사랑하는 정도에 비교할 수 있겠습니까. 그러나 조금이라도 이해를 도울 것이라고 생각됩니다.

어떤 부모가 너무 힘들게 하는 자녀를 위해 며칠 밤을 눈물로 지새우며 기도를 드리다가 하나님도 자기를 이렇게 사랑하고 계시는구나 하는 것과 자기가 자녀를 사랑하는 마음보다 하나님이 그 자녀를 사랑하는 마음이 비교할 수 없이 크다는 것을 깨닫게 되었습니다. 그래서 더 깊은 기도를 드렸다고 합니다.

성령을 탄식케 하는 실수를 범해서는 안 되겠습니다. 우리가 죄 짓고 넘어지면 성령이 통곡하실 만큼 우리를 위한 안타까운 기도를 드립니다. 더 이상 실수하지 말아야 하겠습니다. 성령님을 탄식하게 하지 맙시다.

3. 성령은 질투하실 만큼 우리를 사랑하십니다

야고보서 4:4~5에 보면 세속적인 생활에 물들고 세상을 따라갈 때에 이것을 영적인 간음이라고 했고, 하나님과 원수 되는 일이라고 했습니다. 이때에 성령은 시기하기까지 우리를 사랑하신다고 그 안쓰러움을 표현하고 있습니다. 신앙 자체가 성별입니다. 회개나 거듭남이나 성령세례도 역시 점진적인 성별로 성장의 단계인 것을 알게 됩니다. 그러므로 세상에 물들거나 타락성에 타협하거나 세속적인 생활을 따라가면 성령님이 질투하신다고 말씀하고 있습니다.

하나님은 믿는 우리에게 큰 보호자를 허락하셨는데, 보혜사인 성령이십니다. 성령의 은혜와 인도하심을 받는 것은 불편한 일이거나 구속받는 일이 아닙니다. 오히려 더 자유롭고 복된 생활입니다. 죄를 떠나야 하고 유혹이나 세상의 악을 물리쳐야 하기 때문에 성령의 인도하심을 받는 것은 더 안전한 생활이 됩니다. 성령께서 시기하시기까지 우리를 염려하시므로 우리는 더욱 근신하고 경건해야 하겠습니다. (돈)

86. 성령의 사람 베드로 (행 4:5~12)

어부요, 불학무식한 사람이란 평을 듣던 베드로가 위대한 지도자가 된 것은 누구 때문입니까? 어떤 한 사람이 큰 인물이 되는 데는 어떤 재력이나 권력이나 국력이 뒷받침되어야 합니다. 베드로가 위대한 지도자가 된 것은 성령의 역사하심이 그를 뒷받침하였기 때문입니다.

1. 육체에 속한 베드로

베드로는 체격이 크고 근육이 울퉁불퉁하고 어부생활에 거친 손을 가진 사나이로 그의 성격은 충동적이고 성미가 급하고 경솔하며 지나치게 열정적이어서 반응이 빠른 사람으로 성경은 묘사하였습니다.

베드로는 예수의 제자로서 3년간 교육받으면서 인간적인 생각 때문에 많은 문제를 일으킨 것을 볼 수 있습니다.

첫째, 믿음이 작은 자라는 책망을 들었습니다(마 14:28~31).

예수님이 바다로 걸어오시는 것을 보고 유령이라고 무서워하여 소리지를 때, 예수께서 안심하라 두려워하지 말라 하시니 베드로가 배에서 내려 물위로 걷다가 무서워 소리질러 "주여 나를 구원하소서" 하였습니다. 그러자 예수께서 손을 내밀어 그를 붙잡으시며 믿음이 작은 자여 왜 의심하느냐고 질책하셨습니다.

둘째, 사단아 물러가라는 책망을 들었습니다(마 16:21~24).

신앙고백을 한 베드로는 "이 반석 위에 교회를 세우겠다"는 칭찬을 들었으나, 예수께서 고난을 받고 죽임을 당하고 삼일만에 다시 살아나야 한다는 신령한 문제를 이해하지 못하고 육체적인 생각이 앞서서 예수를 붙들고 항변하다가 "사단아 물러가라"는 책망을 들었습니다.

셋째, 누가 크냐 하고 시비하였습니다(막 9:34).

아직도 육체에 속한 베드로는 누가 크냐의 문제로 토론하다가 "누구든지 첫째가 되고자 하면 뭇 사람의 끝이 되며 뭇 사람을 섬기는 자가 되어야 하리라"(막 9:35)는 교훈을 들었습니다.

넷째, 절박한 시기에 기도하지 않고 자고 있었습니다(마 26:36~46).

십자가를 앞두고 예수께서 세 제자를 데리고 고민하며 슬픔 중에 기도하시다가 베드로가 자는 것을 보시고 "너희가 나와 함께 한 시간도 이렇게 깨어 있을 수 없더냐 시험에 들지 않게 깨어 기도하라 마음에는 원이로되 육신이 약하도다"라고 동정하셨습니다(마 26:40~41).

다섯째, 예수를 알지 못한다고 부인하였습니다(마 26:69~75).

예수께서 빌라도의 법정에서 재판을 받고 계실 때 베드로는 예수를 알지 못한다고 세 번씩이나 부인하였습니다. 육체적인 욕망에 사로잡힌 베드로는 많은 실수와 잘못을 했습니다.

2. 성령에 사로잡힌 베드로

육체적인 욕망에 사로잡혀 실수와 과오가 많던 베드로가 성령을 받으므로 영성의 사람이 되었습니다.

복음서에 나타난 베드로의 생활과 사도행전에 기록된 베드로의 생활이 판이하게 변화된 것은 오순절에 성령강림으로 달라진 것입니다.

오순절에 성령을 받은 베드로는 3천 명을 그리스도께로 인도하는 감화력 있는 설교를 할 수 있게 되었습니다. 빌라도의 법정에서 비겁하게 예수를 부인하던 베드로가 예수를 담대하게 증거한 것은 성령의 역사요, 능력 때문입니다. 그러므로 성령은 비겁한 자를 용기 있는 자로, 이웃을 깨우치는 자로, 이웃을 사랑하는 자로 변화시킵니다.

기도하려고 성전에 올라가던 베드로와 요한이 앉은뱅이를 고칠 때 "내게 있는 이것을 네게 주노니"(행 3:6) 한 것은 나사렛 예수의 이름으로 한 것입니다. 죽은 자의 이름이 아니라 다시 사신 예수의 이름이요, 권능 있는 이름입니다. 앉은뱅이는 성령의 능력으로 걷기도 하고 뛰기도 하였습니다.

아나니아 부부는 사람을 속였을 뿐 아니라 성령을 속였기 때문에 베드로의 말 한마디에 부부가 같이 죽게 된 것입니다. 성령의 권능은 그때만 있었던 것이 아닙니다. 지금도 있습니다.

여러 차례 옥에 갇히면서도 복음을 전하였고 유대인과 이방인의 높은 장벽을 뛰어넘어 로마인 고넬료의 집에서 말씀을 증거하여 성령이 강림하였고 이로써 서양교회의 기초가 되기도 한 것은 성령에 사로잡힌 베드로의 활동 결과입니다.

예수의 이름으로 사람을 가르치지 말라고 함구령을 내렸음에도 불구하고 사람보다 하나님께 순종하는 것이 마땅하다면서 집에 있든지 성전에 있든지 예수는 그리스도라고 전도하기를 쉬지 아니한 것은 성령에게 사로잡혔기 때문입니다.

"믿는 무리가 한마음과 한뜻이 되어 모든 물건을 서로 통용하고 자기 재물을 조금이라도 자기 것이라 하는 이가 하나도 없더라"고 하는 것은 성령이 충만하기 때문입니다(행 4:32).

육체적인 사고가 강하던 베드로가 성령을 받은 후에 새 역사 창조의 주역이 된 것은 오로지 성령의 능력입니다. 여러분들도 베드로처럼 성령의 능력을 받아 새 역사 창조의 주역들이 되시기를 바랍니다. (택)

87. 성령에 사로잡힌 바울 (행 9:10~22)

사울은 세 살이 되면서 구약성경 이야기를 배우기 시작했으며, 열 살이 되어서 유대교의 중요한 글들을 암송했을 뿐 아니라 열세 살 때 천막 만드는 기술을 배웠습니다.

그는 모세 율법을 연구했을 뿐만 아니라 실천함으로 민족을 구하려는 열성가였습니다. 새로 일어난 기독교를 적으로 보고 그리스도인들을 박해하기 시작하였습니다. 교회 박해자 사울과 전도자 바울의 두 모습을 배우려고 합니다.

1. 교회 박해자 사울

초대교회의 집사 스데반이 돌에 맞아 순교한 것은 박해자 사울이 관여한 박해였습니다.

스데반이 순교하던 그날에 예루살렘에 있는 교회에 큰 박해가 있었다(행 8:1)는 것은 사울 중심의 박해가 시작되었다는 것입니다. "사울이 교회를 잔멸할새"(행 8:3) 한 것은 맹수의 포악이나 적군의 노략질 같은 참상을 의미하는 말입니다. 사울의 고백을 보면 "박해하여 사람을 죽이기까지 하고 남녀를 결박하여 옥에 넘겼노니"(행 22:4)라고 하였으니 이때 사울은 육체의 정욕과 감정에 사로잡힌 자의 모습이었습니다.

사울에게 결박당하는 신앙심이 강한 사람들은 양과 같이 순한 태도로 결박을 당하였으니 강퍅한 사울이지만 예수의 도가 그에게 깊은 인상을 주었을 것입니다.

예수교인은 이렇게 결박당하면서도 전도했고 옥중에서도 예수의 향기를 나타내었으니 박해 중에도 복음의 말씀은 전파되었습니다.

2. 성령에게 사로잡힌 바울

사울의 신자들에 대한 박해는 여전히 위협과 살기가 등등하여 예수교를 믿는 사람을 만나면 남녀를 막론하고 결박하여 예루살렘으로 잡아오려고 다메섹으로 가고 있었습니다.

이때 다메섹 성 중에서 죽음을 기다리는 어린 양떼의 대목자 예수는 영광 중에 나타나시어 "사울아, 사울아" 부르셨습니다. 빛으로, 형상으로 소리로 예수는 나타나셨습니다.

다메섹 성 밖에 하늘의 빛과 소리가 있었으니 첫째, 유대인이 십자가에 죽인 예수는 영원히 죽은 것이 아니라 다시 살아나신다는 것이요, 둘째, 영광 중에 계신 예수는 하나님이시라는 것이요, 셋째, 신자를 박해하는 것이 예수를 핍박하는 것이니 신자와 예수는 하나라는 것이요, 넷째, 죄는 예수를 아프게 하는 것이며, 다섯째, 주의 사명을 어길 수 없다는 것입니다.

사울은 식음을 전폐하고 통회자복하였습니다. 신자를 박해하는 것이 예수를 핍박하는 것이라면 스데반을 죽인 죄는 한층 더 가슴을 아프게 하였을 것입니다. 경건한 아나니아가 주의 계시를 받아 사울에게 안수하고 세례를 베풀어 성령충만하게 되고 눈이 밝아지고 강건하게 되었습니다. 하나님은 아나니아에게 "이 사람은 나의 택한 그릇"(행 9:15)이라고 사울의 사명을 알려 주었습니다. 이러한 체험으로 사울은 성령에 사로잡힌 바 되어 전도자가 된 것입니다.

3. 전도자 바울

사울은 회개하고 즉시 전도하기 시작했습니다. 사울은 다메섹, 아라비아 등을 거쳐 안디옥에서 바나바와 선교사로 파송받아 첫 전도지 구브로에서 개명하였습니다.

전도단은 구브로 섬을 거쳐 여러 도시에서 전도하며 각 교회에 장로를 세워 교회를 조직하고 안디옥에 돌아와 하나님이 함께하신 모든 일과 이방인에게 믿음의 문을 여신 것을 보고하였습니다.

제2차, 제3차 선교여행에서도 많은 교회를 세우고 그 교회들을 돌보면서 각 교회에 편지를 써 보내기도 했습니다.

바울은 비상한 능력을 보유한 전도자였습니다. 기적은 베드로(행 9:32~35)도 요한(행 3:1~10)도 행했으나 바울에게는 그 인격에 걸맞는 신령한 능력이 있었습니다.

구브로 섬에서 엘루마를 눈멀게 하였고(행 13:6~12) 루스드라에서 앉은뱅이를 고치고(행 14:8~10) 그의 옷자락이나 손수건도 병고침의 능력이 있었고(행 19:12) 유두고를 소생시키었으니(행 20:7~12) 바울은 성령의 능력을 받은 선교사입니다.

바울은 비상한 능문가입니다. 대적자들이 바울의 편지는 무게가 있고 힘차지만 직접 대해 보면 그는 약하고 말하는 것도 시원하지 않다(고후 10:10)고 하였습니다.

그러나 사도행전에서는 바울은 비상한 능변가로서 그의 대적자들이 그에게 변명하도록 강요하였습니다. 그는 납득할만한 변론으로 고소자들을 진압시키고 그들 사이에 분열과 물의를 일으켜 위기를 벗어날 수 있게 되었으며(행 23:6~10, 24:1-26:1) 소란 피우는 군중을 웅변가의 손 흔드는 자세로 진압시킨(행 21:40) 것은 바울에게 성령의 능력이 함께 하셨기 때문입니다. (택)

88. 성령충만을 받으라 (엡 5:18~21)

부활하신 예수님은 제자들에게 "예루살렘을 떠나지 말고 내게 들은 바 아버지께서 약속하신 것을 기다리라 요한은 물로 세례를 베풀었으나 너희는 몇 날이 못 되어 성령으로 세례를 받으리라"(행 1:4)고 하셨습니다. 이 말씀을 믿고 기도하며 기다리던 제자들에게 하나님께서 성령을 부어 주셨습니다. 제자들은 성령충만하여 담대히 복음을 증거하였습니다.

1. 성령충만한 사람은 어떤 사람입니까

성령충만한 사람은 먼저 그리스도의 주권에 온전히 헌신된 사람입니다. 나는 죽고 그리스도가 내 안에 사는 것입니다(갈 2:20 참고). 내게 오신 성령께서 무엇이든 하실 수 있도록 마음의 왕좌를 내드리는 것입니다. 그리스도의 주재권이 확립된 상태가 성령충만입니다.

성령으로 충만하다는 것은 성령의 열매(갈 5:22~23)로 풍성해지는 것인데, 이는 그리스도를 닮는 것을 말합니다. 성령의 아홉 가지 열매는 바로 그리스도의 품성이기 때문입니다. 인격이 변화되고 성숙해지는 것이 성령충만한 사람의 특징입니다.

사도행전 1:8에 "오직 성령이 너희에게 임하시면 너희가 권능을 받고"라고 하였습니다. 성령충만은 그리스도의 권능으로 충만해지는 것을 말합니다. "나를 믿는 자는 내가 하는 일을 그도 할 것이요 또한 그보다 큰 것도 하리니"(요 14:12)라고 하였습니다. 성령께서는 믿는 자들에게 은사를 주셔서 그리스도께서 하신 일들을 하게 합니다. 그리고 성령은 때로는 불같이 우리에게 임하셔서 확신과 열정으로 충만케 하십니다.

성령충만은 이렇게 세 가지 내용으로 설명할 수 있습니다. 이는 순서도 중요합니다. 그리스도가 나의 주가 되시고, 나의 인격이 그를 닮아가며, 그의 은사로 주어진 사역을 수행하는 순서입니다. 은사보다 더 중요한 것이 헌신이고 인격의 성장입니다.

2. 어떻게 성령충만을 받습니까

성령충만은 하나님께서 그의 기쁘신 뜻을 따라 주시는 특별한 은혜입니다. 하나님께서 하시는 일이 언제나 그러하듯이 우리가 성령충만하려면 이를 사모하며, 그릇을 준비하고, 간절히 기도해야 합니다.

죄를 회개해야 합니다. 죄를 갖고서는 은혜를 받을 수 없습니다. 죄는 성령을 슬프게 하고 근심되게 합니다. 그러므로 죄를 멀리하고 경건하고 거룩한 삶을 살아야 합니다. 혹 연약하여 죄를 지었을 때는 즉시 회개하고 돌이켜야 합니다.

말씀에 순종해야 합니다. 하나님의 말씀을 읽고 묵상하며 지켜 행하는 자가 되어야 합니다. 하나님의 말씀대로 살지 않으면서 어찌 성령충만할 수 있겠습니까?

간절히 사모하며 기도해야 합니다. "구하라 그러면 너희에게 주실 것이요 찾으라 그러면 찾아낼 것이요 문을 두드리라 그러면 너희에게 열릴 것이니 구하는 이마다 받을 것이요 찾는 이가 찾아낼 것이요 두드리는 이에게는 열릴 것이니라…… 너희가 악할지라도 좋은 것을 자식에게 줄 줄 알거든 하물며 너희 하늘 아버지께서 구하는 자에게 성령을 주시지 않겠느냐"(눅 11:9~13). "구하는 자에게 성령을 주시지 않겠느냐"고 하신 말씀을 유의하십시오.

예수님이 승천하신 후 제자들은 "아버지의 약속하신 것"을 믿고 기다리며 간절히 기도하였습니다. 드디어 오순절 날에 저들은 모두 성령충만을 받았습니다. (채)

89. 새 힘을 주시는 여호와 (사 40:27~31)

모든 만상은 힘에 의해서 유지, 존속되고 있습니다. 특히 성도의 신앙생활에 있어서 성령의 능력은 큰 위로와 힘이 됩니다. 여호와께서는 어떠한 자에게 '새힘'을 공급해 주시는지 살펴보겠습니다. '새 힘'이란 전능자 하나님으로부터 끊임없이 공급되는 성령의 능력을 말합니다.

1. 여호와 하나님을 아는 자에게 새 힘을 주십니다

바벨론 포로생활 속에 있는 선민 이스라엘 백성을 회복시키시려고 하나님께서는 구원의 길을 제시하셨습니다. 그러나 그들은 현재 당하고 있는 극심한 고난으로 인해 하나님의 능력을 의심했고 급기야는 불평까지 하게 되는 상황에 이르렀습니다. 이때 이사야 선지자는 외칩니다. 그들의 여호와 신앙을 깨우칩니다. 우리의 문제 해결자, 우리가 의지해야 할 하나님, 그분은 영원하신 여호와 하나님, 우주만물을 창조하신 능력의 주, 명철이 한이 없으신 분이심을 똑바로 가르쳐 줍니다. 왜냐하면 하나님은 번제보다 하나님을 아는 것을 원하시기 때문입니다(호 6:6).

호세아 선지자는 하나님께 대한 올바르고 확실한 지식이 없어서 영적으로 타락한 이스라엘을 향하여 "우리가 여호와를 알자 힘써 여호와를 알자"(호 6:3)라고 외쳤습니다. '아는 것이 힘'이고, 바로 아는 것은 곧 성공이요, 승리인 것입니다. 우리는 하나님을 바로 아는 신(神)지식인이 되어야 합니다.

2. 전적으로 하나님만 의뢰하는 자에게 새 힘을 주십니다

이스라엘 백성들은 바벨론 포로생활로 인해 지칠 대로 지쳐서 아무

일도 할 수 없을 만큼 무기력해졌습니다. 그러나 전능하신 하나님께서는 곤고하고 무능한 하나님의 백성에게 힘을 주신다고 말씀하십니다. 하나님의 백성 된 자는 자신의 곤고함과 무능함을 깨닫고 전적으로 하나님만 의뢰해야 합니다. 육체의 힘과 세상의 권세는 그 소유한 사람이 쇠하여 없어지면 그것 역시 물거품처럼 사라집니다. 세계를 뒤흔들었던 20세기의 독재자 스탈린도 죽을 즈음에 부하들에게 안겨, 맞은편 벽에 그려져 있는 사람이 새끼 양에게 우유를 먹이는 모습의 그림을 보고 "나는 저 새끼 양과 같구나!"라고 했답니다. 사람이 한평생 사는 동안에 자랑할 수 있는 것은 오직 수고와 슬픔뿐이라고 했습니다(시 90:10). 즉 곤고한 인생이며 무능한 인생이라는 말씀입니다. 그러므로 전능자 하나님께만 의뢰하고 그분께 모든 것을 맡기십시다. 그리하면 '새 힘'을 주십니다. 소생시키시고 의(義)의 길로 인도하십니다.

3. 오직 여호와를 앙망하는 자에게 새 힘을 주십니다

'여호와를 앙망하는 자'의 히브리어 원뜻은 '여호와를 기다린다.'입니다. 즉 오로지 여호와께서 도와주시는 때까지 참고 기다리는 인내의 신앙을 소유한 자를 의미합니다.

본문은 여호와를 끝까지 기다리는 이스라엘 백성들이 마침내는 바벨론으로부터 해방되어 고국으로 귀환하는 복을 누리게 되는 약속이며 그것이 그대로 성취되었던 것입니다.

"구하라…… 찾으라…… 문을 두드리라…… 하물며 너희 하늘 아버지께서 구하는 자에게 성령을 주시지 않겠느냐"(눅 11:9~13)고 우리 주님께서도 성도의 올바른 기도의 자세를 말씀하셨습니다. 즉 자기의 부족을 깨닫는 자는 하나님께 호소하면서, 하나님께 구하는 것이 성취되기까지 믿음으로 바라며 인내해야 된다는 것입니다.

복의 근원되신 여호와께서는 지금도 여호와를 앙망하는 자에게 끊임없이 성령의 능력을 공급해 주신다는 사실을 믿으시기 바랍니다. 〈진〉

추수감사주일

✼✼✼✼✼✼✼✼✼✼

김우영(영)　김형준(준)　변한규(규)　송기식(식)
신성종(종)　유관지(지)　이병돈(돈)　최병남(병)
한명수(명)

* 설교자의 표시는 (　)안의 약자로 표기했습니다.

90. 잊어버린 자, 감사하는 자 (시 50:22~23)

본문 22절은 하나님을 잊어버리고 감사를 모르는 자에 대한 경고의 말씀이며, 23절은 하나님께 감사의 제사를 드리며 사는 자가 받을 상급에 대한 언급입니다.

먼저 하나님을 잊어버리고 사는 자에 대한 말씀부터 살펴보겠습니다.

1. 잊어버린 자

"하나님을 잊어버린 너희여 이제 이를 생각하라 그렇지 않으면 내가 너희를 찢으리니 건질 자 없으리라" 본문의 '생각하라'는 '마음속에 깊이 새기라'는 뜻이며, '잊어버리다'란 갖고 있는데 기억하지 못하는 상태를 의미합니다. 원래 하나님을 모르던 자들이 아니라 하나님을 잘 알고 있었던 자들로서 도중에 하나님의 은혜를 망각한 자들이요 하나님을 떠난 자들입니다.

이들은 하나님을 신뢰하지 않고 살아가기 때문에 믿음도 버린 사람들입니다. 이러한 자들은 자기의 힘과 자기의 수단으로 살아가고 있는 줄로 착각하고 자기를 의지하기 때문에 하나님의 필요를 의식하지 못합니다. 대부분의 사람들이 어렵고 힘들었을 때 도와주시고 함께하신 하나님의 은혜를 한평생 잊지 않을 것같이 그러다가도 시간이 흐르고 생활이 안정되어 가면 자신도 모르게 하나님도, 하나님의 은혜도 잊어버리고 맙니다.

어느 장로님은 자기가 살아보니 하나님을 잊어버리는 것보다 더 무서운 삶은 없더라고 간증했습니다.

어느 잡지사에서 가정주부에게 감정 유발 순위를 조사했더니 남편이 자기의 생일과 결혼기념일을 기억하지 못하고 그냥 지나갈 때가 제일 높았다고 합니다. 이는 인간관계에서도 자기에 관한 것을 기억해 주기를 바라며 기억해 주는 것을 기뻐한다는 말입니다.

하나님은 인격을 가지신 분이십니다. 인간들이 하나님의 은혜 속에서 살아왔고 지금도 은혜 속에서 살아가고 있으면서 하나님을 잊고, 그 하나님의 은혜를 망각하고 살아가고 있다면 하나님께서 얼마나 노여워하시겠습니까? 하나님을 잊어버리고 사는 자들은 괘씸죄에 걸립니다. 하나님은 괘씸죄에 걸린 자들에게 "너희를 찢으리니 건질 자 없으리라"고 하십니다. 하나님께서 마음을 찢어 놓으시고, 육체를 찢어 놓으시고, 가정을 찢어 놓으시고, 사업을 찢어 놓으신다면 어떻게 되겠습니까? 비참할 수밖에 없을 것입니다.

그러나 본문 말씀은 하나님께서 실제로 찢으신다는 말씀이 아니라 찢는 대상이 되지 않도록 하나님을 잊지 말고 살라는 사랑의 경고입니다. 지금부터 우리는 내가 하나님을 잊은 것이지, 아닌지를 함께 진단해 봅시다. 교회가 내게서 멀어지고 있지 않은가? 감사는 없고 원망과 불평만을 하고 있지 않은가? 소망과 평안이 사라지고 있지 않은가?

2. 감사하는 자

감사의 동기는 하나님을 인정하고 신뢰하는 신앙이며 감사가 나타날 때 참 신앙이 나타나는 것입니다. 감사는 하나님께서 행하신 모든 일과 복에 대한 고마움의 표시요 고백입니다.

우리나라 구약학자였던 김정준 목사님의 간증입니다. "내가 요양소생활 3년 동안에 발견한 사실은 늘 불평과 짜증을 내는 환자가 병을 고침 받는 것을 본 일이 없다."

펌프질을 하면 할수록 그 작동에 의하여 물이 계속 쏟아져 나옵니다. 우리가 믿음으로 감사의 펌프질을 하면 할수록 하나님의 복은 계속 쏟아져 나올 것입니다.

어느 시골 농부가 한 달 후에 그의 집에 많은 손님이 올 것을 대비하여 그가 가지고 있는 한 마리 젖소의 젖을 짜지 아니하고 아껴두기로 했답니다. 드디어 그날이 왔지요. 농부는 젖을 짜려고 커다란 그릇을 준비하여 가지고 가서 아무리 젖을 짜도 젖이 나오지를 않더랍니다.

감사를 매일매일 하지 아니하고 미루어 둔다면 어리석은 농부와 같이 될 것입니다. 감사를 드림으로 빈자리가 생겼습니까? 하나님께서는 다시 감사할 수 있도록 그 빈자리를 채워 주실 것입니다. 그러나 감사하지 아니하면 가진 것마저도 말라 버리고 말 것입니다. 'thanksgiving=감사+드림'입니다.

재물을 내 것이라고 생각하며 감사하지 못하는 사람은 언제나 가난하며, 재물을 하나님의 것이라고 믿는 자는 언제나 부요할 것입니다.

감사는 환경이나 조건에 관계되는 것이 아니라 믿음과 연결되어 있는 것입니다. 그리스도인들이 감사하고 있음은 그가 그리스도인임을 나타내는 것입니다. (영)

91. 믿음으로 하는 감사 (고전 4:7)

1. 누가 너를 구별하였느냐

사도 바울은 하나님의 은혜를 잊어버리고 교만에 빠져 있는 고린도 교회를 향하여 "누가 너를 구별하였느냐"라는 물음을 던짐으로 교만해질 수 없는 근본적인 이유를 제시하고 있습니다. '구별'이라는 헬라 원어의 '디아크리노'는 '추려내다, 다르게 하다'라는 뜻으로 '너희를 죄악 가운데에서 추려내었다' 혹은 '많은 사람들 중에서 다르게 만들었다'는 뜻입니다. 이는 피동체의 문장으로 너희가 구별되었음이 스스로 만든 것이 아니라 하나님께서 선별하시어 성별된 무리로 거룩하게 따로 뽑아 세웠다는 것입니다. 그러므로 우리 인간들은 어떤 우월감도 교만함도 가질 수 없다는 원리를 밝히고 있습니다.

그리스도인들이 구별된 천국시민이 된 것은 스스로 된 것이 아니라 하나님께서 만들어 주신 것입니다.

2. 받지 아니한 것이 무엇이냐

"네게 있는 것 중에 받지 아니한 것이 무엇이냐" 하심은 환언하면 네가 가지고 있는 모든 것은 하나님께로부터 받은 것이란 말입니다. 생명으로부터 시작하여 건강, 시간, 재능, 재산 등 믿음도 은사로 받은 선물입니다. 지금 우리가 여기에서 예배를 드리고 있는 것까지도 하나님의 은혜가 선재한 것이요 선행된 것입니다.

일본 나가사끼 해변에 큰 고래 한 마리가 파도에 휩쓸려 떠밀려 온 적이 있었습니다. 그곳 주민들 간에 '고래를 잡자, 살려 주자' 등 의견이 장시간 분분했다고 합니다. 그러는 사이에 고래는 그만 죽었더랍니다. 신앙생활은 이론적 논쟁이 아닙니다. 이 땅 위의 모든 것들이 하나님께로부터 왔다, 아니다 할 것이 아니라 지금 곧 하나님께 감사해야 합니다.

3. 어찌하여 자랑하느냐

"네가 받았은즉 어찌하여 받지 아니한 것같이 자랑하느냐" 인간들의 문제가 바로 여기에 있는 것입니다. 사람들은 시여자이신 하나님께로부터 받았음에도 불구하고 시치미를 떼고 내가 사업을 해서 돈을 벌었고, 직장에 다녀서 봉급을 받았고, 농사를 지어서 수확을 얻었다고 합니다. 그러나 하나님의 은혜가 아니면 사업도 직장 생활도 농사도 모두 불가능합니다.

장로교의 창시자 칼빈(J. Calvin)은 "타락한 인간의 본성 속에서 겸손할 수 있는 선한 의지를 발견한다면 그것조차도 하나님 은혜의 덕분임을 알아야 한다."고 했습니다.

헬라어의 '휴페레파노스' 곧 '교만'이란 말의 뜻은 다른 사람들 위에 자기를 올려 놓는 사람이란 말입니다. "그런즉 선 줄로 생각하는 자는 넘어질까 조심하라"(고전 10:12)고 하였습니다. 자랑하는 죄는 첫째 하나님께서 받으실 영광을 가로채는 영광 도적질이요, 둘째 자기가 있어야 할 올바른 위치를 이탈하는 탈영병의 죄이며, 셋째 주님의 위(位)를 격하시키는 죄입니다.

미국 초대 대통령 워싱톤(G. Washington)이 길을 지나가다 보니 여러 사람이 재목 하나를 운반하지 못해서 크게 고생을 하더랍니다. 워싱톤은 그 속에 뛰어들어가서 도와주었습니다. 그런데 한 남자가 옆에 서서 구경만 하고 있었습니다. 워싱톤이 "당신은 왜 도와주지 않느냐?"고 물으니 그가 자신은 '십장'이라고 말했습니다. 워싱톤은 자기의 명함을 그에게 내어 주고 가면서 다음에 어려운 일이 있으면 또 나를 불러 달라고 했답니다. 우리는 지금 어떻게 살아가고 있습니까?

4. 믿음이 없어 감사가 없다

　디모데전서 4:4에서 "하나님께서 지으신 모든 것이 선하매 감사함으로 받으면 버릴 것이 없나니"라 했습니다. 모든 것, 어떠한 상황도 믿음이 있어서 감사함으로 받을 수만 있다면 버릴 것이 없이 유익하다는 말입니다. 결국 믿음이 없기 때문에 감사가 없습니다. 믿음이 적기 때문에 감사의 분량도 적은 것입니다. 믿음의 깊이가 얕기 때문에 감사의 깊이도 얕은 것입니다.

　여러분에게 복이 없습니까? 믿음이 없습니까? 감사하지 못하는 믿음은 일종의 질병에 걸린 것입니다. 우리는 감사하지 못하는 질병을 치료받아야 합니다. '감사부재'라는 질병에는 믿음이라는 약을 처방해야 합니다. 다시 말하면 은혜를 받지 못해 믿음이 없고, 믿음이 없어 감사가 없으며, 감사가 없어서 복이 없습니다. 종은 울려야 종입니다. 아무리 힘껏 쳐도 울리지 않는 종은 쇠붙이에 불과합니다. 감사가 없는 자는 그리스도인이 아닌 것입니다.　(영)

92. 감사의 노래 (창 1:1, 시 136:26)

'찬양의 심포니'라는 곡이 있습니다. 온 천지 만물이 하나님을 찬양한다는 내용입니다. 이 곡은 1년 4계절을 한마디로 표현합니다. 즉 봄, 여름, 가을, 겨울이 한 박자가 되어 하나님을 찬양하고 있다는 말입니다.

어떤 자연의 찬양소리가 여러분의 귀에 들리고 있습니까? 가을의 소리인 추수와 수확의 소리가 들리지는 않습니까? 봄에 씨앗을 뿌리고 여름에 열심히 땀을 흘리면 하나님께서 햇빛과 비로 식물을 키워 주셔서 가을에 수확을 하게 됩니다.

그 가을에 수확한 것을 하나님의 선물로 알고 하나님께 감사의 찬양과 함께 예물을 드리는 것이 우리가 부르는 가을의 노래입니다. 주신 분에게 주신 것에 대한 올바른 보답을 드리는 방법이 바로 감사입니다.

1. 왜 감사해야 하는가

성경은 호흡이 있는 자마다 여호와를 찬양하라고 말씀하십니다. 하나님께서 우리에게 생명을 주셨기 때문에 감사해야 합니다. 우리가 지금도 하고 있는 호흡은 우리의 힘으로 하는 것이 아닙니다. 살아 있는 사람은 호흡을 잠깐 쉬고 싶다고 쉴 수가 없습니다. 그래서 성경말씀은 호흡이 있는 자마다 여호와를 찬양하라고 명령하고 계십니다. 호흡 그 자체가 찬양의 이유가 됩니다. 우리에게 그 호흡을 주신 분, 생명을 주신 분이 바로 하나님이시기 때문에 그분께 감사하며 그분을 찬양해야 하는 것입니다.

2. 언제 감사해야 하는가

여러분은 언제 하나님께 감사의 기도를 올리십니까? 보통은 마음에 바라는 것이 이루어졌을 때, 하나님께서 마음의 소원과 입술의 요구에 응답하실 때 우리는 하나님께 감사드립니다. 그러나 하나님은 우리에게 범사에 감사하라고 말씀하십니다. 그렇게 하나님께서 명령하실 수 있는 이유는 하나님의 인자하심이 변함없고 영원하기 때문입니다. 우리가 하나님 앞에서 모든 일에 감사할 수 있는 것은 하나님의 신실하심을 신뢰하기 때문입니다.

그분이 선하시기 때문에, 나를 향한 하나님의 생각과 계획이 믿을만한 것이기 때문에, 나를 인도하시는 하나님을 신뢰하기 때문에 모든 일에 감사할 수 있습니다. 욥은 하나님께서 허락하신 축복에도 감사하였고, 하나님께서 허락하신 고난에도 감사했던 사람입니다. 이것이 바로 우리가 해야 할 감사입니다.

3. 어떻게 감사해야 하는가

모든 일에 감사하는 사람은 어떻게 감사를 표현해야 할까요?

하나님은 추수에 관하여 이스라엘 사람들에게 명하실 때 밭의 네 귀퉁이를 남겨두고 추수하라고 명령하셨습니다. 그 이유는 하나님께서 주셔서 감사해야 할 것들을 나만 가질 것이 아니라 다른 사람과 나누라는 말씀입니다. 밭이 없어 추수하지 못한 사람들에게 감사의 이유인 곡식을 나누어 주라는 말씀입니다. 서로 감사의 제목을 나누고, 내가 가진 감사를 상대방에게 나누어 모든 사람으로 감사하게 하라는 말씀입니다.

시간, 재물, 재능, 건강 등을 주신 하나님께 감사하며 나의 것을 나눌 때 그 감사는 하나님의 말씀에 순종하는 온전한 감사가 될 것입니다. 그 감사를 나눔으로 표현할 때 우리의 감사는 하늘에서 뿐만 아니라 우리 삶의 현장에서도 드러날 것입니다. 세상을 온통 찬양의 소리와 감사의 노래로 채우는 저와 여러분 되시길 바랍니다. (준)

93. 참된 감사의 비결 (합 3:17~19)

평범한(?) 신앙인들이 가장 보내기 곤란해 하는 날이 바로 감사주일입니다. 부활절은 부활하신 주님을 믿으면 되고, 성탄절은 주님 탄생하신 줄을 알면 되지만, 감사주일에는 아무리 생각해 보아도 감사할 것은 없고 원망할 것밖에 없는데 거기다 감사헌금까지 하라고 하니 감사주일 보내기가 쉽지 않습니다.

오늘 읽은 본문은 더합니다. 외양간에 소가 없는데 어떻게 감사가 나오며, 감람나무에 소출이 없는데 어떻게 감사가 나올 수 있습니까? 불가능한 일이지요. 그러나 하박국 선지자가 의문으로 시작했던 기도를 감사로 마무리한 것을 보면 이분에게는 하나님과의 사이에 특별한 비밀이 있지 않았나 싶습니다. 하박국이 소유한 감사의 비밀을 함께 마음에 받아들여 이 시간 하나님께 감사하는 일이 일어났으면 좋겠습니다.

1. 하박국은 하나님과의 관계에서 오는 복을 발견했다

본문 19절을 보십시오. "주 여호와는 나의 힘이시라 나의 발을 사슴과 같게 하사 나를 나의 높은 곳으로 다니게 하시리로다"

사람에게 힘을 주는 것이 있습니다. 그 중에 물질은 우리에게 힘을 주는 가장 대표적인 것입니다. 돈이 손에 들어오면 힘이 생깁니다. 또 꿈꾸던 일이 소원대로 이루어질 때 용기가 생깁니다. 남보다 더 좋은 위치나 권력, 명예를 얻게 되면 인생 살아갈 의미를 발견합니다. 오늘 우리가 힘들어하고 어려워하는 것은, 결국 우리의 현실에서 이런 것들을 잃어버렸기 때문이 아니겠습니까? 돈이 없다든지, 목표를 잃었든지, 건강을 잃었든지 말입니다. 남과 당당하게 경쟁할 수 있는 요소들을 잃을 때

힘도 잃지 않습니까? 그렇기 때문에 오늘도 우리에게 힘을 줄 수 있는 요소들을 찾아 나섭니다.

그러나 하박국은 자신에게 진정으로 힘이 되는 것이 무엇인지를 발견했습니다. 힘의 근원이 되어 주리라 기대했던 나라가 소망 없고, 외양간에 소도, 감람나무 소출도 없지만 그래도 힘이 되는 것이 있다면 바로 하나님이라는 사실입니다. 하나님이 '나의 힘'이라는 것을 발견했습니다. 진정한 힘은 하나님과의 관계에서 생겨납니다.

하나님과 우리와의 관계는 하나님께 잘해드리고 하나님 기뻐하시는 일을 해드려서 사랑받고 도움 얻고 그래서 다시 우리가 기뻐하는 관계가 아닙니다. 하나님이 내게 좋은 배우자 주시고, 사업도 잘 되게 해주시고, 좋은 직업 주셔서 우리가 기뻐하는 것이 아니라는 것입니다.

우리가 약할 때나 강할 때, 가난할 때나 부할 때 변함없이 사랑하시고 포기치 않으시는 하나님과의 관계에서 오는 모든 것이 축복임을 깨달아야 합니다. 하박국은 바로 이와 같은 사실을 발견했습니다. 우리가 하나님께 도움 되는 것 하나 없어도 우리를 싫어 버리지 않았다고 말씀하십니다. 아무리 좋아하는 사람이라도 자꾸 오면 귀찮은데, 하나님께서는 우리를 한 번도 귀찮게 생각한 적이 없다고 하십니다. 바로 관계의 축복입니다. 소유의 많고 적음이 축복의 기준이 아니라는 것을 하박국은 발견했던 것입니다.

2. 하박국은 믿음의 눈으로 현실을 바라보았다

본문 17~18절을 보십시다. "비록 무화가 나무가 무성하지 못하며 포도나무에 열매가 없으며 감람나무에 소출이 없으며 밭에 먹을 것이 없으며 우리에 양이 없으며 외양간에 소가 없을지라도 나는 여호와로 말미암아 즐거워하며 나의 구원의 하나님으로 말미암아 기뻐하리로다"는 하박국의 말은 정상인으로서는 할 수 없는 말입니다. 앞뒤가 안 맞습니다. 상식적으로 기뻐할 이유가 아무것도 없는데 감사하다니요.

사람이 환경이나 사물을 볼 때 몇 가지 관점이 있습니다. 환경의 관점에서 보는 사람, 마음의 관점에서 보는 사람, 하나님의 관점으로 사물을 보는 사람이 있습니다. 하박국은 하나님의 관점으로 사물을 보았습니다. 환경의 관점으로 보면 정말 엉망인 상황입니다. 자기 마음의 관점으로 봐도 비참할 따름입니다.

그러나 하나님의 관점으로 볼 때만 감사가 일어나는 이유는 하나님의 신실하심 때문입니다. 이스라엘 백성들이 출애굽하며 광야에서 하나님께 정말 잘못했을 때에도 포기하지 않으신 하나님의 신실하심으로 인해 백성들은 끝까지 인도함을 받을 수 있습니다. 그들의 여정 자체가 하나님의 신실하심 때문에 가능한 일이었습니다.

우리의 환경이 어렵고 고통 중에 눌려 있다는 것을 잘 알고 있습니다. 그러나 우리가 환경의 눈으로 보지 말고 믿음의 눈, 우리를 싫어 버리지 않으시고 귀찮게 여기지 않으시는 하나님의 눈으로 바라보고, 지금까지 은혜로 살아온 것처럼 앞으로의 삶도 은혜로 살아가게 하실 하나님을 다시금 바라보았으면 좋겠습니다.

우리가 잃어버려서 회복해야 할 것이 많지만 그중에 가장 소중한 것, 감사의 언어를 여러분의 삶 속에서 회복하셨으면 좋겠습니다. 노래할 수 없을 때 노래할 수 있는 하나님의 사람들, 그 노래가 민족의 눈물을 닦고 다시금 새로운 희망의 걸음을 걷게 만들 것입니다. 그렇게 되기를 소망합니다. (준)

94. 여기에 감사가 있습니다 (눅 17:11~19)

　유대인들은 "행복한 인생을 살아가는 사람들이 어떤 사람인가"에 대한 대답을 격언으로 남겼습니다. 그 격언은 이러합니다. '이 세상에서 현명하게 살고 싶습니까? 모든 사람에게 항상 배우는 사람이 되십시오. 이 세상에서 가장 강하고 힘차게 살고 싶습니까? 그러면 자신을 이기는 사람이 되십시오. 이 세상에서 가장 부유하게 사는 사람이 되고 싶습니까? 그렇다면 당신은 자신이 가지고 있는 것에 만족하고 감사하는 삶을 사십시오.'

　오늘 본문에는 열 명의 나병 환자(한센병)들이 등장하고 있습니다. 사마리아와 갈릴리 사이의 어느 마을로 들어가셨을 때에 열 명의 나병 환자가 예수님을 바라보며 "예수 선생님이여 우리를 불쌍히 여기소서"라고 멀리서 고함을 칩니다. 이때 예수님은 "가서 제사장들에게 너희 몸을 보이라"고 하셨습니다.

　예수님의 말씀에 순종하여 제사장들에게 가던 열 명의 나병 환자들은 가는 도중에 자신들의 병이 나은 것을 알게 되었습니다. 이때 사마리아 출신 한 명의 나병 환자만이 예수님께로 돌아와 감사를 드립니다. 나머지 아홉은 어디 있느냐 물으시며 예수님은 감사하는 나병 환자의 구원을 선포하시는 내용이 오늘의 본문입니다.

　본문에서는 분명히 나병이 치료되고 이적과 기적이 나타나고 있지만 본문을 자세히 보면 기적과 이적에 초점을 맞추고 있지 않습니다. 예리한 과학자요 의사인 누가의 눈으로 보는 이 사건은 치유의 기적을 나타내고자 하는 것이 아니라, 바로 감사에 대한 가르침을 주고 있다는 사실입니다. 구약성경에도 이스라엘 백성들에게 강조되는 삶은 '감사'의 삶입니다. 본문을 통해 가르쳐 주길 원하시는 감사에 대해 하나하나 살펴보겠습니다.

1. 누가 감사를 드리는 사람인가

성경은 나병에 대해 좋게 이야기하지 않습니다. 당시 무엇인가 부정한 사람, 죄를 지어 하나님께로부터 버림받고 그 결과로 몹쓸 병에 걸렸다고 생각하는 분위기였습니다. 그러므로 사람들로부터 동정받지 못하는 병이었습니다. 동정은커녕 오히려 공동체로부터 격리되었어야 했습니다.

그런데 성경은 우리 삶의 모습을 나병에 비유하고 있습니다. 마치 나병에 걸린 자처럼 미래와 희망이 없는 삶, 예수님 밖에서는 희망이 없는 인생, 가족과 이웃과 몸은 함께 있지만 마음은 외롭게 살아가는 죄인된 우리의 모습과 닮았다고 성경은 말합니다.

죄로 인해 나병 걸린 사람과 같이 살아가던 우리를 예수 그리스도의 보혈로 낫게 하셨습니다. 그런데 성경은 나음받은 열 명 중한 명만 주님께 감사했다고 말씀하고 있습니다. 우리들 중 10%를 제외하고는 다들 주님께서 구속하신 그 사랑에 대해서 감사하면서 살아가고 있지 않다는 의미가 될 수 있습니다. 인생의 여정 속에 자녀 삼으신 하나님을 확인할 때, 문득 멈춰 서서 그분께로 달려가야 함을 알려주고자 하시는 것입니다.

칼 바르트(Karl Barth)는 믿는 자와 불신자의 차이는 바로 감사에 있다고 했습니다. 참된 구원을 겸손함과 감사함으로 받아들이는 사람이 참된 그리스도인이라 이야기한 것입니다.

2. 언제 감사해야 하는가

"보시고 이르시되 가서 제사장들에게 너희 몸을 보이라 하셨더니 그들이 가다가 깨끗함을 받은지라 그 중의 한 사람이 자기가 나은 것을 보고 큰 소리로 하나님께 영광을 돌리며 돌아와"(14~15절).

  열 명의 나병 환자가 길을 따라갑니다. 가던 중에 자기 몸이 나은 것을 봅니다. "너 피부가 이상해졌어. 너 눈썹이 생겼잖아. 코가 생겨나기 시작했잖아. 몸이 변화됐잖아!" "야! 너도 그래!" 그들은 감격했을 것입니다.

  그 중 한 명의 나병 환자가 감사했다고 했습니다. 감사는 어떤 때 할 수 있습니까? 현재의 이 모습이 당연한 것이라 생각할 때는 감사하지 못합니다. 당연하게 생각합니다. 그러나 현재 자신의 모습이 당연한 것이 아니라는 사실을 알고 있는 사람은 감사할 수 있습니다. 나병이라는 고난을 통하여 자신에게 주시는 하나님의 은혜가 있다는 것을 알게 될 때에 감사할 수 있습니다.

  감사함으로 하나님께 온전한 영광을 돌린 그 한 사람에게 우리 예수님은 인생의 온전한 구원을 주셨습니다. 감사의 또 다른 결과는 온전한 구원입니다. 병만 나은 것이 아니라 구원자이신 예수님을 만나고 하나님과의 관계도 회복하게 되었습니다.

  하나님께서는 감사하기 위해 인생의 속도를 줄이고 주님께로 돌아가 그분께 영광을 돌려드리는 사람, 그 사람에게 현재의 고난을 해결해 주실 뿐만 아니라 구원을 통한 온전한 치유를, 치유를 통한 하나님과의 관계 회복을 경험하게 하십니다. (준)

95. 순종하는 감사 (살전 5:18)

'사랑'과 '감사' 이 두 단어 중에서 다른 사람을 가장 기쁘게 하는 말이 뭐라고 생각하십니까? 학자들은 '감사'라고 말합니다. 사랑이라는 단어는 부담과 고통을 줄 수 있기 때문이라고 합니다. 자기가 혐오하는 사람으로부터 "사랑합니다."라는 말을 들었다 생각해 보십시오.

또한 감사는 인격의 성숙도를 알아보는 척도도 됩니다. 감사하는 신앙생활은 건강한 영적생활을 확인해 주는 자가진단 점검표입니다. 우리가 올려드리는 단어 중에 하나님을 가장 기쁘게 하는 단어는 감사입니다.

그렇다면 우리가 감사를 왜 해야 하는 걸까요? 육체의 질병, 삶의 여러 가지 문제들이 있지만 오늘 하나님께서 감사를 먼저 회복하라고 여러 성경말씀들 가운데 공통적으로 주시고 계십니다. 참담한 현실 속에서 하나님은 오늘 감사를 회복하기를 원하고 계십니다. 그 이유는 무엇일까요?

1. 감사는 하나님의 뜻이기 때문이다

이 세상은 하나님의 섭리대로 움직여 갑니다. 하나님은 우리를 하나님의 뜻을 이루시기 위한 파트너로 삼으셨습니다. 우리의 삶도 하나님의 뜻 가운데 살아갈 때 형통합니다.

하나님의 뜻은 구원이고 생명입니다. 하나님의 뜻대로 순종할 때 거기에 구원이 있고 생명이 있고 감사가 있습니다. 하나님은 내 뜻대로 움직이시는 분이 아닙니다. 하나님의 뜻과 계획대로 움직여 가십니다. 그래서 하나님은 처음과 나중을 아시며 우리의 현실을 아십니다. 그래서 하나님의 뜻대로 사는 자에겐 삶의 형통함이 있습니다. 공산주의를 따라갈 때

두 가지가 없어진다고 합니다. 하나는 삶의 풍요로움이 없어지고 또 하나는 언어 속에 감사라는 단어가 없어집니다. 공산주의는 감사해야 할 때 감사라는 단어를 쓰는 일이 없습니다. 그 대신 많이 쓰는 단어가 투쟁입니다. 뭐든지 쟁취해야 할 대상으로 보기 때문입니다.

하나님 말씀은 진리입니다. 진리는 거짓이 없습니다. 진리는 생명입니다. 그래서 우리가 어떠한 환경에서도 감사할 때 우리는 하나님의 인도함의 흐름을 타고 계속해서 가는 것입니다. 하나님 앞에 감사할 수 있는 것은 이해가 되고 안 되고 타협할 수 있고 없고의 문제나 환경에 상관이 없습니다. 주님을 주인으로 섬기는 그리스도인에게 감사는 하나님의 명령입니다. 그 명령에 순종할 때 하나님께 영광 돌리는 것입니다.

2. 감사는 현재를 가장 알차게 보내는 삶의 태도이다

커닝워커라는 학자가 성공하는 사람들을 조사했더니 그들의 인생을 행복으로 인도하였던 요인으로 기술, 지식, 지능, 삶의 태도가 있었습니다. 그런데 지혜, 지식, 기술은 행복에 7%의 영향력밖에 주지 않았습니다. 어떠한 삶의 자세를 가지고 살아가느냐가 행복의 93%를 차지했다고 말했습니다.

지금 여러분들은 여러 상황에 처해 있을 것입니다. 가정의 위기 가운데, 사업의 어려움 가운데, 건강의 어려움 가운데 있을지도 모릅니다. 또한 인간관계의 어려움이 있고, 남에게 서러운 마음을 가지고 있을지도 모릅니다.

다양한 어려움 가운데서 이 어려움을 어떠한 삶의 자세로 극복하는 것이 가장 좋겠습니까? 내 속에서 일어나는 감정대로 했을 때는 정말 더 큰 어려움이 다가왔던 것을 경험했을 것입니다. 이 문제를 푸는데 가장 유익한 것은 바로 감사하는 삶의 태도라는 것입니다. 좋을 때도 잘못된 태도를 취하면 어려움으로 변할 수 있습니다. 어려움 속에서도 어떤 태도를 취하느냐가 미래를 좌우합니다.

현재의 어려움 가운데서도 감사하는 태도는 내 삶을 열어 갈 수 있는 중요한 요소가 됩니다. 이스라엘 백성 중 어려움 가운데 있을 때 불평하고 불만을 품었던 자들은 광야에서 다 죽었습니다. 그러나 그 가운데서도 감사하는 태도를 취했던 사람들은 광야에서 살아남고 하나님의 약속 가운데 거하게 되었습니다.

이 시간 여러분이 드릴 수 있는 감사를 회복하시길 바랍니다. 감사 속에 숨겨 놓으신 하나님의 비밀을 깨달아 고난 중에서도 고난 때문에 하나님을 만날 수 있음을 감사드리십시오. 먼 훗날 영원의 생명 가운데 들어갈 때 이 고통 속에서 주님을 만날 수 있었음을, 영원한 생명의 눈을 뜰 수 있었음에 하나님께 감사와 찬양을 드릴 수 있을 것입니다.

내 인생의 짊어져야 할 짐들이 축복의 통로였다는 것을 깨닫게 되기를 바랍니다. 또한 감사의 태도를 가지고 살아가며 내 인생을 인도하신 주님 앞에 우리의 더 귀중한 것들을 온전히 올려드릴 수 있게 되기를 바랍니다. (쥼)

96. 여호와께 감사하라 (시 107:1~9)

"여호와께 감사하라"고 했는데 그 이유가 무엇일까요? 그는 선하시며 인자하시고 또 그 선함과 인자하심이 영원하시기 때문입니다. 여호와께서 친히 자기의 백성을 구원하시고 이방 대적들로부터 구원하셨기 때문입니다. 광야길에서 방황할 때, 피곤하고 근심 중에 있을 때 여호와께 부르짖으매 친히 기적을 베푸시고 성에 이르도록 도우셨기 때문입니다. 여호와께 감사해야 하는 이유를 다시 살펴봅시다.

1. 그는 인자하시기 때문입니다

본문 1절에 나타난 여호와의 인자하심이란 하나님께서 나타내신 최고의 사랑을 말합니다. 그리고 그 사랑이란 독생자 예수님을 이 세상에 보내시어 십자가에 죽게 하심으로 죄를 대속하심에 분명히 나타나 있습니다. 만입이 있어도 표현할 수 없는 은혜입니다. 또 4절 이하의 말씀처럼 광야길에서 방황하며 주리고 목마름으로 그 영혼이 속에서 피곤한 하갈 같은 인생(창 21장)을 구원하신 은혜입니다.

내가 살고 있는 자체가 하나님의 은혜요 주의 은혜가 아닌 것이 하나도 없습니다. 우리의 감사는 삶의 활력을 주고 밝은 생활과 이적을 만들어 냅니다. 참된 성도는 형통할 때뿐만 아니라 곤고할 때도 감사하며 범사에 감사합니다(살전 5:18). 벌레 같은 인생을 위해 십자가에 달리신 은혜를 생각할 때 나의 힘으로는 도저히 갚을 수 없는 빚진 자입니다.

그런데 그 빚을 탕감해 주셨습니다. 그래서 웬 말인가 웬 은혠가 찬송하지만 은혜를 갚지 못하는 우리입니다. 다만 감사할 뿐입니다. 질병과 역경 중에서도 감사하고, 앞을 볼 수 있는 눈과 튼튼한 심장 주심을 감사하고, 더욱이 영생 주심을 감사해야 합니다. 그리고 시편 말씀에서와 같이 홀로 그 기사를 행하신 분에게 감사해야 합니다.

2. 그가 구속했기 때문입니다

본문 2~3절의 말씀처럼 구속받은 우리 모두를 동서남북 사방에서 이렇게 불러모아 주셨습니다. 죄에서 속량받은 우리가 감사하는데 방해되는 것이 있는데 세상에서 무엇을 먹을까 무엇을 마실까 하는 염려와 걱정이요, 기도와 찬송이 없음으로 인해 감사가 시들해지는 것입니다.

그러나 우리는 그 아들과 함께 모든 것을 은사로 주시는 하나님을 믿음으로 감사하고 기도의 경건한 훈련과 찬송함으로 생활을 윤택하게 해야 합니다.

세상에는 세 종류의 인생이 있는데 첫째는 은혜를 입고도 감사치 않는 인생이요, 둘째는 은혜를 받을 때만 감사하는 인생이며, 마지막으로는 범사에 감사하는 인생입니다. 우리의 어두운 면만 보면 불평할 것만 있지만 성도는 마땅히 욥의 믿음을 본받아야 합니다. "주신 자도 여호와시요 취하신 자도 여호와시니 여호와여 찬송을 받으실지어다"라는 욥의 고백이 지금 나의 고백이어야 합니다.

지금은 역경이요, 불행이지만 도리어 그것을 역설적으로 사용하시는 주님인 것을 기억하고 감사해야 합니다. 밀턴은 44세 때 소경이 되었지만 새로운 눈으로 불후의 명작 「실락원」을 남겼고 에디슨은 귀머거리가 된 후 연구에 몰두하여 발명가가 되었습니다. 고난이 도리어 감사를 만들어냅니다.

3. 그가 인도하시기 때문입니다

본문 7절의 말씀에는 우리를 바른 길로 인도하사 거할 성에, 즉 가나안 복지 영원한 하나님나라로 인도하실 것이라고 기록되어 있습니다. 괴로운 인생길이지만 돌아갈 내 고향인 하늘나라가 있다는 것이 은혜이고 축복입니다. 또 9절에서는 그가 사모하는 영혼에게 만족을 주시며 주린 영혼에게 좋은 것으로 채워 주신다고 했습니다. 우리 주님이 채워 주실 때 우리의 영혼은 갈할 수가 없고 부족함이 없습니다. 주님이 함께하시면 불행이 감사로 변하고 어려움이 용기로 변합니다. 20세기 최대의 시인 중에 한 사람인 T. S. 엘리어트는 인간을 텅빈 사람인 동시에 가득한 사람으로 묘사했습니다. 죄와 미움, 욕심, 질투로 가득차 있음과 동시에 사랑이 없고 소망이 없으며 특별히 감사가 없다고 했습니다.

성경에서도 보면 열 명의 나병 환자가 나음을 받았지만 단 한 명만이 감사했고 아홉은 배은했습니다. 감사의 생활이 없기 때문에 개인의 삶이 삭막하고 만족이 없습니다. 예수님의 인도하심을 알 때 감사가 있습니다. 아브라함과 모세를 인도하신 하나님이 나 같은 죄인을 인도하십니다. 그러므로 우리는 모든 염려를 주께 맡기고 먼저 그의 나라와 의를 구하면서 한날 한날을 새날처럼 여기고 살아야 합니다. (규)

97. 감사로 건너가는 징검다리 (마 6:25~34)

우리 인생들의 삶에 그림자처럼 따라다니는 것이 있습니다. 그것은 염려와 근심입니다. 사람들은 감사해야 할 일이 많지만, 감사해야 한다는 것도 알지만, 도리어 세상 일로 인하여 염려하고 근심하는 일이 많습니다. 그런데 예수님께서는 "공중의 새를 보라 심지도 않고 거두지도 않고 창고에 모아들이지도 아니하되 너희 하늘 아버지께서 기르시나니 너희는 이것들보다 귀하지 아니하냐"고 말씀하십니다.

이 비유의 목적이 무엇입니까? 염려하지 말라는 것과 염려를 넘어서서 감사하는 삶을 살라고 교훈하십니다. 염려와 근심이 넘치는 삶의 현장에서 성도들이 어떻게 감사하는 삶을 살 수 있을까요? 염려와 근심에서 감사로 인도하는 징검다리는 무엇일까요?

1. 주님이 삶의 주관자이심을 깨닫는 것입니다

주님이 우리 삶의 주인이 되시며, 우리 삶의 인도자가 되신다는 사실을 깨닫게 될 때 우리는 감사하는 삶을 살아갈 수 있습니다. 공중의 새와 들의 백합화에 대한 비유는 삶의 주관자가 하나님이심을 깨닫게 합니다. 심지도 않고 거두지도 않는데 부족함이 없이 살아가게 하는 하나님의 섭리와 인도하심을 발견하게 되는 것입니다.

왜 사람들이 염려하고 걱정하는 삶을 살아갑니까? 그것은 자신의 삶의 모든 것을 자신이 해야 한다는 무거운 짐을 지고 있기 때문입니다. 염려와 걱정이 어디에서 옵니까? 삶의 모든 것을 주관하고 다스리는 분이 하나님이시라는 사실을 망각하기 때문입니다. 염려란 흔들거리지만 조금도 앞으로 전진하지 못하는 흔들의자와도 같다고 하였습니다. 그러면 염려와 걱정에서 벗어나는 길은 무엇입니까? 주님을 내 삶의 주관자로 인정하는 것입니다. 주님 앞에 돌아오는 것입니다. 주님 앞에 돌아오는 것이 곧 믿음입니다. 주님이 우리 삶의 주관자가 되신다는 사실을 깨달을 때 우리는 염려와 걱정의 올무에서 벗어나 감사의 노래를 부를 수 있는 것입니다.

2. 주님이 모든 것을 알고 계신다는 것을 깨닫는 것입니다

사람들이 감사를 잃어버리고 염려와 걱정 속에 빠지는 또 하나의 이유는 아무도 내 형편을 몰라준다는 것 때문입니다. 어느 누구도 도움이 될 수 없다고 생각할 때 낙심이 되고, 염려와 걱정이 생기는 것입니다. 그런데 나밖에 모르리라고 생각했던 것을 주님은 이미 알고 계십니다. 나의 고통과 필요를 나보다 더 먼저 아시는 분이 주님이십니다.

♬ 무거운 짐을 나 홀로 지고 견디다 못해 쓰러질 때 불쌍히 여겨 구원해 줄 이 은혜의 주님 오직 예수 ♬

나의 고통과 어려움을 나보다 먼저 아시고 계시는 주님을 의지할 때 새로운 힘과 용기가 생겨나는 것입니다. 우리 주님께서는 "그러므로 염려하여 이르기를 무엇을 먹을까 무엇을 마실까 무엇을 입을까 하지 말라 이는 다 이방인들이 구하는 것이라 너희 하늘 아버지께서 이 모든 것이 너희에게 있어야 할 줄을 아시느니라"(31~32절)고 말씀하십니다.

3. 자신의 삶의 목표를 깨닫는 것입니다

사람들이 가지는 염려와 불안과 걱정의 또 다른 원인은 삶의 목표를 이 땅에 둘 때라고 말합니다. 성도들은 하나님의 택한 백성이요, 자녀입니다. 그러므로 성도들의 최종 목표는 이 땅이 아니라 하나님의 나라입니다. 이것은 성도들이 누리는 특권이기도 합니다. 어떤 사람들은 아무것도 아닌 일을 가지고 허둥댑니다. 한 심리학자가 사람들이 가지고 있는 문제들을 분석하여 무엇을 염려하며 살아가는가? 하는 목록을 만들어 보앉습니다. 그랬더니 사람들이 염려하고 걱정하는 것들 중에, 염려할만한 가치가 있는 것들은 불과 10%에 불과하다는 통계가 나왔다고 합니다.

사람들은 지나간 과거나 어쩔 수 없는 일들에 매달려 염려하고 걱정하며 살아간다는 것입니다. 그래서 우리 인생에서 이틀만 염려하지 않고 걱정하지 않는다면 행복한 삶을 살아갈 수 있다고 하였습니다. 그 이틀은 바로 어제와 내일입니다. 지나간 과거는 어쩔 수가 없는 것입니다. 교훈을 삼으면 됩니다. 내일은 아직 다가오지 않았기 때문입니다. 과거를 되묻지 말고, 내일을 걱정하지 말고 오늘에 충실하게 살아갈 때 우리의 삶은 복될 것입니다.

내 형편을 나보다도 더 잘 아시는 주님이 내 삶의 주관자이시라는 징검다리를 건너게 되면 염려와 근심의 그늘이 사라지고 감사가 넘치는 삶을 살아가게 될 것입니다. (규)

98. 범사에 감사하라 (살전 5:18~22)

"범사에 감사하라 이것이 그리스도 예수 안에서 너희를 향하신 하나님의 뜻이니라." 이 말씀은 우리 모두를 향하여 주신 바울 사도의 권면이며 하나님의 뜻입니다. 바울의 생애는 사실 비참하고 언제나 어려웠습니다. 핍박당하고 매 맞으며 정처도 없었고 세상의 더러운 것과 만물의 찌끼 같은 고난의 연속이었습니다. 감사할 일보다는 원망스러운 세월의 연속이었습니다. 그러한 바울이 범사에 감사하라고 권면합니다. '범사'라는 말은 행복할 때나 불행할 때나 그 언제나의 뜻입니다. 범사에 감사하라는 그 의미를 짚어가면서 은혜를 나누고자 합니다.

1. 감사는 인생의 본분입니다

"그는 우리를 지으신 이요 우리는 그의 것이니 그의 백성이요 그의 기르시는 양이로다"(시 100:3). 세상에는 자기가 태어나고 싶어서 태어난 사람은 없으며 한국인이 되겠다는 의지로 한국에 태어난 사람도 없습니다. 하나님께서 그렇게 하신 것입니다. 모든 것이 하나님의 피조물입니다. 따라서 내 것이면서 내 것이 아닌 나는 하나님이 예수님의 피값으로 사신 하나님의 것이므로 예수님은 감사의 모든 제목이 되십니다.

주님이 축복해 주실 때 우리는 그 축복을 누릴 수 있고 건강을 주실 때 건강할 수 있습니다.

우리의 가슴에 자리하고 있는 까닭 모를 공허한 여백, 이 공백은 예수님만이 채워주실 수 있습니다. "그리스도를 모시기 전까지 나는 평안을 몰랐나이다." 하고 어거스틴은 고백했습니다. "염려하지 말고 너희 구할 것을 감사함으로 하나님께 아뢰라"는 바울의 또 다른 당부입니다. 하나님은 인생을 불평할 수 있도록 창조하시지 아니하셨습니다. 감사하는 가슴에 은혜의 단비를 쏟아 주시는 주님입니다.

2. 감사는 축복의 비결입니다

"내가 많은 것을 네게 맡기리니 네 주인의 즐거움에 참여할지어다"(마 25:21). 다섯 달란트를 더 남겼을 때 한 달란트를 받았던 종에게서 그 한 달란트마저 빼앗아 더해 주시고 축복해 주신 말씀입니다. 하나님은 감사하는 사람을 축복해 주십니다. 축복은 감사하는 인생에게 나타나는 이적입니다. 이 세상이 고통이라 해도 감사해야 할 일은 너무 많습니다.

지금 내가 살아 있다는 사실 하나만 해도 감사할 이유가 됩니다. 범사에 감사하는 것이 기독교입니다. 인생은 하나님께서 취하시면 한 가지도 가질 수 없습니다. 감사하는 사람에게 수천 가지 감사의 조건이 생겨나고 불만을 토하는 사람에게 수천 가지 불만의 조건이 생겨납니다. 행복하고 부유해서만 감사하는 것이 아닙니다. 비록 무화과나무가 무성하지 못하며 포도나무에 열매가 없어도 구원의 하나님으로 인해 감사한 것입니다.

감사는 모든 덕의 어머니이며, 배은망덕은 죄악의 어머니입니다. 충성과 믿음으로 더욱 감사의 제단을 쌓아야 할 것입니다.

3. 감사는 믿음의 척도입니다

감사는 믿음의 가장 중요한 분자이며 요소이고 바탕이 됩니다. 진실한 믿음이 진실한 감사를 낳습니다. 믿음은 이론이 아니고 실천인 것처럼 감사도 논리가 아니고 행함입니다. "주십시오."라고만 하는 기도 대신에 호주머니를 털어 어려운 이웃을 돕고 감사하면서 하나님 앞에 소원을 구하여야 할 것입니다. 다른 나라의 도움으로 살아왔던 우리도 이제는 온 그리스도인의 힘을 한데 모아 복음을 수출해야 합니다.

이 시간 우리는 구태여 감사할 조건을 찾지 않아도 모든 것이, 모든 조건이 그저 감사할 따름입니다. 살아가는 동안 범사에 감사합시다. (규)

99. 부족함이 없습니다 (시 23편)

우리의 삶을 돌이켜 보면 하나님께서 지켜 주신 그 은혜를 인하여 고맙고 놀라워 감격할 뿐입니다.

오늘 말씀을 통하여 여호와께서 목자가 되셔서 오늘까지 인도하셨고 앞으로도 영원토록 상 받을 때까지 지켜 주실 것을 믿는 믿음을 갖게 되시기 바랍니다.

이 시편을 읽고 암송하는 사람은 누구나 연령이나 환경이나 민족이 다를지라도 구절구절이 안겨주는 평화와 만족을 체험할 뿐 아니라 인생과 역사에 대한 깊은 통찰력을 얻게 됩니다. 잔잔한 물가에서 풀을 뜯으며 물을 마실 때에도, 사망의 음침한 골짜기를 지날 때에도 여호와 하나님이 목자가 되시기 때문에 부족함이 없다고 노래합니다. 이것이 참된 감사의 전형입니다. 오늘 우리에게 주시는 말씀을 듣고 우리도 다윗과 같이 감사가 넘치는 삶을 살게 되시기 바랍니다.

1. 하나님이 그의 목자가 되심을 감사했습니다

다윗은 "여호와는 나의 목자시니 내게 부족함이 없으리로다 그가 나를 푸른 풀밭에 누이시며 쉴 만한 물가로 인도하시는도다"라고 노래하였습니다. 여기에서 우리가 주목할 것은 하나님을 "나의 목자"라고 하였고, 하나님이 "나를 푸른 풀밭에 누이셨다" 하여 하나님과 나의 관계를 분명히 하고 있다는 것입니다. 다윗의 감사는 바로 여기서 출발합니다.

하나님은 하늘과 바다와 궁창을 지으시고 해와 달과 별들을 운행하시는 광대하신 분입니다. 이렇게 크고 위대하신 하나님께서 먼지만도 못한 나를 인도하시고 풀밭에 누이시고, 물가로 인도하는 나의 목자가 되셨다는 사실이 생각할수록 감사하였습니다.

　하나님께서 우리의 목자가 되시어 우리를 인도하십니다. 우리의 영혼을 소생시키시고 자기 이름을 위하여 의의 길로 인도하시는 하나님께서 우리의 목자가 되심을 감사하시기 바랍니다.

2. 모든 위험에서 보호해 주시는 하나님께 감사했습니다

　양은 동물 중에서도 연약한 동물입니다. 양떼들 앞에는 언제나 많은 위험이 기다리고 있습니다.

　사자나 곰, 이리 같은 맹수가 언제 습격할는지 알 수가 없습니다. 다윗은 실제로 맹수들과 싸워 자신의 양떼들을 지켰습니다. 다윗은 자신의 경험을 비추어 하나님은 나를 모든 위험으로부터 책임져 주시는 안전한 목자이시므로 두려워하거나 걱정할 것이 없다는 뜻으로 부족함이 없다고 하는 것입니다.

　베드로전서 5:8에 보면 "근신하라 깨어라 너희 대적 마귀가 우는 사자같이 두루 다니며 삼킬 자를 찾나니"라고 하였습니다. 지금 이 세상은 죄가 가득 차 있습니다. 사람들을 불행에 빠뜨리는 마귀의 세력, 악령의 세력이 춤을 추고 있습니다.

　이에 대하여 존 번연은 「천로역정」에서 해답을 보여 줍니다. 천성을 향하여 가는 성도 앞에 크고 무서운 사자가 으르렁거리고 다가섰습니다. 무서워 떨며 돌아가려고 하는데 경성이라는 사람이 사자는 줄에 매여 있다고 알려줍니다. 자신을 해칠 수 없는 거리에 있음을 발견하고 정신을 차려서 무사히 통과하는 장면이 나옵니다. 사자와 곰과 이리 같은 죄악의 세력, 마귀의 세력이 몰려와도 두려워하지 마십시오. 선한 목자이신 주님께서 우리를 책임져 주시고 보호하십니다.

3. 사망의 골짜기를 지나 영생을 소유하게 된 것을 감사했습니다

　"내가 사망의 음침한 골짜기로 다닐지라도 해를 두려워하지 않을 것은 주께서 나와 함께하심이라 주의 지팡이와 막대기가 나를 안위하시나이다" 4절의 이 말씀은 복음의 진수를 예언적으로 선언하고 있습니다. 기독교의 복음은 근본적으로 죄와 허물로 죽었던 인생이 예수 그리스도의 십자가의 은혜로 다시 살게 되었다는 것입니다.

그리스도인들은 예수의 십자가의 막대기를 의지하여 사망의 골짜기를 통과한 것입니다. 이러한 영적 경험을 소유한 사람은 어떠한 생명의 위협도 두려워하지 않게 됩니다. 주님의 지팡이와 막대기가 우리를 지키시니 승리할 것이라는 확신을 가지게 됩니다. 그리고 실제로 우리의 육신의 장막이 무너지는 죽음 앞에서도 주님의 십자가라는 막대기를 의지할 때 죽은 이후에 영원히 여호와의 집에 거하게 될 줄 믿으시기 바랍니다.

사람을 목자로 삼지 말고 여호와 하나님을 목자로 알고 따르십시오. 그리고 우리를 보호하시고 책임져 주시는 하나님께 감사하시기 바랍니다. 목자 되신 하나님께서 성령으로 인도하시고 천군천사로 하여금 우리를 보호하게 하시므로 모든 위험에서 우리를 건져주십니다. 영원히 여호와의 집에 거하며 우리를 지켜 주시는 하나님께 감사하며 영광을 돌리시기 바랍니다. (식)

100. 마땅히 감사할 것은 (살후 2:13~15)

우리는 하나님께로부터 많은 것을 받았습니다. 그러므로 마땅히 하나님께 감사해야 합니다. 처음 믿었을 때 너무도 감사하고 감격해서 얼마나 많은 눈물을 흘렸습니까? 그러나 믿은 지가 오래되고 나니 그만 그 감격도 사라지고 원불교인(원망하고 불평하는 교인)이 되는 경우가 얼마나 많습니까?

1. 우리가 무엇을 감사해야 합니까

첫째, 하나님께서 우리들을 택하여 주신 것을 감사해야 합니다(13절). 우리가 잘나서 택한 것도 아니고, 믿음이 좋아서 택한 것도 아니고 하나님께서 은혜 가운데 우리들을 택해 주신 것입니다.

둘째, 성령으로 우리들을 거룩하게 하신 것을 감사해야 합니다(13절). 여기서 거룩하다는 말은 구별되게 세웠다는 뜻입니다. 세상 사람들로부터 우리들을 뽑아 자기 백성으로 삼아 주신 것이 바로 거룩입니다.

셋째, 믿음을 주신 것을 감사해야 합니다. 에베소서 1:13에 "구원의 복음을 듣고 그 안에서 또한 믿어"라고 했습니다. 우리들에게 믿도록 하신 것이 바로 성령의 역사입니다. 이것을 우리는 감사해야 합니다.

넷째, 구원받게 하신 것을 감사해야 합니다(13절). 세상에는 우리보다 더 잘난 사람도 많고, 더 부한 자도 많고, 더 배운 사람들도 많습니다. 그런데 하나님께서는 우리들을 믿게 하시고, 구원을 받게 하셨습니다. 그러므로 우리들은 마땅히 감사해야 합니다.

다섯째, 그리스도의 영광을 얻게 하였습니다(14절). 본래 영광은 오직 하나님만이 받아야 하고, 하나님만이 받을 수 있습니다. 그런데 우리들을 자녀로 삼으셔서 주님의 영광에 참여토록 하셨습니다.

2. 은혜를 받은 우리는 어떻게 살아야 합니까

첫째, 믿음 위에 굳게 서야 합니다. "그러므로 형제들아 굳건하게 서서"(15절 상). 무엇이 믿음입니까? 믿음이란 예수님을 꼭 붙잡는 것이고, 성경에 기록된 대로 그대로 받아들이는 것이고, 남은 여생을 그에게 전적으로 맡기며 헌신하며 사는 것이 믿음입니다.

둘째, 가르침을 받은 말씀을 지켜야 합니다. "말로나 우리의 편지로 가르침을 받은 전통을 지키라"(15절 하)는 말씀의 '전통'은 바로 바울서신처럼 혹은 마태나 마가를 통해서 들은 말씀을 의미합니다.

왜 이런 부탁을 했을까요? 그것은 우리가 항상 기뻐하며 범사에 감사하는 삶을 살 수 있는 비결이기 때문입니다.

맹인이요 벙어리였던 헬렌 켈러는 「3일 동안만 본다면」이란 책에서 다음과 같이 말했습니다. "3일 동안만 볼 수 있다면 첫날은 나를 이처럼 가르쳐 주신 설리반 선생님의 인자한 그 얼굴을 보고, 지금까지는 내 손으로만 만져 보았던 선생님의 아리따운 몸매를 보고 싶습니다. 둘째 날은 친구들을 찾아가서 산에도 가 보고, 바람에 나풀거리는 나뭇가지와 들에 핀 예쁜 꽃들과 저녁이 되면 석양에 빛나는 아름다운 노을을 보고 싶고 먼동이 트는 웅장한 장면과 메트로폴리탄의 박물관과 오후에는 미술관 그리고 저녁에는 밤하늘의 별들을 보고 싶습니다.

마지막 날에는 일찍 출근하는 사람들의 얼굴 표정과 아침에는 오페라 하우스, 오후에는 영화관에 가서 영화를 한 편 보고 도시의 네온사인과 쇼윈도에 진열된 아름다운 상품을 보고서 마지막 눈을 감아야 할 순간에는 나에게 3일 동안 볼 수 있게 해주신 하나님께 감사의 기도를 드리고, 영원히 암흑의 세계로 돌아가겠습니다."

그런데 우리는 날마다 눈을 뜨고 살면서도 감사를 잊은 것은 무엇 때문일까요? 너무도 당연한 것으로 보기 때문이지요.   (종)

101. 감사의 실천 (신 26:1~11)

식사를 할 때 감사기도를 길게 하는 분이 있었습니다. 그런데 이분은 눈을 뜨고 수저를 잡은 뒤에는 으레 반찬이 빈약하다, 국이 짜다, 불평을 했습니다. 그래서 이분이 식사기도를 하면 주위의 사람들은 부담을 느꼈고 빈정거리는 사람도 있었습니다. 이분은 입으로는 감사를 하면서도 실제적으로는 감사와 거리가 멀었던 것입니다.

감사는 실천에 옮겨져야 합니다. 어떻게 하면 감사를 실천에 옮기는 사람이 될 수 있을까요?

1. 힘써서 감사하는 습관을 가져야 한다

감사하는 습관은 저절로 가질 수 있는 것이 아닙니다. 교양을 갖춘 사람이 되기 위해서는 많은 훈련을 받아야 하는 것처럼 감사도 훈련을 받아야 합니다. 감사하다는 생각을 갖고, 감사하다는 말을 자주 해야 합니다. 아침에 일어나서 처음 하는 말도 "감사합니다."가 되어야 하고 잠자리에 들 때 마지막으로 하는 말도 "감사합니다."가 되어야 하며 하루에 제일 많이 쓰는 말이 "감사합니다."가 되어야 합니다. 심지어는 잠꼬대를 할 때도 "감사합니다."가 나와야 합니다. 생활의 모든 것이 감사와 연결되어야 합니다. 실천신학자들 가운데는 원칙적으로 '창립기념예배' '취임기념예배'가 아니라 '창립감사예배' '취임감사예배'가 되어야 한다고 강조하는 분도 있습니다. 모든 예배는 감사예배가 되어야 한다는 것입니다.

어려운 일을 만나도 그 가운데서 감사할 일을 찾아내야 합니다. 이와 같이 해서 감사가 몸에 배어야 합니다. 그러면 얼굴이 밝아지고 주변에 좋은 영향을 미치게 됩니다. 감사하는 마음에는 유혹이 찾아오지 못합니다.

2. 감사의 절기들을 잘 지켜야 한다

이스라엘의 3대 절기는 유월절과 칠칠절, 초막절이었습니다(신 16:1~17). 이 절기들은 모두 감사와 관계가 있습니다. 유월절은 노예생활에서 해방된 것을 감사드리는 절기요, 칠칠절은 맥추절 또는 초실절이라고도 하는데 보리의 첫 수확을 바치며 감사드리는 절기입니다. 초막절은 수장절이라고도 하는데 바로 추수감사절입니다.

오늘 우리는 맥추감사절과 추수감사절을 지키고 있는데 이런 절기가 다가오면 몇 주일 전부터 감사의 제목들을 생각해내며 감사에 대해서 집중적으로 묵상하고 최선을 다해 감사예배를 준비해야 합니다. 우리의 감사를 표현하기에 부끄러움이 없는 예물을 정성스럽게 준비해야 합니다.

3. 지금까지 지내온 것이 주의 은혜임을 고백하며 감사드려야 한다

이스라엘 사람들은 하나님이 인도하신 땅에서 거둔 소산물의 맏물을 하나님께 바치며 하나님께서 애굽의 종살이에서 해방시켜 주신 것과 이곳으로 인도하신 것을 감사드렸습니다. 우리도 "지금까지 지내온 것 주의 크신 은혜라"고 고백해야 합니다.

하나님께서는 우리 민족, 우리 교회, 우리 가정, 그리고 나를 한이 없는 사랑으로 인도하여 주셨습니다. 진실한 마음으로 이것을 고백할 때 우리는 실천적인 감사의 소유자들이 될 수 있습니다. 그리고 앞길이 밝아집니다. 하나님은 지내온 날에 대해 감사드리는 사람들의 앞길을 은혜로 열어 주시는 분입니다.

우리는 감사란 무엇인가, 왜 감사해야 하는가, 예수님은 감사에 대해 어떻게 말씀하셨나, 이런 것들도 알아야 하지만 실제로 감사하는 성도가 되어야 합니다. 이것이 제일 중요합니다. (지)

102. 미리 드리는 감사 (합 3:1~2, 16~19)

지난 주간, 또는 지난달 수입을 계산해서 십일조를 드리는 것이 아니라 앞으로 들어올 수입을 예상하고 십일조를 미리 드리는 성도가 있습니다. 이분의 말씀에 따르면 이렇게 미리 십일조를 하면 대부분 그에 따른 정확한 수입이 있는 것을 체험한다고 합니다.

우리들은 하나님이 이미 해주신 일에 대해 감사하는 경우가 많습니다. 또 "이와 같은 일을 해주신 것을 감사드립니다." 하며 조건적인 감사, 상대적인 감사를 드리고 있는 모습을 발견하게 됩니다.

하박국은 아무것이 없을지라도 여호와로 말미암아 즐거워하며 구원의 하나님으로 말미암아 기뻐하겠다고 했습니다. 무조건적이며 절대적인 감사입니다. 여기에는 앞일에 대한 감사도 포함되어 있습니다.

1. 무조건적인 감사를 드려야 한다

"하나님께서 이와 같은 일을 해주셨으니 감사를 드립니다." 하는 감사보다 "하나님께서 아무것도 안 해 주실지라도 감사를 드립니다." 하는 감사가 차원이 더 높은 것입니다. 더 나아가서 "하나님이 내게 불리하게 하실지라도 감사합니다."라고 할 수 있어야 합니다. 다니엘은 풀무불에 들어가기 전에 하나님이 우리를 풀무불과 왕의 손에서 건져내실 것을 믿지만 그리 아니하실지라도 금신상에 절할 수 없다고 말했습니다(단 3:17~18).

하박국 3:17에 나오는 무화과나무, 포도나무, 감람나무, 밭의 소출, 양, 소 따위는 그 당시 가장 기본적인 생계 수단들이었습니다. 이런 것들이 없을지라도 하나님으로 말미암아 즐거워하며 기뻐하겠다고 하는 것은 대단한 일입니다. "날 구원하신 주 감사"라는 복음성가에 "응답하신 기도 감사, 거절하신 것 감사"라는 가사가 있습니다. 이 복음성가에는 장미꽃의 가시에도 감사드린다는 대목도 있습니다. 기쁜 마음으로 이런 노래를 부를 수 있어야 합니다.

2. 절대적인 감사를 드려야 한다

하박국은 어떻게 해서 아무것도 없는 가운데서 기뻐할 수 있었을까요? 하나님이 구원의 하나님이 되시기 때문입니다. 그것도 "나의 구원의 하나님"이 되십니다. 다른 아무것이 없더라도 예수 믿고 구원받게 된 것 하나만을 가지고도 감사드려야 합니다.

6·25때 한국에 왔던 중공군 병사 한 사람이 포로가 되어 거제도 포로수용소에 수용되었습니다. 이 병사는 내가 도대체 왜 이런 일을 겪어야 하느냐고 울부짖었습니다. 그러다가 수용소에서 전도받고 예수를 믿게 되었습니다. 이 병사는 하나님이 나를 구원하시기 위해 이 낯선 나라에 보내신 것을 감사드린다고 여러 사람에게 간증했습니다. 이 병사의 간증을 듣고 포로들 가운데 많은 사람이 예수를 믿게 되었습니다. 하나님이 나를 구원해 주신 것은 감사한 일 가운데서도 가장 감사한 일입니다.

3. 앞으로의 일을 미리 감사드려야 한다

올해의 일들을 돌아보면서 감사를 드림과 함께 올해 남은 시간과 내년에도 하나님께서 변함없이, 아니 더 큰 은혜로 나를 보호하시며 인도하실 것을 믿고 미리 감사드려야 합니다. 하박국은 많은 질문을 가지고 있던 사람이었습니다. 그러다가 "의인은 그의 믿음으로 말미암아 살리라"(합 2:4)는 대답을 듣게 되었습니다. 믿음으로 사는 사람에게는 의의 최후 승리와 영생이 약속되어 있다는 것을 확실히 알게 된 것입니다. 하박국은 그것을 기뻐하며 하나님을 찬양합니다.

앞으로의 일을 미리 감사합시다. 하나님께서는 감사하는 것과 비례해서 우리를 복된 길로 인도하실 것입니다. (지)

103. 하나님께 대한 감사 (시 100편)

1. 하나님께 대한 감사

우리가 하나님께 감사하는 것은 선물이나 보상이 아니라 사랑의 표현입니다. 하나님의 은혜를 시인하는 친교의 방법입니다. 신앙 안에서의 감사는 현재의 조건에 대한 감사라기보다 하나님의 섭리에 대한 감사입니다. 고린도후서 9:15의 말씀처럼 말할 수 없는 그의 은사를 인하여 하나님께 감사해야 합니다. 이 말씀은 하나님의 은혜와 은사는 항상 우리 자신에 비해 후하게 허락하셨다는 것입니다.

우리가 감사하는 내용이나 감사하는 정성 못지않게 중요한 것은 감사의 대상입니다. 하나님의 자녀들은 모든 것이 주께로부터 왔고 우리의 생존이나 생활 전체가 하나님의 허락이요, 하나님이 주신 은사이므로 감사의 대상은 하나님이십니다. 골로새서 2:7에도 믿음에 굳게 서서 하나님께 감사함을 넘치게 하라고 말하고 있습니다. 본문에도 '여호와' '그는' '그의' 등 여러 번이나 하나님에 대한 호칭을 사용하고 있습니다. 하나님께 감사하시기 바랍니다.

감사의 분량이나 믿음은 하나의 일입니다. 믿음이 장성할수록 감사도 더 많아집니다. 루터는 감사는 적극적인 계명이라고 하였고, 어거스틴은 감사는 최상의 신앙고백이라고 하였습니다. 감사하는 마음은 하나님이 주신 마음입니다. 그리스도인과 비그리스도인의 차이도 하나님께 대한 감사가 있고 없는 데 있습니다.

비그리스도인의 특징은 감사가 없는 것으로 생각해도 좋습니다. 감사하는 사람은 있는 것을 찾아 감사하지만 감사를 모르는 사람은 없는 것을 찾아 원망합니다. 감사하는 마음을 지속하면 그것이 평강이 되고, 원망하는 마음을 확대하면 그것이 불안한 생활이 됩니다.

2. 감사의 동기는 믿음입니다

본문에 보면 하나님을 믿는 믿음과 그의 갖가지 은혜를 시인하는 데서 하나님께 대한 감사가 넘치고 있습니다. "그는 우리를 지으신 이요 우리는 그의 것이니 그의 백성이요 그의 기르시는 양이로다"(3절). 이 말씀과 같이 그의 백성이요, 그의 것이요, 그의 기르시는 양이라고 말한 것은 전적인 하나님께 대한 신뢰와 감사의 표현입니다. 감사는 믿음에서 납니다.

감사는 상대적이며 일반적인 감사가 있고, 종교적이며 근원적인 감사가 있습니다. 의무와 책임에서 출발하는 감사는 상대적인 감사요, 하나님의 은혜에 지배되는 감사는 종교적인 감사입니다. 그러므로 신앙에서 우러나오는 감사를 드려야 합니다. 이러한 감사가 의지적인 감사요, 현실에 도전하는 감사요, 자기 인생을 창조하는 감사입니다.

따라서 그리스도인은 그 생활이 곧 감사여야 합니다. 5절에 "여호와는 선하시니 그의 인자하심이 영원하고 그의 성실하심이 대대에 이르리로다"라고 말한 것은 우리가 하나님의 축복과 은혜를 받을만한 자격이 있어서가 아니라 하나님의 자녀가 된 신분 때문에 하나님께서 인자와 긍휼로 우리를 대우하시고, 부족하지만 우리를 자녀로 생각하시므로 우리가 감당할 수 없는 은혜를 베푸시는 것을 가리키는 것입니다.

3. 친교의 감사

"감사함으로 그의 문에 들어가며…… 감사하며 그의 이름을 송축할지어다"(4절). 여기서 말하는 감사는 감사의 시(詩)나 감사의 글이 아닙니다. 직접 하나님께 나아가 하나님을 대면하는 감사입니다. 직접 하나님을 섬기는 입장에서 함께 앉아 대화를 나누고 친교를 갖는 것 같은 실제적인 감사입니다. 그러므로 감사함으로 그 문에 들어간다 했고 그 이름을 찬송하리라고 했습니다.

우리가 하나님께 감사하는 것도 하나님께 직접 감사하는 현실적인 감사가 되어야 합니다.

이와 같이 감사의 표현이 교제의 방법이 될 때 실제적인 감사가 되고 하나님을 기쁘시게 하는 감사가 될 수 있습니다. 하나님을 마주 대하는 마음으로 감사하기 바랍니다. 이 때에 성의 있는 감사가 가능하고 최선의 감사가 가능하게 될 것입니다. 하나님의 지극한 사랑과 그 많은 은혜에 대해서 하나님께 영광을 돌리는 표현이 감사입니다. 찬양과 감사로 하나님을 섬기며, 하나님께 헌신하며 감사의 예물을 드리시기 바랍니다.

보스턴의 해변에서 매일 같은 시간에 싱싱한 새우를 가지고 나와 갈매기에게 먹이를 주는 노인이 있었습니다. 새우를 던져 주는 노인의 얼굴은 항상 기쁨이 있었고, 환희가 있었습니다. 또한 갈매기들은 이 노인과 친숙해져서 노인의 어깨와 팔 등에 앉기도 하였습니다.

나중에 그 노인의 사연을 알게 되었습니다. 그것은 그 노인이 해군 장성으로 복무하던 2차 대전 당시 독일군의 어뢰(魚雷)에 배가 파선되어 구명대를 통해 구사일생으로 목숨을 부지할 수 있었습니다. 그러나 태양열과 허기로 죽음 직전에 있을 때에 갈매기 한 마리로 그의 생명을 연장했고 구명보트를 통해 살아나게 됐습니다. 갈매기가 연장시켜 준 몇 시간의 수명 때문에 살아나게 됐습니다. 그 은혜를 잊지 못해 매일 갈매기 먹이를 바다에 던져준 것입니다.

우리의 생명을 구속하시고 계속 은혜를 입혀 주시는 하나님께 감사하지 않으면 되겠습니까? 성의 있는 감사를 하시기 바랍니다. (돈)

104. 감사하는 생활 (시 121편)

1. 하나님의 도움

"내가 산을 향하여 눈을 들리라 나의 도움이 어디서 올까…… 천지를 지으신 여호와에게서로다"(1~2절). 시편 기자는 산을 바라보면서 하나님의 생존을 실감하게 되었습니다.

자연은 보통계시라는 말이 있습니다. 하나님의 창조와 창조된 세계에 대한 섭리와 온 세상을 지금도 주장하시는 하나님의 주권을 실감할 수 있는 것이 자연계입니다. 그 중에서도 산은 불변을 뜻하고 능력과 힘을 상징합니다. 자연을 대표할 수 있는 산을 향해 눈을 들 때 하나님께 대한 깊은 지식과 은혜를 깨닫게 된다는 말입니다.

우리가 살고 있는 현실은 신비스러운 과학으로 하나님을 상실해 가는 시대라고 말할 수 있습니다. 여기서 우리가 정확한 판단을 가져야 하겠습니다. 과학은 물질 문제에 대해서는 해답을 주었지만 인간 문제에 대해서는 침묵하고 있습니다. 그뿐 아니라 과학을 지배하는 우리 인간도 인간을 돕는 데 한계가 있습니다. 여기서 우리 인간은 물질과 인간 이상의 힘을 요구하게 되고 절대자 하나님을 찾게 됩니다. 인간의 참 지혜는 하나님을 찾는 데 있습니다.

시편 14:1의 "어리석은 자는 그의 마음에 이르기를 하나님이 없다 하는도다"라는 말씀과 같이 하나님을 부인하는 것은 인간의 어리석음과 무지라고 지적하고 있습니다. 산을 향하여 눈을 드시기 바랍니다. 그리고 인간의 참된 도움의 근원을 발견하시기 바랍니다.

2. 하나님께 대한 새로운 지식

본문의 시편 기자가 우리에게 소개하는 자기 체험은 하나님에 대한 새로운 지식이었습니다. 과거에 믿지 않던 사람이 하나님을 처음 믿고 그 도움을 깨달은 고백이 아닙니다.

본문에 소개되는 시편 기자는 하나님을 오래 믿은 사람이요, 신앙생활을 상당히 경험하고 나서 새롭게 발견한 은혜를 우리에게 소개하는 내용입니다. 다시 말하면 하나님의 보호하심과, 하나님의 은혜와 하나님의 능력과 하나님의 사랑을 더 깊이 깨닫고 체험한 후 간증한 내용입니다.

우리들도 지금 믿고 있는 하나님에 대한 더 깊고 넓은 은혜를 새롭게 체험하도록 합시다. 또 새 출발을 가질 만큼 인생이 달라지고 하나님과의 친교가 달라지며 하나님께 대한 신뢰도 더 세밀해지도록 하나님을 새롭게 발견하고 이해하시기 바랍니다. 이것이 인간의 지혜요 축복입니다.

별들이 운행하는 일이나 자연계의 보존이나 만물에게 생명이 공급되는 것이나, 어린 아이의 성장을 우리가 알 수 없습니다. 오직 하나님만이 아시고 하실 수 있는 일입니다. 하나님을 깊이 알수록 나는 작아지고 하나님은 커집니다. "나의 도움이 어디서 올까 천지를 지으신 여호와에게서로다" 이 말은 참으로 우리에게 적절한 표현입니다.

우주는 무생물의 집합체가 아닙니다. 다시 말하면 우연히 물질이 모여 형성된 것이 아니라는 말입니다. 반드시 창조주가 계시고 섭리자가 계신 것을 깨닫게 됩니다. 하나님은 제1의 원인이 되시고 모든 만물은 피조되었습니다. 인류 역사와 이 세상의 움직임 속에 하나님의 강한 의지가 지배되고 있음을 볼 수 있어야 합니다.

여러분은 자신과 가정과 미래의 사명을 위해 하나님의 도움을 구하시기 바랍니다. 누구든지 참 신앙 안에서 자기와 인생을 깊이 관찰할 때 "나의 도움이 어디서 올까 천지를 지으신 여호와에게서로다"라는 고백을 자연스럽게 갖게 됩니다.

3. 감사의 조건들

본문에 보면 하나님은 우리를 실족치 않게 하시며, 졸지도 않으시고, 주무시지도 않으시고, 우리를 지켜주신다고 말했습니다. 낮의 해나 밤의 달이 우리를 상치 못하고 해하지도 못한다고 설명합니다. 더 나아가서 환난을 면케 하시며 영혼을 지키시며 우리의 출입을 지켜주신다고 고백하였습니다.

이 본문과 같이 하나님께서는 직접 우리를 영육간에 보살펴 주시며, 위험이나 환난을 면케도 하시고, 우리의 생명을 붙드시기도 하십니다. 이상은 하나님이 직접 우리들과 함께하시므로 우리를 돕는 방법입니다.

또한 하나님께서는 그 이상으로 우리를 돕고 계십니다. 여기 본문 속에 포함되고 있는 내용이 그 의미를 강조하고 있습니다.

다시 말하면 인생의 모든 과정과 우리가 겪는 모든 사건, 인생의 모든 변화까지를 다 포함해서 선한 섭리를 진행하시고 결과적인 선을 조성하십니다. 이런 하나님의 도움에 대해서 우리 자신도 느껴야 하고 감사해야 합니다.

시편 기자의 하나님의 도움에 대한 관찰은 우리가 하나님께 감사해야 할 조건을 넓혀 주고 깨닫게 해 줍니다. 우리가 하나님의 도움을 이해하는 면도 더욱 깊어야 하며 하나님께 대한 감사의 제목도 더욱 많아야 합니다. (돈)

105. 온전한 감사 (요 12:1~11)

오늘 본문은 가장 모범적인 감사의 사람이었던 마리아에 대해서 말씀하고 있습니다. 마리아는 자기가 갖고 있던 300데나리온의 향유를 예수님 발에 부었습니다. 300데나리온은 일반 노동자들이 1년을 벌어야 모을 수 있는 거액에 해당되는 돈입니다. 그 값비싼 향유를 예수님의 발에 붓고 자신의 머리털로 예수님의 발을 닦았습니다.

이것은 마리아의 마음에 예수님을 향한 뜨겁고도 간절한 감사와 사랑이 있었다는 것을 보여 줍니다.

추수감사절을 맞아 마리아의 감사를 통하여 온전한 감사가 무엇인지를 살펴보겠습니다.

1. 사랑이 있는 감사

마리아의 마음에는 예수님을 사랑하는 뜨거운 마음이 불타올랐습니다. 아마도 마리아는 예수님의 발에 향유를 붓고 머리털로 닦으면서 "내가 주님을 사랑합니다."라고 수없이 마음속으로 고백했을 것입니다. 감사에 사랑이 있는가, 없는가는 매우 중요합니다. 사랑이 있는 감사가 참 감사인 이유는 무엇입니까?

① 환경에 관계없는 감사이기 때문입니다.

② 감사를 완성시키기 때문입니다. 하나님을 사랑하는 만큼 하나님께 감사하게 됩니다. 많으면 많은 만큼, 깊으면 깊은 만큼, 크면 큰 만큼 감사하기 마련입니다.

③ 감사를 통한 큰 기쁨과 행복한 삶을 지속적으로 유지하기 때문입니다. 우리는 조그마한 어려움 앞에서도 감사하지 못하고 불평합니다. 그

러나 계속적인 사랑은 계속적인 감사를 가져옵니다. 그러므로 감사는 행복을 가져옵니다.

2. 정성이 있는 감사

진정한 감사는 정성이 있어야 합니다. 감사의 본질적 요소는 정성입니다. 마리아에게는 그 누구도 따르기 힘든 정성이 있었습니다. 그녀의 정성은 값비싼 향유를 드리고 자신의 머리털로 예수님의 발을 닦음으로 표현되었습니다.

그중에 향유를 팔아 가난한 자를 구제함이 옳다고 비방하는 소리도 있었지만 마리아는 묵묵히 예수님의 발만 닦았습니다. 이것은 그 속에 정성이 담겨져 있었음을 의미하는 것입니다.

3. 헌신이 있는 감사

마리아의 아름다운 행동은 단지 300데나리온의 거금에 해당하는 향유를 드렸다는 데 그치지 않습니다. 예수님께 그녀의 몸과 마음을 전적으로 헌신함에 더 큰 의미가 있습니다. 참된 감사의 표본은 물질뿐 아니라 몸과 마음과 시간, 심지어 목숨까지 모두 바칠 수 있을 때 하나님이 기뻐하시는 최선의 감사가 되는 것입니다. 그러므로 감사에는 헌신이 따라야 합니다. 이것이 참된 감사입니다.

그리스도인들은 감사로 시작한 사람들이요, 감사를 생활화하는 사람들입니다. 바람직한 감사는 사랑이 있는 감사입니다. 정성이 있는 감사입니다. 헌신이 있는 감사입니다. 사랑과 정성과 헌신의 알찬 감사를 통하여 하나님께 영광 돌리는 값진 삶이 되어야 합니다.

감사는 그리스도인의 표징이요 특징입니다. 그리스도인이 되었다는 자체가 감사의 원천이기 때문입니다. 우리들이 진정으로 감사하지 못하는 이유는 없는 것만을 생각하기 때문입니다. 우리에게 주신 것을 생각해 보십시오. 감사의 제목이 더욱 풍성해질 것입니다. (병)

106. 감사의 유익 (골 2:6~7)

감사하다의 히브리어 단어 "야다"는 '공개적으로 고백하다, 감사하다, 찬송하다'의 세 가지 뜻을 갖고 있는데, 구약성경은 감사와 찬송과 경배를 동일시하고 있습니다. 또한 제사라는 말과도 동일시했습니다. 성경말씀은 '감사하다'는 말로써 충만해 있다 해도 과언이 아닙니다.

1. 감사는 인간의 도덕과 윤리생활의 기본이 됩니다

오직 인간에게만 도덕과 윤리생활이 있습니다. 그런데 그 도덕과 윤리생활의 기초는 감사입니다. 효자와 불효자의 차이는 부모의 은혜에 감사하느냐, 그렇지 않느냐에 달려있다고 할 수 있습니다. 부모의 은혜에 감사할 줄 모르는 자식이 불효자가 되는 것은 당연한 이치입니다.

감사가 무너지면 인간의 도덕과 윤리도 무너집니다. 사실상 오늘날의 윤리와 도덕의 타락은 감사를 잃어버린 데서부터 시작되었다고 해도 과언이 아닙니다. 그러므로 무너진 윤리생활의 회복은 감사생활의 회복에서부터 시작됩니다.

2. 감사는 대인 관계와 건강의 기초가 됩니다

감사는 윤리를 회복시켜 줄 뿐 아니라, 다른 사람에게 호감을 갖게 하고 기쁨을 줍니다. 감사하는 사람은 늘 명랑하고 밝으며 얼굴에 웃음이 떠나지 않습니다. 그리하여 다른 사람들에게 사랑과 높임을 받게 되어 승리의 길로 나아가게 되는 것입니다.

또한 '마음의 즐거움은 양약이라'고 말씀했듯이 질병을 물리치는 건강의 기초가 됩니다. 혹 질병 가운데 있을지라도 쉽게 회복이 됩니다. 감사한 마음은 정신적으로나 육체적으로나 건강을 가져옵니다.

3. 감사는 겸손의 기초이며 전도의 열매입니다

겸손한 사람만이 감사할 수 있습니다. 그러므로 감사와 겸손은 서로 뗄 수 없는 밀접한 관계에 있습니다. 겸손이 있는 곳에 감사가 있고 감사가 있는 곳에 겸손이 있습니다.

또한 감사한 마음을 가진 사람이 전도할 수 있습니다. 죄로 인해 영 죽었던 죄인 된 우리를 구원하시기 위해서 이땅에 오셔서 숱한 고난을 당하시고, 우리를 위해 생명까지 버려 죽어 주신 예수 그리스도의 사랑에 감사하는 사람이 전도할 수 있는 것입니다.

4. 감사는 선행과 봉사, 희생과 헌신의 근원입니다

감사는 승리의 비결입니다. 감사하는 마음이 있는 자들은 무슨 일을 맡든지 그 일을 성실하고 정직하게 행하기 때문입니다. 감사한 마음을 가진 사람들이 교회, 사회, 가정 등 어느 곳에서나 모든 봉사를 잘합니다.

또한 감사한 마음이 있는 사람들은 하나님께 정성껏 바칩니다. 베다니 마을의 마리아는 가난하고 보잘것없는 가정의 여성이었지만, 예수님을 3년씩이나 따라다니던 제자들도 이의를 제기할 만큼 큰 액수의 향유를 한꺼번에 예수님께 부어 드렸습니다. 무엇이 그 여인으로 하여금 이런 엄청난 일을 하게 하였습니까? 주님의 은혜에 대한 감사의 마음 때문입니다.

하나님께 감사할 때에 하나님께서 기뻐하실 뿐 아니라, 환난에서 구원하여 주십니다. 하나님은 감사하는 사람을 사랑하십니다. 또한 하나님께서는 감사할 줄 아는 사람에게 감사할 조건을 더 많이 주시고 큰 은혜의 복을 주십니다. 주신 은혜를 상기하고 끊임없는 감사의 사람들이 되어 풍성한 은혜와 복을 받아 누리시기 바랍니다. (병)

107. 환난 중에도 감사합시다 (고후 1:8~11)

바울은 고난을 통해서 하나님을 의뢰하는 법을 배웠습니다. 그가 성도들에게 감사를 잃지 않도록 권면하고 있음은 오늘을 사는 우리 모두에게 큰 교훈이 아닐 수 없습니다.

1. 하나님만 의지해야 합니다

바울 사도는 감당키 어려운 심한 고생을 당해 살 소망까지도 잃었으며 그의 고백대로 마음에 사형선고를 받은 줄로 알고 있었습니다.

바울 사도는 "그가 이같이 큰 사망에서 우리를 건지셨고 또 건지실 것이며 이 후에도 건지시기를 그에게 바라노라"(10절)고 했습니다. 이 말씀은 하나님의 과거, 현재, 미래의 구원사역을 가리킵니다. 즉 하나님의 기적적인 구원을 체험했기에 미래의 어떤 난관에서도 구원해 주실 것이라는 소망을 말합니다. 체험에서 나온 소망입니다.

그가 깨달은 귀중한 신앙의 진리는 이처럼 험한 고생을 당할 때, 바로 자신을 의지하지 않고 오직 하나님만 의지하도록 하려는 하나님의 뜻을 깨달은 일입니다.

베드로 사도는 산 소망을 역설했습니다. 산 소망이 있다는 말은 죽은 소망도 있다는 뜻입니다. 죽은 소망은 불신자의 소망인데 고난을 당하면 절망하거나 죽음으로 끝나는 것입니다. 그러나 산 소망은 고난 중에도 희망을 잃지 않고 심지어 죽어도 소망이 있는 것입니다. 우리 성도들도 어떤 환난을 당하든지 낙심하지 말고 하나님만 의지해야 하겠습니다.

2. 하나님의 도우심을 믿어야 합니다

바울의 경우 어떤 환난에도 하나님께서 자신을 건지셨음을 믿고, 앞으로 어떤 환난을 당한다 할지라도 하나님께서 건져주실 것을 확신하고 있다는 사실은 대단히 귀중한 믿음이라고 할 것입니다.

우리는 내가 계획하던 것이 뜻대로 되지 않고 막힐 때 절망합니다. 그러나 하나님의 계획은 우리의 계획보다 더 크고 깊기 때문에 가끔은 우리의 계획을 좌절시킬 때가 있습니다. 그러므로 우리는 어려움을 당할 때 나의 계획보다 더 좋은 계획을 갖고 계시는 하나님을 신뢰하며 하나님께 모든 것을 맡기고 감사해야 합니다. 이것이 믿음입니다.

성도는 환난을 당했다고 하는 사실이 두려운 것이 아니라 이때 하나님을 의지할 수 없는 나약한 믿음이 두려운 것입니다. 우리는 언제든지 건져 주실 하나님의 도움을 믿어야 하겠습니다.

3. 기도함으로 감사하게 될 것입니다

바울은 많은 환난을 당했을 때에 고린도 교인들에게 기도하여 간구함으로 도우라고 부탁하고 있습니다. 중보기도의 유익을 잘 알고 있는 바울이었습니다. 고린도교회 교인들의 기도로 결국은 하나님의 도움을 받게 되고 이로 인하여 여러 교회가 감사하게 될 것이라고 바울은 덧붙였습니다. 즉 고린도 교인들의 기도는 바울에게 큰 유익이 된다는 뜻입니다.

기도함으로써 모든 문제는 해결될 것이며, 이 세상에 기도하는 것보다 더 큰 무기가 없으며 어떤 경우에든지 무슨 어려운 일을 당하든지 기도할 수 있으면 아무 염려가 없을 것입니다. 환난 중에도 감사할 수 있게 될 것이고 문제가 지나가도 감사하게 될 것이며 문제가 닥쳐와도 또 감사하게 될 것입니다.

소돔이 유황불 심판을 받기 전에 아브라함이 롯의 구원을 위하여 거듭 기도하였습니다. 아브라함의 기도는 롯을 구하는 힘이 되었습니다. 그래서 롯이 거하는 성을 엎으실 때에 아브라함을 생각하사 롯을 그 엎으시는 중에서 내어 보내셨습니다. 중보기도의 은혜였던 것입니다. (명)

대 강 절

❋❋❋❋❋❋❋❋❋❋

김근수(수)   변한규(규)   송기식(식)
유관지(지)   이병돈(돈)

* 설교자의 표시는 (　)안의 약자로 표기했습니다.

108. 자다가 깰 때 (롬 13:11~14)

본문에는 "자다가 깰 때"(11절)라는 말씀이 있습니다. 왜 "자다가 깰 때"라고 말씀하십니까?

1. 세상 종말의 완성이 임박했기 때문이다

종말완성의 예조들이 나타남을 통해 종말이 임박했음을 알 수 있습니다. 본문 11절 하반절에서 "구원이 처음 믿을 때보다 가까웠음이니라"고 말씀합니다. 여기에서 말씀하시는 '구원'은 구속의 완성을 뜻합니다. 즉 예수 그리스도께서 이 세상에 다시 오셔서 자기 백성을 완전히 구원하시는 구속의 완성을 가리킵니다. 이는 세상종말의 완성의 때와 같습니다.

'종말' 혹은 '말세'는 예수께서 말씀하신 바와 같이 예루살렘 멸망이 종말의 시작(마 24:3~8)이요, 천국복음이 모든 민족에게 전파되면 "그제야 끝이 오리라"(마 24:14)는 말씀처럼 주님의 재림이 종말의 완성입니다. 따라서 우리는 종말의 끝에 살고 있습니다. 이때는 많은 종말의 징조들이 나타난다고 말씀하셨습니다.

거짓 그리스도와 적그리스도의 출현, 전쟁과 소문, 기근, 열병, 지진, 배신, 증오, 거짓 선지자의 출현, 무법, 불법, 사랑이 식음, 선교사역의 증가, 사단의 세력 확장, 성범죄의 증가, 교통이 빨라짐, 거짓 교리의 범람, 미혹, 자연이변, 순교의 소식 등 성경의 예조들이 다 나타나고 있습니다. 예수 그리스도의 재림의 가장 직접적인 징조인 "모든 족속에게 복음전파"가 과거 그 어느 때보다 신속하게 이루어지고 있습니다. 이 같은 사실들은 세상종말의 완성이 임박함을 경고해 줍니다.

지금은 종말을 예비할 시기입니다. 즉 "자다가 깰 때"입니다. 죄악의 잠, 불신앙의 잠에서 깨어나야 할 때입니다. 아침이 밝아오는 시간이요, 천국이 접근하는 시기입니다. 베드로 사도는 "만물의 마지막이 가까웠으니 그러므로 너희는 정신을 차리고 근신하여 기도하라"고 경고했습니다. 바울 사도 역시 "형제들아 때와 시기에 관하여는 너희에게 쓸 것이 없음은 주의 날이 밤에 도둑같이 이를 줄을 너희 자신이 자세히 알기 때문이라 그들이 평안하다, 안전하다 할 그 때에…… 멸망이 갑자기 그들에게 이르리니 결코 피하지 못하리라"(살전 5:1~3)고 경고했습니다.

2. 주님 맞을 준비를 해야만 하기 때문이다

우리는 주님을 맞이하기 위해 어두움의 일을 청산해야 합니다. 본문 12절과 13절에서 세 가지 어두움의 일, 곧 죄악의 일들을 경고합니다.

첫째, '방탕'입니다. 이는 세상과 돈과 쾌락에 술 취하듯 취하는 일입니다. 술에 취한 것만 방탕이 아니라 세상이나 세상에 있는 것들을 정신없이 사랑하는 행위가 방탕입니다.

둘째, '음란'입니다. 곧 '호색'입니다. 우리 주변에는 술집과 음란, 음행의 처소들이 즐비하게 늘어갑니다. 방탕은 음란과 호색으로 반드시 이어지고 맙니다.

셋째, '다툼'과 '시기'가 바탕이 되어 나타나는 강퍅한 행동입니다. 이 같은 일들은 밤에 주로 벌어지는 죄악들입니다. 이 같은 어두움의 일들을 끊어버려야만 합니다.

또한 주님을 맞이하기 위해서 빛의 갑옷을 입어야 합니다. 본문 12절은 "빛의 갑옷을 입자"고 권고합니다. 14절에는 이를 해석하여 "오직 주 예수 그리스도로 옷 입자"고 하십니다. 노아의 때나 롯의 때같이 육신의 일 즉 먹고, 마시고, 장가들고, 시집가고, 사고, 팔고, 집 짓는 일에만 매달리면 인자의 때에 화를 면할 수 없을 것입니다. 죄의 밤이 깊어가면 심판의 아침이 도래하기 마련입니다. 방탕의 자리에서, 음란의 처소에서, 다툼의 골방에서 박차고 나와야 할 위기의 시대입니다.

바울 사도는 "너희는 다 빛의 아들이요 낮의 아들이라 우리가 밤이나 어둠에 속하지 아니하나니 그러므로 우리는 다른 이들과 같이 자지 말고 오직 깨어 정신을 차릴지라"(살전 5:5~6)고 권면합니다. 뿐만 아니라 "옛 사람과 그 행위를 벗어버리고 새사람을 입으라"(골 3:9~10)고 권면합니다. 더 나아가 "너희는 유혹의 욕심을 따라 썩어져 가는 구습을 따르는 옛 사람을 벗어 버리고 오직 너희의 심령이 새롭게 되어 하나님을 따라 의와 진리의 거룩함으로 지으심을 받은 새사람을 입으라"고 권면합니다. 이같은 권면은 밤에 속한 옛 사람의 더럽고 추한 속성을 버리고 낮에 속한 새사람의 새 성품을 가지라는 말씀입니다.

노아의 때는 물로써 온 세상을 심판했습니다. 롯의 때와 같이 인자의 때에도 불로써 온 세상을 심판하실 것입니다. 이때는 개인의 종말은 물론이거니와 우주의 종말이 됩니다. 이제는 자다가 깰 때입니다. 세상 사람들 속에 휩싸이는 세말이 되지 않도록 경건생활에 더욱 힘씁시다. (슈)

109. 여호와의 길을 예비하라 (사 40:1~11)

죄와 어두움이 있는 곳에는 반드시 고통과 슬픔이 따릅니다. 그런데 포로된 자에게 자유를, 억눌린 자에게 기쁨을, 슬픈 자에게 위로를 주시기 위하여 예수 그리스도는 이 땅에 오셨습니다. 하나님의 아들 예수님이 인간의 몸을 입고 이 땅에 오신 성육신은 어떤 의미를 가지며, 우리 인생들은 오실 예수님을 어떻게 맞이하여야 할까요?

1. 내 백성을 위로하라

바벨론에 포로로 잡혀간 이스라엘 백성들의 고통과 슬픔은 이루 말할 수 없었습니다. 자신들은 하나님의 택한 백성이기 때문에 결단코 망하지 않으리라고 생각을 하였기 때문입니다. 그런데 이방나라에 의하여 예루살렘 성이 무너지고, 백성들이 포로로 잡혀가게 되었다는 사실 앞에 큰 충격을 받은 것입니다.

이방인들에 의하여 파괴된 예루살렘 성을 바라보면서 그들은 "과연 하나님은 계시는가?"라고 질문을 하게 되었던 것입니다. 그런데 그들이 포로로 잡혀간 것은 하나님이 계시지 않아서, 하나님이 능력이 없으셔서가 아니라 이스라엘 백성들을 향하신 하나님의 섭리 가운데서 일어난 것입니다. 자신들이 하나님 앞에서 범한 죄의 결과였습니다. 그런데 하나님의 정하신 때가 다가오자 하나님께서는 이스라엘 백성들을 향하여 노역의 때가 끝났고, 죄악이 사함을 받았다고 선포하십니다(2절). 그리고 "내 백성을 위로하라"(1절)고 하십니다.

우리 인생들은 죄로 말미암아 사망의 구렁텅이에 빠지게 되었습니다. 죄악의 포로가 된 인간의 삶은 고통과 비참한 삶만이 있을 뿐입니다.

그런데 하나님께서는 죄 가운데 있는 우리에게 예수 그리스도를 보내 주셨습니다. 죄인들을 향한 하나님의 위로가 임한 것입니다. 이제 예수 그리스도로 말미암아 우리 인생들에게 죄로부터의 해방과 구원의 은혜가 임하게 된 것입니다.

2. 여호와의 길을 예비하라

본문 3~4절에 보면 "너희는 광야에서 여호와의 길을 예비하라 사막에서 우리 하나님의 대로를 평탄하게 하라 골짜기마다 돋우어지며 산마다, 언덕마다 낮아지며 고르지 아니한 곳이 평탄하게 되며 험한 곳이 평지가 될 것이요"라고 말씀합니다. 길을 예비한다는 것은 길에서 장애물을 제거하는 것을 말합니다. 골짜기가 돋우어진다는 것은 주님이 오시기 위해서는 패인 골짜기가 돋우어지고, 높은 산들이 낮아지며, 굽은 것이 곧아지고, 험한 길이 평탄케 되어야 하며, 마음에 패인 상처와 원망과 불신의 골짜기가 돋우어져야 한다는 말씀입니다.

높은 산을 낮추라는 것은 주님의 오심을 맞이하는 사람들의 마음의 높은 산이 낮아져야 할 것을 의미합니다. 예수님을 맞이하려면 높아진 마음들이 낮아져야 합니다. 하나님은 교만한 자를 물리치시고 겸손한 자에게 은혜를 베푸시는 분이시기 때문입니다. 마음이 높은 바리새인들과 서기관들은 예수님을 맞이할 수 없었습니다. 그러나 낮고 천한 세리와 창기들에게는 구원의 은혜와 하나님의 나라가 임하였습니다.

마음이 청결한 자가 하나님을 볼 것이며, 심령이 가난한 자가 천국을 차지하게 될 것입니다. 우리 주님은 겸손한 심령에 임하십니다. 굽은 길이 곧아지고 험한 길이 평탄케 되게 하라는 것은 우리의 굽어진 마음, 부정적인 자세를 고치라는 것입니다. 우리의 마음과 생각과 계획이 바를 때 주님은 찾아오십니다.

3. 그의 구원을 외치라

본문 9절에 보면 "높은 산에 올라 메시아의 오심을 소리 높여 외치라"고 말씀합니다. 메시아의 오심을 "힘써 소리를 높이라 두려워하지 말고 소리를 높이라"고 말씀합니다. 메시아의 오심은 우리 자신뿐만 아니라 죄인 된 모든 인류가 들어야 할 복된 소식이기 때문입니다.

구원받은 백성이라면 힘쓰고 담대히 외쳐야 합니다. 자신이 받은 구원의 복음을 세상을 향해 외쳐야 합니다. 어둠과 죄악이 있는 곳에, 구원의 기쁜 소식을 듣지 못해 멸망을 향해 달려가는 이들에게 담대히 전해야 합니다. 주 여호와께서 장차 강한 자로 임할 것이며, 상급과 보응이 그 앞에 있으며, 친히 다스리실 것을 전해야 합니다.

하나님께서 우리를 구원하여 주신 것은 우리로 하여금 구원의 기쁨을 다른 사람에게 증거하도록 하기 위함입니다.

예수 그리스도 안에 있는 영원한 생명과, 기쁨과 복을 이웃과 함께 누리시기를 바랍니다. (규)

110. 종말시대를 사는 지혜 (벧전 4:7~13)

한때 사람들은 이 세상의 역사는 끝까지 발전한다고 생각했습니다. 그래서 낙관적인 세계관을 가지고 장차 고통과 전쟁이 사라지고 행복과 사랑이 넘치는 세상이 될 것이라고 기대했습니다. 그러므로 인류는 열심히 노력했고 과학이 발전되었습니다.

반면에 비관주의적 세계관을 가지고 이 세상에 대하여 늘 부정적 태도를 견지해온 사람들도 있습니다. 그런데 오늘날 세상을 보면 인류의 미래가 끝없이 발전할 것으로 보이지 않습니다. 성경은 결코 이 세상이 끝없이 발전하리라는 낙관주의적인 꿈을 지지하지 않습니다. 시작이 있으면 끝이 있는 법입니다.

하나님은 알파와 오메가이십니다. 성경은 우주와 세계의 종말을 밝혀 증언하고 있습니다. 우리를 세상에 살도록 보내신 분은 하나님이십니다. 그분의 선하신 뜻이 있어서 살게 하시고 서로 사랑하게 하시고 하나님의 사랑을 전하게 하셨습니다.

그러므로 우리는 세상에 대하여 끝없는 보랏빛 환상을 갖지 말아야 합니다. 그렇다고 세상을 비관하여 자포자기해서도 안 됩니다. 그러면 구체적으로 어떻게 해야 이 종말시대를 지혜롭게 살아갈 수 있을까요?

1. 정신을 차리고 근신하여 기도하라고 하십니다

매사에 근신하고 절제하여야 할 것입니다. 더구나 그리스도인들은 이 세상을 살아갈 때 정신을 차려야 합니다. 베드로전서 5:8~9의 말씀에 보면 "근신하라 깨어라 너희 대적 마귀가 우는 사자 같이 두루 다니며 삼킬 자를 찾나니 너희는 믿음을 굳건하게 하여 그를 대적하라"고 하였습니다. 영적으로 깨어 있는 방법은 기도하는 것입니다. 우리 스스로 아무리 정신을 차리려고 해도 인간 정신에는 한계가 있습니다. 그러나 우리가 기도할 때 하나님께서 힘 주시고 능력 주셔서 우리의 영혼이 깨어 있어 승리하게 될 줄로 믿습니다.

깨어서 기도하는 사람은 기적을 체험합니다. 우리가 처한 시대가 아무리 어려워도 낙심하지 말고 정신을 차리고 근신하여 기도하시기 바랍니다. 깨어서 기도하는 사람은 한치 앞을 내다볼 수 없는 상황에서도 하나님의 도우시는 손길을 구체적으로 경험하게 될 줄 믿으시기 바랍니다.

2. 열심히 서로 사랑하고 봉사하라고 하십니다

종말시대의 특징은 사랑이 식어지는 것입니다. 마귀의 전략은 그리스도인들이 서로 미워하게 만드는 것입니다. 사랑은 그냥 내 속에서 자연적으로 솟아오르는 것이 아닙니다. 사랑은 예수님의 명령입니다. 그것은 새 계명입니다. 주님의 사랑을 깨닫고 그리스도인이 된 것은 참 사랑을 실현할 수 있는 능력도 주셨다는 것을 의미합니다.

그런데 아무리 능력이 있어도 그것을 연습하고 활용하지 않으면 아무 소용이 없습니다. 사랑도 연습이 필요합니다. 그래서 본문 11절에서 베드로 사도는 "만일 누가 말하려면 하나님의 말씀을 하는 것 같이 하고 누가 봉사하려면 하나님이 공급하시는 힘으로 하는 것 같이 하라"고 말씀하십니다.

우리도 말할 때 사랑을 연습해서 비슷하게라도 해야 합니다. 그리고 그 사랑은 말에서 시작되어 봉사로 마쳐져야 합니다. 사랑과 봉사는 동전의 앞 뒷면과 같습니다. 사랑이 주관적이라면 봉사는 객관적입니다. 교회는 한 몸의 지체로서 서로 봉사하는 관계의 구조를 지니고 있습니다. 머리와 손과 발은 어느 것이 높고 낮은 것이 아니라 서로 다른 역할을 가지고 서로 봉사하는 것입니다.

봉사할 수 있는 사람이 성공한 사람이고, 더 많이 봉사할 수 있는 사람이 더 많이 성공한 사람이라는 것을 믿으시기 바랍니다.

3. 그리스도를 위하여 고난받는 것을 기뻐해야 합니다

본문 12~13절 말씀을 보면 "사랑하는 자들아 너희를 연단하려고 오는 불 시험을 이상한 일 당하는 것 같이 이상히 여기지 말고 오히려 너희가 그리스도의 고난에 참여하는 것으로 즐거워하라"고 하였고, 예수님께서는 마태복음 5:11~12에서 "나로 말미암아 너희를 욕하고 박해하고 거짓으로 너희를 거슬러 모든 악한 말을 할 때에는 너희에게 복이 있나니 기뻐하고 즐거워하라 하늘에서 너희의 상이 큼이라 너희 전에 있던 선지자들도 이같이 박해하였느니라"고 하셨습니다.

주님을 따르는 사람은 주님 때문에 고생을 해야 합니다. 말세라도 자신의 기쁨을 추구하며 살 수 있습니다. 그러나 그리스도인들은 하나님의 축복으로 평안하고 여유 있게 잘 살 수 있음에도 불구하고 주를 위해 자원하여 수고하고 고난받는 제자들이 되어야 합니다.

올해도 이제 얼마 남지 않았습니다. 마찬가지로 세상의 모든 징조를 보니 종말의 날은 분명 다가오고 있습니다. 남은 날 동안 세상을 어떻게 살아야 하겠습니까? 어떻게 사는 것이 참으로 지혜로운 것입니까? 정신을 차리고 기도하며, 영적으로 사랑을 연습하고 봉사의 기쁨을 배우시기 바랍니다. 이러한 생활을 하면서 고난을 당할지라도 그 고난을 즐거워하십시오. 그러면 주님의 참 제자가 될 것입니다. (식)

111. 준비하는 지혜 (사 62:10~12)

교회력의 절기 가운데 사순절과 대강절은 준비하는 절기라는 공통점을 가지고 있습니다. 사순절은 부활절을, 대강절은 성탄절을 준비하는 절기입니다. "주일을 잘 지키려면 토요일부터 경건하게 보내야 한다."고 말하는 분이 있는데 성탄절을 잘 맞이하려면 대강절부터 잘 지켜야 합니다.

1. 예수님은 준비의 중요성을 몸소 보여 주셨다

예수님은 갑자기 오신 것이 아닙니다. 예수님의 출생은 오래전부터 예고되어 왔습니다. 또 요한이 와서 예수님의 앞길을 예비했습니다. 예수님은 중요한 일을 할 때 기도로 준비하셨습니다. 열두 제자를 택해 훈련시켜 승천 이후의 일을 준비했습니다. 예수님의 재림도 갑자기 되는 것이 아니라 여러 가지 징조가 있을 것이라고 했습니다(마 24장).

성탄절은 인류의 역사를 기원전과 기원후로 갈라놓은 대사건입니다. 이 성탄절을 성탄절답게 맞이하려면 성탄절 4주일 전부터 시작되는 대강절을 잘 보내야 합니다. 따라서 경건한 생활, 묵상, 구제, 선행, 전도에 더욱 힘써야 합니다. 준비하면서 기쁨을 누리고 은혜를 받는 사람이 정말 지혜로운 사람입니다. 시므온과 안나는 오래 전부터 메시아를 만날 것을 기다리며 경건한 마음으로 준비하고 있다가 기쁨으로 아기 예수를 만나게 되었습니다(눅 2:22~39).

2. 길을 수축하고 돌을 제하는 자가 되어야 한다

본문 말씀은 바벨론에서 포로생활을 하고 있는 이스라엘 백성들에게 귀환을 준비하라는 내용입니다. 요한은 이사야 40:3~5을 인용하여 예수님의 오심을 전파했는데 본문은 이 말씀과 비슷한 표현을 담고 있습니다.

포로에서 해방된 이스라엘 백성들은 '거룩한 백성' '여호와께서 구속하신 자' '찾은바 된 자' '버림받지 아니한 성읍' 등 새 이름을 갖게 될 것이라고 했습니다. 성탄절은 인류가 죄에서 해방된 사건입니다. 예수님께서 오시므로 우리는 성도라는 새 이름을 갖게 되었고(고전 1:2), 잃은 아들이 아니라 찾은바 된 자가 되었습니다(눅 15:24, 32).

성탄절을 예비하기 위해 우리는 길을 수축하는 자가 되어야 합니다. 성탄절을 맞이하는 데 방해가 되는 것을 치워야 합니다. 경건한 마음을 갖는 것은 마음의 길을 수축하는 것입니다. 욕심과 세속적 사고를 버리는 것은 돌을 제하는 것이 됩니다.

3. 소망을 새롭게 해야 한다

우리가 살아가는 데 제일 중요한 것은 소망을 잃지 않는 것입니다. 소망이 없어진 상태가 곧 지옥이라고 말한 사람도 있습니다. 단테의 「신곡」에는 지옥의 입구에 "여기에 들어오는 자는 소망을 버리고 들어가라."고 써 있다고 합니다.

그 사람이 얼마나 위대한 소망을 가지고 있느냐 하는 것이, 그 사람이 얼마나 위대한 사람이 되느냐 하는 것을 결정합니다. 인류를 구원할 메시아, 무엇보다도 나를 구원할 메시아가 오고 계신다는 소망은 가장 값진 것입니다. 성탄절을 앞두고 이 소망을 새롭게 하시기 바랍니다. 그렇게 하면 우리의 삶이 달라집니다. (지)

112. 예수님은 다시 오신다 (계 1:7~8, 히 9:28)

1. 예수님의 재림은 공개적으로 이루어진다

예수님의 초림은 은밀하게 이루어졌지만 예수님의 재림은 가시적으로 모든 사람이 알 수 있게 임하십니다. 땅의 모든 민족이 볼 수 있게 오십니다. "그를 찌른 자들도 볼 터이요"라고 하신 말씀을 보면 낙원과 음부와 지상에 살고 있는 모든 사람들이 함께 알 수 있도록 오신다는 말입니다.

예수님의 재림을 통해 구원사가 완성이 되고 세상은 심판을 받을 것입니다. 재림에 대한 성경공부에 임하면 우리 신분에 대한 존귀성과 구속받은 은혜에 대해서 새롭게 감사하게 됩니다.

성경에 예수님의 초림에 대해서는 450여 회 예언되었으나 재림에 대해서는 1,180여 회나 예언되어 있습니다. 이것은 재림의 중요성을 강조한 표현입니다. 그러므로 역사와 성경에 예언된 예언의 목표가 다 재림에 두고 있습니다. 이는 재림에 포함시킨 하나님의 놀라운 구원 계획입니다.

예수님의 재림은 장엄한 역사의 한 장면이요 구속받은 성도들에게는 새 역사의 출발이라는 면에서 은혜 중의 은혜가 됩니다. 우리에게 재림의 소망이 있다는 것은 가장 큰 축복이 아닐 수 없습니다. 재림을 신앙하고 재림을 대망하시기 바랍니다.

2. 모든 족속이 애곡하는 때

예수님의 재림은 구원과 심판이 동시에 이루어지기 때문에 구원받은 성도에게는 영광스러운 사건이지만 심판받는 사람들에게는 이를 갈며 슬

피 우는 때가 바로 이때입니다. "땅의 임금들과 왕족들과 장군들과 부자들과 강한 자들과 모든 종과 자유인이 굴과 산들의 바위틈에 숨어 산들과 바위에게 말하되 우리 위에 떨어져 보좌에 앉으신 이의 얼굴에서와 그 어린 양의 진노에서 우리를 가리라 그들의 진노의 큰 날이 이르렀으니 누가 능히 서리요 하더라"(계 6:15~17).

이와 같이 예수님의 재림은 심판을 동반합니다. 하나님의 심판은 공의롭고도 엄격하기 때문에 여기 부르짖는 사람들의 큰 고통의 신음소리를 듣게 됩니다. 산이 제자리에서 옮기우고 지구 표면이 뒤바뀔 정도로 엄청난 피해의 현장을 목격하게 될 것입니다.

하나님은 인간이 타락하자 즉시 타락한 인간에 대한 대책을 세우셨습니다. 그것이 창세기 3:15에 여자의 후손을 약속하신 일이며, 창세기 12:2에 아브라함을 택해 복의 근원을 삼으신 일입니다. 그 후 창세기 22:18에는 "네 씨로 만민이 복을 받을 것이라"고 하셨습니다. 이와 같이 더 구체적인 메시아의 약속을 허락하셨으며 그 후 성막제도를 통해 속죄의 원리를 깨우치셨고, 예수님이 오심으로 인간이 구원받게 된 것입니다. 이렇게 지극한 하나님의 사랑을 거역하고 믿지 아니한 사람들에 대한 무서운 심판입니다.

재림공부의 가장 중요한 목표는 내 가족을 구원시켜 이 심판에서 건져내는 일입니다. 재림하시는 예수님은 심판의 주로 오십니다.

3. 두 번째 나타남

성경에 예수님께서 횟수로 두 번째 오시겠다는 정확한 표현은 본문 말씀입니다. 예수님은 천지와 만물을 창조하셨고 지금은 섭리하고 계십니다. 그리고 장차 완성하러 오실 것입니다. 예수님의 재림으로 완성되는 대상은 인간의 완성으로 생령과 육체와 인격이 부활을 거쳐 완성됩니다. 지금은 분명히 구원받고 하나님의 자녀이지만 구원이 완성되지는 못했습니다.

그러나 부활하게 될 때 천사와 같이 몸의 구속이 이루어져 병나지도 않고, 늙지도 않고, 쇠하지도 않는 천사와 같이 완성된 몸이 이루어지고 (롬 8:23, 마 22:30), 성결된 몸으로 변합니다.

분명히 우리가 구원받은 자녀이지만 현재의 인격과 정서는 불완전합니다. 지금은 상당한 신앙의 수준에 있어도 남을 미워하고 원망하고 시기하는 것과 나쁜 감정을 품을 때가 많습니다. 그러나 부활할 때면 우리의 인격도 완성이 됩니다. 이 일을 이루시기 위해 예수님이 재림하십니다. 예수님의 재림을 통해 부활의 은혜가 허락되기 때문에 세상을 떠난 성도나 살아 있는 성도나 다같이 예수님의 재림을 기다립니다.

지금은 말세입니다. 예수님의 재림을 준비해야 합니다. 마태복음 16:2~3에 "예수께서 대답하여 이르시되 너희가 저녁에 하늘이 붉으면 날이 좋겠다 하고 아침에 하늘이 붉고 흐리면 오늘은 날이 궂겠다 하나니 너희가 날씨는 분별할 줄 알면서 시대의 표적은 분별할 수 없느냐"라고 말씀하셨습니다.

저녁에 하늘이 붉으면 날이 개이고 아침에 하늘이 붉으면 날이 궂겠다고 생각하는 것이 사람들의 상식입니다. 이 비유로 예수님은 시대의 징조를 분별하라고 말씀하셨습니다. 우리가 살고 있는 현실은 역사적인 시대의 흐름과 예언의 성취와 인간의 악함, 세상의 타락상을 볼 때 말세이며 예수님의 재림이 가까운 것을 깨닫게 됩니다(마 24:32~33, 단 12:4, 눅 18:8, 딤후 3:1~5). 다시 오실 주님을 기쁨으로 맞이할 수 있는 준비된 신앙인이 되시기 바랍니다. (돈)

성 탄 절

✽✽✽✽✽✽✽✽✽✽

김우영(영)   김창근(근)   김형준(준)   변한규(규)
송기식(식)   신성종(종)   유관지(지)   이용남(남)
한명수(명)

* 설교자의 표시는 (   )안의 약자로 표기했습니다.

113. 크리스마스의 소동 (마 2:1~12)

오늘 본문 말씀을 보면 예수님의 탄생 소식으로 인해 예루살렘에 소동이 일어났다고 기록되어 있습니다. 이 소동은 비진리 속에 진리가 오심으로 일어난 것입니다. 오늘은 이 소동을 통하여 크리스마스의 진정한 의미를 찾아보고자 합니다.

1. 요셉과 마리아의 소동

요셉과 마리아는 정혼한 사이였습니다. 그런데 마리아가 잉태하였다는 소문이 퍼졌습니다. 남편 될 요셉은 의로운 사람이었기 때문에 참을 수 없는 일이었습니다. 그에게 배신감으로 오는 엄청난 소동이 일어났습니다. 한편 마리아는 마리아대로 자신은 정말 순결한 처녀인데 잉태되었으니 심적으로, 정신적으로 얼마나 견딜 수 없는 큰 소동이 일어났겠습니까? 성령으로 이루어진 마리아의 예수 그리스도 잉태는 인간의 이성, 지성, 경험, 상식 같은 것으로는 결코 이해할 수 없는 일이었습니다.

우리는 초자연적이고 초과학적인 신앙세계의 영적 역사로 인해 합리적인 이성의 세계에 소동이 일어날 때, 주의 사자가 나타나서 고지하는 소리를 듣고 믿어 순종한 요셉처럼 믿고 순종해야 합니다(마 1:20~21, 24~25). 요셉과 마리아에게 일어난 소동은 그들이 하나님의 음성을 듣고 믿어 그 뜻에 순종함으로 잠잠히 가라앉게 되었습니다.

2. 헤롯왕과 예루살렘의 소동

동방 박사들이 예루살렘에 이르러 유대인의 왕으로 나신 이가 어디 있느냐, 그에게 경배하러 왔노라고 하여 헤롯왕과 예루살렘에 소동이 일어났습니다. 이에 대해서 성경은 빛이 세상에 왔으되 사람들이 빛을 영접하지 아니하였으니 이는 사람들이 빛보다 어두움을 더 사랑하기 때문이라(요 1:9~11)고 말씀하십니다. 이땅에 오신 예수 그리스도는 악의 세력들에게 있어서 두려움과 배척의 대상이 되심으로 소동이 일어나게 되었던 것입니다. 바꾸어 말하면 비진리 속에 참진리가 들어갈 때 소동은 일어날 수밖에 없다는 것입니다. 그러나 동방 박사들은 왕 중의 왕이신 메시아를 만난 것을 크게 기뻐하고 기뻐하였습니다.

우리도 이들처럼 기뻐하며 우리의 보배인 황금, 유향, 몰약을 우리의 왕이 되시는 예수님께 드려야 합니다. 즉 황금 같은 믿음, 유향 같은 마음과 실천, 몰약 같은 희생을 드려야 합니다.

첫 번째 황금 같은 신앙은 영적 세계에 속한 믿은 생활입니다. 두 번째 유향은 믿음대로 행하는 삶을 말합니다. 유향의 향기는 2Km 밖까지 퍼지며, 그 향기가 100일 동안 지속되는데 이처럼 우리의 살아있는 믿음(약 2:17)의 향기가 온 세계에 퍼져야 합니다. 세 번째 몰약 같은 희생입니다. 몰약은 녹아야만 마취제, 향료, 방부제로 사용할 수 있습니다.

불신앙적인 세상의 소동은 황금 같은 믿음, 유향과 같은 마음과 실천, 몰약 같은 희생의 신앙으로 잠재워야 됩니다. 그리스도인들은 불신자, 불신앙의 소동을 겁낼 필요가 없습니다. 불신앙은 신앙에 정복당하게 되어 있기 때문입니다.

3. 일어나야 할 소동

예수 그리스도로 인한 소동은 일어나야 하며 일어날 수밖에 없습니다. 한 집안에서도 원수가 생깁니다(마 10:35~36). 한 사람의 심령 속에서도 심각한 갈등을 극복해야 예수를 영접할 수 있습니다. 주님의 진리를 거역하고 살던 우리들이 참 빛이요 진리와 생명이신 주님을 맞이하려고 할 때, 우리 속에서는 많은 소동이 일어납니다. 그런 후에야 온전한 내가 이루어지는 것입니다. 이것이냐 저것이냐의 갈등, 회의, 아픔, 눈물,

괴로움의 소동이 내게서 일어나지만 그리스도가 나의 구주로 온전히 내 속에 자리잡으면 내 속의 소동은 잠잠해지고 참다운 신앙으로 하나님께 영광 돌릴 수 있게 될 것입니다.

일어나야 할 소동은 내게서도 가정에서도 사회 속에서도 일어나야만 합니다. 날마다 갈등하고 고민하며, 울고 괴로워하며, 먼지를 내고 소리를 내며, 쓰레기를 내어놓는 소동을 할지라도 그것을 지나고 나면 새로운 삶의 주역이 된 내 모습을 보게 될 것입니다. 기독교인들은 심령과 생활 속에서 불신앙적인 요소와 인간적인 이성이 소동을 일으킬지라도 이 소동의 터널을 두려움없이 통과해야만 합니다. 그러면 마침내 귀하고 복된 믿음, 산 믿음, 아름다운 신앙으로 예수 그리스도와의 온전한 동행, 동거생활이 이루어질 것입니다.

금년 크리스마스에는 여러분들의 모든 소동을 잠재우고, 신앙으로 창조된 여러분들의 마음의 보배합을 열어 예수 그리스도를 경배하시기 바랍니다. (영)

114. 그의 충만한 데서 받으니 (요 1:1~18)

어느 시대, 어느 세대에나 크리스마스를 기다리는 많은 사람들이 있습니다. 그러나 그 기다림 가운데는 말씀이 육신이 되어 크리스마스의 주인공으로 이 땅에 오신 예수 그리스도가 누구이시며, 왜 오셨는가에 대한 의미를 바로 알지 못한 즉 크리스마스 정신과는 거리가 먼 비뚤어진 기다림을 갖고 있는 경우가 많습니다.

1. 그는 누구인가

마태복음 1:18, 20을 보면 그는 성령으로 잉태되어 오신 분이라고 말씀하십니다. 유대사상에 있어서 성령은 하나님의 진리를 인간에게 전달하는 인격입니다. 그러므로 예수 그리스도의 탄생은 하나님의 진리를 인간들에게 전달한 사건인 것입니다. 빌리 그레이엄 목사는, 개미를 사랑하는 사람은 개미를 만나기 위하여 스스로 개미가 되어 개미의 세계로 들어갈 수밖에 없다고 합니다.

크리스마스는 영원 속에 거하시던 하나님께서 제한된 시간 속으로, 빛이 어둠 속으로, 영이신 하나님께서 육의 몸으로 오신 날입니다. 예수 그리스도는 두 팔을 벌리시고 한 손은 하나님을, 다른 한 손은 인간의 손을 잡고 완전한 중보자로 오신 분이십니다. 다시 말하면 하나님과 인간의 단절을 연결하여 하나로 통하게 하신 분이라는 말씀입니다.

그리스도께서 이 땅에 오심은 당신의 생명을 남김없이 피 한방울까지도 온전히 다 우리에게 쏟아 주시기 위한 사랑 때문이었습니다. 우리가 이기적으로 "Merry Christmas"를 외치지만 이 날은 하나님께서 인간들을 위하여 죽으러 이 땅에 오신 날입니다.

따라서 크리스마스는 인간 구원을 위한 예수 그리스도의 고난의 출발이며, 십자가를 향한 첫 내디딤의 날인 것입니다.

2. 그에게는 충만함이 있다

오늘 말씀은 그리스도께 충만함이 있다고 증거합니다. '충만함'은 헬라어의 '프레로마'로서 가득 차 넘쳐흐르는 상태를 말합니다. 그러므로 예수 그리스도는 은혜와 진리가 충만하여 넘치고 있는 생명의 주라는 말씀입니다.

하나님께서 메마른 우리에게 생명과 사랑의 호수를 연결하시고, 생수의 근원으로부터 생수를 연결하시어 새 영을 부으시고, 은혜와 진리를 넘치게 하시려고 오신 것이 크리스마스입니다. 그러므로 성탄절은 예수께서 충만한 은혜를 인간에게 주시려고 세상에 오신 날입니다.

우리 인생에 있어 삶의 도중에 덜컥덜컥 서는 이유는 무엇입니까? 이는 진리의 에너지가 없어서입니다. 은혜의 고갈 때문입니다. 은혜 충만하여 삶의 순탄대로를 걷기 바랍니다.

3. 그의 충만함이 우리에게

본문 16절의 "받으니"라고 하신 말씀을 주목하십시오. 아무리 은혜가 넘쳐도 소유하지 아니하면 자기의 것이 아닙니다. 그림의 떡일 뿐입니다. 은혜를 받은 자만이 느낄 수 있고, 받은 자만이 은혜에 감사할 수 있는 것입니다. 하나님께서 이 세상에 충만한 은혜를 주시려고 목숨까지 내놓으시면서, 외아들을 십자가에 못박으셨음을 우리 인간들이 알지 못하고 받지 못한다면 그 사랑이 무슨 의미가 있겠습니까?

예수님께서 성령으로 잉태되어 오심은 새 역사를 창조하겠다는 것으로 이는 인간의 재창조를 의미합니다. 그러므로 우리는 그리스도 안에서 재창조 되어 새로운 피조물로서 새로운 삶의 의미를 부여받아야 합니다. 결혼한 남녀가 한 방에서 사는 것이 당연한 것처럼 크리스마스는 마음의 문을 열고 신랑 되신 주님을 맞이하며 주님과 하나 되는 날입니다.

여러분이 그리스도의 충만함에서 모든 것을 받으셨고, 채워지셨다고 생각하십니까? 그렇다면 내 삶 속에서 한 손으로는 주님의 손을 잡고 다른 한 손으로는 불우한 이웃의 손을 잡으시길 바랍니다. 내게서 먼저 넘쳐 나가야 합니다.

성탄절이 무슨 날입니까? 하나님께서 인간의 삶 속에 뛰어드신 날입니다. 이제 우리도 영육간에 괴로움을 당하는 이웃의 삶 속에 뛰어들어가야 합니다. 그의 충만한 데서 받은 은혜를 나누어 주십시오. 그리스도인들은 영육간에 물질로 헐벗고, 굶주리고, 외로운 자들 속에서 크리스마스를 재조명하는 하나님의 사람들이 되어야 합니다. (영)

115. 흑암에 비췬 큰 빛 (마 4:12~17)

종교개혁자 칼빈은 "인간에 대한 지식이 없이는 하나님에 대한 지식이 있을 수 없다."고 말했습니다. 인간은 하나님의 형상으로 창조되었습니다. 따라서 인간을 알지 못하면 하나님에 대한 지식이 없으며, 하나님에 대한 지식이 없이는 인간에 대한 지식이 없다는 것입니다. 하나님과 인간의 참 모습을 보여 주시는 분은 바로 예수님입니다. 예수님의 사역을 성경은 "흑암의 백성에게 비췬 큰 빛"으로 소개합니다.

1. 흑암에 앉은 백성

성경이 보여 주는 세상은 지척을 분간할 수 없는 어두움입니다. 이 어두움은 사망의 그늘입니다. 인간은 참 구원의 진리를 모르고 죽음을 향하여 갑니다. 아담과 하와 이후로 인간은 죄로 말미암아 죽은 존재가 되었습니다. 인간은 죽음 안에 있는 존재요, 무지 속에 있는 존재입니다. 죄를 지은 인간은 이미 지옥과 같은 흑암에서 사는 존재입니다. 타락한 인간은 죄 가운데서 태어나서 죄를 짓습니다. 사망의 음침한 골짜기에서 방황하며 서로 미워하며 죽이고 있습니다.

창세기 6장에서는 인간이 범죄하여 육신이 되었음을 보여 줍니다. 하나님이 지으신 인간이 범죄하여 하나님의 영이 더 이상 함께하시지 않자 인간은 흑암 중에 거하였습니다. 결국 하나님은 인간을 심판하실 수밖에 없으셨습니다. 여기에 필요한 것이 바로 구원의 빛입니다.

2. 큰 빛이신 예수님

요한복음 1:9을 보면 예수님에 대하여 "참 빛 곧 세상에 와서 각 사람에게 비추는 빛이 있었나니"라고 했습니다. 예수님은 흑암 중에 있는 자에게 참 빛이요, 사망의 그늘에 있는 자에게 구원이십니다. 예수님이 세상에 오시기 전에 자기가 빛이라고 주장하는 이들이 있었습니다. 그러나 그들은 모두 어두움이었습니다.

오직 예수님만이 유일한 참 빛이요, 사람들을 구원으로 인도하는 진정한 빛이십니다. 예수님이 오시기 전에 인간은 사망과 절망과 두려움 속에서 떨고 있었습니다. 그러나 예수 그리스도는 그의 죽으심과 부활을 통하여 영원한 생명에 들어가는 길을 열어 주셨습니다. 예수님은 사람들의 무지와 절망과 사망의 어두움을 다 몰아내시고, 생명의 빛을 비추셨습니다. 그래서 예수님을 믿는 사람들에게는 기쁨의 빛과 생명의 빛이 있습니다. 그리스도인들은 인간의 고통과 절망을 다 가져 가시고, 생명을 주신 주님 안에서 항상 기뻐하는 자들입니다.

3. 세상의 빛인 그리스도인

생명의 빛이신 예수님과 동행하는 자는 세상의 빛으로 살아갑니다. 성경은 "너희에게 아직 빛이 있을 동안에 빛을 믿으라 그리하면 빛의 아들이 되리라"(요 12:36)고 했습니다. 어두운 곳에서는 길을 찾을 수 없습니다. 빛의 자녀는 흑암의 세상을 향하여 구원의 길을 제시하고 그 길을 보여 줍니다.

그리스도인은 구원의 길을 압니다. 구원의 길을 모르는 사람들이 그리스도인을 만나면 길이 열립니다. 분명한 삶의 방향의식을 가지고 살게 됩니다. 여기에 그리스도인들이 세상에 복음을 전해야 할 분명한 이유가 있습니다. 예수님은 세상의 구원이요, 길이요, 빛이요, 생명이십니다. 허드슨 테일러 선교사가 지쳤을 때 하나님은 그에게 하루에 수천 명씩 지옥에 가는 꿈을 보여 주셨습니다. 그는 다시 힘을 내어 일어나 복음을 전했습니다. 성탄의 계절을 맞아 그리스도인은 힘 있게 복음을 전해야 합니다. (큰)

116. 위로를 기다리는 자 (눅 2:25~39)

성탄절을 맞이하는 참 모습은 무엇입니까?

천사는 "지극히 높은 곳에서는 하나님께 영광이요 땅에서는 하나님이 기뻐하신 사람들 중에 평화로다"(눅 2:14)라고 메시지를 전했습니다. 성탄절은 온 인류에게 큰 기쁨의 소식입니다.

그러나 그 당시 예수님을 만난 기쁨을 누린 사람은 극소수였습니다. 오히려 성탄의 소식을 듣고 예수님을 죽이려 했던 헤롯왕 같은 사람도 있었습니다. 이들에게 성탄은 기쁨의 소식이 아니라 저주의 소식이었습니다. 그는 만왕의 왕 앞에 경배하기보다는 두려워하여 살인을 계획하였습니다. 오늘 우리는 성탄절을 어떻게 맞이해야 합니까?

1. 의로우며 경건한 사람

성경은 성전에서 아기 예수님을 뵈었던 두 사람을 소개합니다. 그중에 시므온은 사람됨이 의롭고 경건하여 이스라엘의 위로를 기다리는 자였습니다. 그는 주의 날을 보기 전에 죽지 않으리라는 성령의 지시를 받았습니다. 그는 성전에 오신 예수님을 품에 안고 기쁨으로 하나님을 찬양하였습니다.

또 한 사람은 평생 성전을 떠나지 아니하고 주야로 금식하며 기도로 하나님을 섬긴 과부 안나였습니다. 이 두 사람이 아기 예수님을 만난 것은 결코 우연이 아니었습니다. 그들은 항상 이스라엘의 위로를 기다렸고 기도하는 사람이었습니다. 누구나 메시아를 만나기 원한다고 하지만 진실로 기다리지는 않는 것 같습니다.

당시 유대교의 예배는 형식화되고 생명이 없었습니다. 백성들은 정신적 방황과 혼돈에 빠졌습니다. 종교 지도자들은 하나님의 말씀으로 백성들을 이끌어 가지 못하고, 깊은 영적 침체에 빠져 있었습니다. 그들은 메시아를 향한 기대와 준비가 없었습니다. 오직 깨어 기도하며 하나님을 사모하는 의로운 자만이 메시아를 만났습니다.

2. 이스라엘의 위로이신 메시아

시므온은 매일 이스라엘의 위로를 기다리는 자였습니다. '위로'의 헬라 원어의 의미는 세 가지가 있습니다. 첫째, 도움을 요청한다는 뜻이요, 둘째 격려한다는 의미요, 셋째 마음을 진정시킨다는 뜻입니다. 시므온이 이스라엘의 위로를 기다린 것은 하나님의 도움이며, 용기를 북돋아 주시고 상한 마음을 진정시키시는 유일한 분인 메시아를 기다린 것입니다.

예수님은 모든 질고와 아픔을 담당하신 치료자이십니다. 주님을 만나는 자는 참된 위로와 회복을 경험하게 됩니다.

예수님은 하나님의 나라를 회복하시는 분이십니다. 이스라엘이 나라를 잃고 소망을 잃고, 실의에 빠졌을 때 하나님은 메시아의 약속을 주셨습니다. 이스라엘이 절망 속에서도 일어날 수 있었던 것은 하나님의 약속이 있었기 때문입니다. 시므온과 안나가 이스라엘의 구원을 기다리는 강한 소망을 가졌을 때 예수님을 만나게 되었습니다.

그리스도인은 어떤 상황에서도 그리스도 예수를 사모하는 자입니다. 예수님이 이루실 구원과 하나님의 나라를 기다려야 합니다. 하나님의 언약이 이 땅에 이루어질 것을 믿으며 기도해야 합니다. 어두움에 빛을 주시고 생명과 소망을 주시는 예수님을 사모하며 기다려야 합니다.

그리스도인들이 성탄절을 맞이하여 교회와 민족을 위하여 하나님의 위로를 기다리며 기도한다면 하나님은 새 역사를 일으키실 것입니다. 세상의 어두움을 보며 절망하지 말고, 약속을 붙들고 기도하는 그리스도인들이 여기저기에서 일어나야 합니다. (근)

117. 아름다운 선물 (마 2:1~12)

모든 사람에게 기쁨이 되는 성탄은 사실 가슴 아픈 사랑 이야기입니다. 아들을 잃어버리는 아버지의 눈물과 그 아들의 희생 때문에 살아가고 있지만 그 사랑을 모르는 사람들의 이야기입니다. 이 기쁜 성탄의 때에 우리는 모든 사람의 기쁨을 위해서 아들을 이 세상에 내어주는 아버지의 마음을 볼 수 있어야 합니다.

성숙한 사람들은 즐거움 속에서도 그 의미를 잊어버리지 않습니다. 잔칫집을 가장 불쾌하게 만드는 사람은 잔치의 의미와 목적을 모른 채 눈앞에 있는 음식만을 탐하는 사람입니다.

모든 사람에게 미칠 큰 기쁨의 소식인 예수 그리스도의 오심을 바라보고 그 의미를 깨달았던 사람들의 이야기는 오늘 우리 삶에 주님을 어떻게 맞이해야 하는지에 대한 중요한 가르침을 줍니다. 하나님의 사랑에 응답하는 사람의 삶은 어떤 것인지 동방박사들을 통해서 잠시 생각해보기를 원합니다.

1. 동방박사들은 별이 주는 메시지를 이해했다

별은 메시아의 탄생을 알리는 하나님의 메시지였습니다. 그 밤에 이 별을 본 사람은 많았습니다. 그러나 동방박사들만이 별이 의미하는 바를 알았습니다.

본문 2절 말씀에 "유대인의 왕으로 나신 이가 어디 계시냐 우리가 동방에서 그의 별을 보고 그에게 경배하러 왔노라"고 말합니다. 인간의 비극은 어디에 있습니까? 어떤 상징을 보면서도 그 의미와 실체를 깨닫지 못하는 것이 아니겠습니까? 십자가를 바라보고, 십자가 목걸이를 목에 달고 다니면서도 정작 참된 의미와 뜻을 이해하지 못한다면 비극인 것입니다. 세례를 받으면서도 의미를 모르고 상징 속에 담긴 메시지를 찾지 못한 채 단순한 행사로 여긴다면 삶에 어떤 변화도 기대할 수 없을 것입니다. 동방박사들은 별이 주는 메시지를 이해했기에 구체적으로 삶 속에서 별을 찾아 여행을 떠날 수 있었습니다.

성탄절은 하나님께서 사람을 사랑하셔서 우리와 같이 낮아지신 사건을 기념하는 날입니다. 오늘 우리 삶의 자리를 옮기지 않겠습니까? 높은 곳에 있던 여러분의 마음을 낮은 곳으로 옮기는 마음의 여행을 시작하시지 않겠습니까?

2. 동방박사들은 아기께 경배했다

본문 11절의 "집에 들어가 아기와 그의 어머니 마리아가 함께 있는 것을 보고 엎드려 아기께 경배하고"라는 말씀을 보며 이해할 수 없는 것은 아기의 부모, 마리아나 요셉이 아닌 아무것도 모르는 어린 아기에게 경배했다는 사실입니다. 이것은 경배할 자를 알았기 때문에 가능한 행동이었습니다. 사단이 세상의 권세와 영광을 주겠다고 제안하며 예수님을 시험했을 때에 예수님께서는 "주 너의 하나님께 경배하고 다만 그를 섬기라"(눅 4:8)고 말씀하십니다.

우리의 경배 대상은 한 분, 예수 그리스도뿐입니다. 사람들은 아기 예수보다 말구유나 여관집에 관심을 갖습니다. 경우에 따라서는 마리아에게 관심을 갖습니다. 진정 우리가 섬기고 경배해야 할 대상을 바로 아는 것이 믿음이요 지혜입니다.

성탄절을 맞이하여 정말 예수 그리스도를 경배하고 있는가 아니면 나 자신이나 세상의 물질 혹은 명예나 권세를 경배하고 있는가를 살펴보아야 할 것입니다. 이렇게 분별해 보는 것이 성탄절을 맞아 우리가 가져야 할 바른 자세입니다. 경배할 대상을 잘못 정하고 있다면 돌이키십시오. 우리 삶의 우상을 분별하고 제거하는 결단을 합시다.

3. 동방박사들은 아기 예수께 예물을 드렸다

본문 11절을 보십시오. "집에 들어가 아기와 그의 어머니 마리아가 함께 있는 것을 보고 엎드려 아기께 경배하고 보배합을 열어 황금과 유향과 몰약을 예물로 드리니라". 이 예물들은 당시에도 누구에게나 소중했습니다. 자신들에게 가장 필요하고 소중한 것을 왕 되신 아기 예수께 드렸던 것입니다.

성탄절은 하나밖에 없는 가장 귀한 아들을 주신 아버지의 사랑을 말하고 있는 날입니다. 그 사랑 앞에 우리가 드려야 할 가장 귀한 것은 무엇입니까?

내게 필요 없는 것이나 쓰다 남은 것이 아니라 나에게도 주님에게도 그리고 사람들에게도 가장 소중하고 필요한 것을 드려야 하지 않겠습니까? 황금이 없으면 당신의 몸을, 유향이 없으면 당신의 사랑을, 몰약이 없으면 당신의 인생을 주님께 드리십시오. 그리스도 안에서 받은 하나님의 사랑과 생명이 귀하다면 이제 진심의 고백을 하나님께 드리십시오.

한 큰 별이 동방박사를 아기 예수께 인도했듯이 이제 내 삶이 다른 사람들, 주님을 만나기 원하는 사람들을 주님께로 이끄는 별이 되기를 헌신하십시오.

성탄의 의미를 아는 사람은 예수님이 왕으로 오신 것을 아는 사람입니다. 그분을 왕으로 믿는 사람은 왕께 드릴 마땅한 것을 드리는 사람입니다. 가장 아름다운 사랑의 고백을 드리는 성탄절, 가장 진실된 마음을 삶으로 드릴 수 있는 성탄절이 되시기를 바랍니다. (쥰)

118. 베들레헴에서 나셨네 (마 2:1~12)

성탄절을 전후하여 위로받아야 할 자가 위로받고, 용기를 얻어야 할 자가 소망 중에 즐거워하며, 환난을 참으면서 혼란스러웠던 시간들을 정리할 시기입니다. 예수님은 풍요로운 마을에서 나실 수도 있었고 찬란한 문명 속에서 탄생하실 수도 있었는데 왜 하필이면 베들레헴에서 나셨을까요?

1. 선지자가 예언했기 때문입니다

구약성경에는 예수님의 나심을 350회 이상 예언하고 있습니다. 이사야는 예수님이 처녀의 몸에서 나실 것을 예언하였고 그 이름에 관해서도 예언했습니다. 또 미가 5:2에는 "베들레헴 에브라다야 너는 유다 족속 중에 작을지라도 이스라엘을 다스릴 자가 네게서 내게로 나올 것이라"고 했는데 그 예언대로 예수님은 베들레헴에 나셨습니다. 성경은 예수님에 관한 책이요 예수님에 대한 증거의 책입니다(요 5:39).

구약은 오실 예수님에 관한 기록이요, 신약은 오신 예수님에 관한 기록입니다. 선지자의 많은 예언이 모두 이루어진 것처럼 기독교는 말씀 위에 서 있는 종교입니다.

그중 가장 크고 중요한 예언 하나가 있는데 바로 예수님의 재림이 그것입니다. 재림에 관한 믿음이야말로 우리의 가장 소망스러운 믿음입니다. 그런데 예수님의 재림에 관한 시와 때를 알 수 없으므로 다만 '아멘 주 예수여 오시옵소서'라고 기도할 뿐입니다. 예수 탄생의 예언이 그대로 되었듯이 재림도 그렇게 될 것입니다. 예수님은 성경 말씀대로 베들레헴에 나셨습니다. 찬송 작사가 바우링이 "우리 구주 나신 날 목자 영광 볼 때에······ 예수 그리스도 우리 주 베들레헴에 나셨네"라고 찬양했는데, 우리들 역시 예수님 다시 오실 때까지 이 찬송을 성탄절마다 부르게 될 것입니다.

2. 다윗의 고향이기 때문입니다

마태복음 1장은 예수님의 족보인데 예수님께서 다윗의 자손임을 말합니다. 그러므로 주님이 다윗의 고향인 베들레헴에서 나신 것은 당연한 일입니다. 예수님 탄생 때 동방박사들이 예루살렘에 도착하여 유대인의 왕으로 나신 이가 계신 곳을 묻고 경배하려고 왔다는 말을 듣고 헤롯왕은 깜짝 놀라게 됩니다. 제사장들과 서기관에게서 유대 땅 베들레헴이라는 것을 알고 난 헤롯왕은 예수를 죽이려고 작정합니다. 헤롯왕에게 유대의 왕인 예수의 존재는 위험스러웠던 것입니다.

이사야의 예언대로 예수님은 유대의 왕이요 평강의 왕으로 나셨습니다. 물론 그의 나라는 이땅에 있는 것은 아니었으나, 무리들은 예수님을 왕으로 삼고자 한 적도 있었습니다. 동방 박사들이 아기 예수께 무릎을 꿇었듯이 모든 인생이 무릎을 꿇어야 합니다. 예수님은 만왕의 왕이시기 때문입니다. 선교사 허드슨 테일러의 말처럼 내 마음의 왕좌에 예수님을 가장 위대한 왕으로 모셔야 하고 교회와 가정과 직장 그리고 민족의 가슴에 예수님을 크신 왕으로 모실 때 이 모두가 번영할 것입니다.

3. 신분에 적합하기 때문입니다

누가복음 2:8에 "그 지역에 목자들이 밤에 밖에서 자기 양떼를 지키더니"라고 했는데, 베들레헴은 목동의 고을로 목자로 오신 예수님이 그곳에서 나신 것은 당연합니다. 본문 6절은 미가 선지자의 말을 인용한 것으로 예수님이 이스라엘의 목자가 될 것이라고 예언했고, 요한복음 10:10에는 "내가 온 것은 양으로 생명을 얻게 하고 더 풍성히 얻게 하려는 것이라"고 친히 말씀하셨습니다.

예수님은 선한 목자이시고 우리 모두는 그의 기르시는 양입니다. 예수님은 우리 영혼의 목자(벧전 2:25), 양을 위하여 목숨을 버리는 선한 목자(요 10:11)입니다.

베들레헴은 두 단어의 합성어로 '떡집'이라는 뜻으로, 생명의 떡으로 오신 아기 예수님이 베들레헴에 오신 것은 자연스러운 일입니다. 예수님은 생명의 떡이요(요 6:48), 하늘에서 내려온 산 떡(요 6:51)으로, 주린 자가 이 떡을 먹으면 영생을 얻게 됩니다.

그러므로 우리의 영혼이 목마를 때 생명의 떡이 되신 주님께 나아가면 부족함이 없도록 채우실 것입니다(시 23편). 주님은 우리의 필요를 공급하시며 일용할 양식을 주시는 분이십니다. 따라서 "여호와는 나의 목자시니 내가 부족함이 없으리로다"는 다윗의 고백은 성도의 노래입니다. 성도는 모든 것을 주께 맡기고 염려와 근심 걱정을 주 앞에 내어놓아야 합니다.

동방박사들은 예수님을 만나러 왔다가 종내에는 마음 안에 예수님을 모시고 돌아갔습니다. 우리도 예수님을 마음 중심에 왕으로 모셔야 합니다. 그리하면 변화를 얻고, 진리의 길을 갈 수 있고, 우물가의 여인처럼, 삭개오처럼 새 길을 갈 수 있습니다. 삶의 핸들을 돌려 주님이 가신 길을 걷고, 새사람이 됩시다. (규)

119. 큰 기쁨의 좋은 소식(눅 2:8~11)

　12월이 되면 거리는 온통 성탄 장식과 크리스마스 캐럴이 온 거리를 가득 채웁니다. 유럽 쪽에서는 추수감사절이 지나면 바로 성탄 장식을 하고 즐거워합니다. 백화점마다 더 요란하게 성탄 장식을 하고 손님을 맞이합니다. 그런데 과연 저들이 성탄절의 의미를 바로 알고 기뻐하는 것인지 생각하게 됩니다.
　하나님은 예수님이 태어나신 성탄의 밤에 천사들을 통하여 온 백성에게 미칠 큰 기쁨의 좋은 소식을 전해 주셨습니다. 이는 성탄절이 왜 온 인류에게 큰 기쁨의 소식을 전해주는 날이 되는지 그 참된 의미를 가르쳐 주신 것입니다.

1. 성탄절은 예수님께서 '우리를 위하여' 세상에 오신 날입니다

　하나님은 천사를 통하여 목자들에게 성탄절에 태어나신 예수님은 '너희를 위하여' 나신 분이라고 말씀하십니다. 즉, 예수님의 오심은 바로 '우리를 위하여' 오셨다는 것입니다. 우리의 모습은 어떠합니까? 죄에 빠져 구원의 길을 알지 못해 멸망의 길을 걸어가고 있는 우리입니다.
　하나님은 인간이 멸망길로 빠져 들어간 때부터 많은 선지자들을 통하여 죄인된 우리에게 메시아로 말미암은 구원을 말씀하셨고, 마침내 하나님의 정하신 때가 이르매 그 외아들을 죄인들의 구세주로 보내 주신 것입니다. 그러므로 하나님의 아들 예수 그리스도께서 오신 것은 죄인된 우리를 위하여 오신 것입니다. 우리의 죄인됨을 인정하고 오신 예수님을 맞이하게 될 때 우리는 죄의 자리에서 벗어나 구원의 길로 들어서게 되는 것입니다. 그러므로 성탄절은 죄인된 우리를 향하신 하나님의 사랑이 확증된 날입니다. 성탄절이 왜 기쁨의 날입니까? 죄인된 우리를 향하신 하나님의 용서와 구원의 은혜가 임한 날이기 때문입니다.

2. 성탄절은 하나님께서 '인간의 몸을 입고' 이 땅에 오신 날입니다

누가복음 2:12에 보면 "너희가 가서 강보에 싸여 구유에 뉘어 있는 아기를 보리니 이것이 너희에게 표적이니라"고 하였습니다. 아기 예수님은 하나님이 인간의 몸을 입고 이 땅에 오신 표적입니다.

성경은 "그는 근본 하나님의 본체시나…… 오히려 자기를 비워 종의 형체를 가지사 사람들과 같이 되셨고 사람의 모양으로 나타나셨다"(빌 2:6~7)고 증거하고 있습니다.

죄인을 향하신 하나님의 사랑은 우리와 같은 인간의 모습으로 오셔서, 우리가 짊어져야 할 모든 짐과 고통과 사망을 짊어지시고 대신 죽으심으로 죄인들을 구원하신 것입니다. 인간의 몸을 입고 오신 것은 우리와 동일시되심을 말합니다. 우리와 같은 인간의 몸을 입으셨기에 우리를 대신하여 죄를 짊어지셨습니다. 인간의 몸을 입으셨기에 우리의 고난과 슬픔을 아십니다.

왜 우리가 성탄절을 기뻐하고 즐거워합니까? 하나님이 친히 인간의 몸을 입고 우리에게 오셔서 구원을 이루어 주셨기 때문입니다.

3. 성탄절은 예수께서 '우리를 구원하시는 구주'로 세상에 오신 날입니다

성탄절은 죄인을 구원하시는 구세주가 이 땅에 오신 날입니다. 예수님은 이 땅에 오셔서 제자들에게 자신이 누구로 평가를 받고 있는가를 물으셨습니다. 다른 사람들은 예수님을 향하여 "세례 요한, 더러는 엘리야, 어떤 이는 예레미야나 선지자 중의 하나"(마 16:14)라고 하였지만, 베드로는 "주는 그리스도시요 살아 계신 하나님의 아들"로 고백함으로 말미암아 큰 복을 받았습니다. 예수님은 메시아, 즉 '구원의 주'로 이 땅에 오신 것입니다.

죄로 말미암은 인간의 결과는 멸망이었습니다. 그래서 인류는 죄에서의 구원을 위하여 많은 수고와 노력을 하였지만 허사였습니다. 이러한 죄인들을 위하여 예수님을 구주로 보내신 것입니다. 예수님의 이름은 천하 사람 중에 구원얻을 만한 유일한 이름입니다. 누구든지 예수님을 부르면 멸망치 않고 구원을 얻습니다. 누구든지 예수님을 영접하면 하나님의 자녀가 되는 권세를 주십니다(요 1:12).

공자도 석가모니도 모하메드도 맹자도 다 훌륭한 분들입니다. 그들의 도덕적인 가르침은 대단히 훌륭합니다. 그러나 인간의 죄를 책임지고 대신 죽어 준다거나, 영생에 대하여는 한마디의 말도 하지 않았습니다. 그러나 유일하게 예수님은 "내가 곧 길이요 진리요 생명이니 나로 말미암지 않고는 아버지께로 올 자가 없느니라"(요 14:6)고 말씀하셨습니다.

예수님만이 우리의 영생의 문제를 해결하셨습니다. 예수님 안에 영생이 있습니다. "아들이 있는 자에게는 생명이 있고 하나님의 아들이 없는 자에게는 생명이 없느니라"(요일 5:12)고 말씀합니다.

성탄절은 죄인된 우리를 위하여 하나님의 아들이 이 땅에 오셔서 우리를 구원하심으로 하나님의 사랑이 확증된 날입니다. 그 성탄절을 기쁘고 즐겁게 맞이하시기 바랍니다. (규)

120. 별빛 따라 가는 길 (마 2:1~10)

성탄절이 다가오면 어떤 이들은 그동안 까마득하게 잊어버렸던 정다운 사람들에게 크리스마스 카드를 보내기도 하고, 사랑의 마음을 담은 조그만 선물을 전해야겠다는 마음이 일어나기도 합니다.

그런데 이 크리스마스 선물의 유례는 무엇인가요? 그것은 아무래도 마태복음 2장에서 동방박사 세 사람이 별빛 따라서 저 먼 데로부터 강을 건너고 사막을 넘어서 베들레헴 아기 예수께 나아가 황금과 유향과 몰약을 선물로 드린 데서 그 연유를 찾아야 할 것입니다.

그들은 많은 날들을 온갖 고생을 겪으면서 오직 하늘에 비치는 강한 별빛을 따라 왔는데 실제로 아기 예수님을 만났을 때에 그 감격이 얼마나 컸겠습니까? 동방박사 세 사람이 아기 예수님 앞에 엎드려 경배할 때 두 눈에서는 하염없는 눈물이 흘렀을 것입니다.

여기에서 우리가 영감을 얻게 됩니다. '인생이란 바로 이런 것이구나!' 말하자면 어느 날 진리의 별빛을 발견하고 그 빛을 따라가는 구도자로서의 인생을 알게 됩니다. 그리고 드디어 그 빛이 인도하는 종국의 목적지에 이르게 되었을 때의 감격도 알게 됩니다.

1. 인생은 누구나 진리를 찾아 길을 떠나는 구도자입니다

동방박사들은 하늘의 별들과 우주의 이치를 연구하는 천문학자요, 철학자들이었습니다. 어느 날 그들은 하늘의 많은 별들과 전혀 다른 큰 별의 출현을 보았습니다. 그들은 가족과 친척과 정든 거리를 떠나서 오직 그 별빛을 따라 길을 떠났습니다. 그들이 가는 길엔 온갖 어려운 역경이 많았습니다. 그들의 삶은 인생에 대하여 이렇게 말해 주고 있습니다.

"인생이란 태어나서 진리의 별빛을 찾는 구도의 길이고 마침내 그 도리를 깨닫게 되면 그 진리를 따라 살다가 자신의 인생 최고의 것으로 왕께 예물을 드리고 그의 나라에 들어가 영원히 사는 것이다."

인생은 누구나 동방박사입니다. 사람은 공연히 태어나 고생만 하다가 슬프게 죽는 존재가 아닙니다. 동방박사에게 목표가 있었듯이 우리 인생에게도 분명한 목표가 있습니다. 이 땅에 사는 동안 그 목표를 이루기 위하여 온갖 역경과 어려움도 겪어내는 것입니다. 진리를 추구하는 구도자로서 순례의 길을 떠나는 것입니다.

2. 그리스도인은 동방박사와 같은 순례자입니다

일찍이 철학자들은 현상과 실체라는 말을 사용했습니다. 세상에 일어나는 어떤 사물의 현상의 배후에는 그 사물의 실체가 존재한다는 것입니다. 동방박사들은 큰 별빛을 발견한 것으로 만족하지 않았습니다. 그 별의 실체이신 메시아를 만날 결심을 했습니다. 진리의 표면만으로 만족하지 않고 진리 자체를 만나겠다는 것입니다.

그들은 정말로 예수님을 만났고 아기 예수께 경배했습니다. 믿는 사람들은 세상의 다른 별빛과는 비교할 수 없이 큰 광명한 새벽별이신 예수님을 따라 나선 사람들입니다. 그렇다면 우리는 모두 이 시대의 동방박사들입니다. 우리는 모두 주님 만날 때까지 진리의 빛, 하나님의 말씀과 성령의 조명을 따라서 전진해 나아가는 순례자입니다. 그러나 우리가 명심할 것은 동방박사들은 오직 그 한 빛만 주목하고 갔다는 사실입니다.

이 세상에는 우리에게 빛을 발하는 여러 가지 좋은 것들이 많이 있습니다. 존경하는 스승님들, 역사상 유명한 현인들, 갖가지 종교와 그 종교에 속한 성인들이 빛을 발해 주고 있습니다.

우리는 그들의 존재를 부정하지는 않습니다. 우리가 예수님을 알기 전까지는 그런 것들이 안내자가 되기도 하고 몽학선생이 되기도 합니다. 그러나 참 빛이신 예수님을 참으로 알게 된 후에는 그 빛이 너무 크고 밝아서 다른 빛들은 전혀 비교되거나 주목할 필요가 없게 된 것입니다. 오직 예수님만 바라보고 순례의 길을 갑니다.

3. 주님의 광명한 빛은 전진하는 자에게 비추어 주십니다

본문 9절에 보면 "박사들이 왕의 말을 듣고 갈새 동방에서 보던 그 별이 문득 앞서 인도하여 가다가 아기 있는 곳 위에 머물러 서 있는지라"고 하였습니다.

이 말씀은 우리에게 귀한 교훈을 줍니다. 우리를 인도하시는 주님은 높은 곳에서 또 앞에서 인도하십니다. 우리는 저 높은 곳을 향하여 가야 합니다. 높은 곳이란 고상한 것을 말합니다.

바울은 오직 예수 그리스도를 아는 지식이 고상하다고 하였습니다. 그런데 현대인들은 고상한 것을 사모하지 않고 유치하더라도 재미있는 것을 원합니다. 고상한 것 대신에 비싼 것으로 대치합니다.

우리 모두 이 시간 눈을 들어 높은 곳을 바라봅시다. 예수님만 바라보고 산다면 누구나 멋지고 고상한 인격의 소유자가 될 것입니다.

어떤 철인은 "사물을 더 잘 보기 위해서는 눈을 감아야 된다."고 말하였습니다. 세상의 요란한 시련이나 유혹이 우리를 괴롭히려 할 때 세상에 대하여 눈을 감고 기도하면 비록 눈을 감았어도 더 밝은 빛을 발견하게 됩니다. 진리의 빛을 따라 살면 주님의 광명이 찬란하게 비쳐질 것입니다. (식)

121. 지상 최대의 선물 (요 3:12~17)

성탄절은 어린이부터 어른에 이르기까지 기쁨과 감사와 행복을 주는 절기입니다. '잃어버린 아기 예수'라는 어린이들의 뮤지컬이 있습니다. 그 내용은 교회에서 성탄 준비 장식으로 말구유에 누우신 아기 예수 인형을 준비하였는데 그 인형을 잃어버렸다는 것으로 시작됩니다. 그래서 실망하고, 그것을 찾으려고 형사까지 동원되어 온갖 노력을 다하게 됩니다. 그 과정을 통해서 깨닫게 된 것이 있는데 그것은 인형으로서의 아기 예수님이 아니라 각 사람의 마음속에 아기 예수님을 잃어버리지 말아야 한다는 것이었습니다.

금년 성탄절에 여러분과 여러분 가정에서 아기 예수님을 잃어버리는 일이 없어야 할 것입니다. 왜 그렇습니까? 아기 예수님이야말로 우리가 하나님께로부터 받은 지상 최대의 선물이기 때문입니다. 그러나 이 세상에 아무리 감동적인 선물이 있다 해도 하나님께서 주신 선물과는 비교할 수 없습니다.

1. 하나님은 독생자 예수님을 우리에게 선물로 주셨습니다

본문 16절 말씀에는 "하나님이 세상을 이처럼 사랑하사 독생자를 주셨으니 이는 그를 믿는 자마다 멸망하지 않고 영생을 얻게 하려 하심이라"고 기록되어 있습니다. 여기서 '주셨으니'라는 단어를 주목할 필요가 있습니다. 아들을 보내신 것이 아니라 주셨다는 것입니다. 하나님이 독생자 예수를 주시지 않았다면 크리스마스도 없고, 구원도 없고, 찬송도 없습니다. 하나님께서 아들을 선물로 주실 때 인간이 그 큰 선물을 받을 자격이 있어서 주신 것이 아닙니다.

오히려 행악자가 되어 하나님과 원수되었던 인간들에게 무조건 주셨습니다. 그러므로 믿는 이들은 하나님의 은혜로 최고의 선물을 받은 사람들입니다. 하나님은 독생자를 주셨습니다. 당신 자신을 주신 것입니다. 이제 믿는 사람들이 어떻게 살아야 하는지를 성탄을 통하여 우리에게 보여 주십니다.

그리스도인은 하나님의 뜻대로 행할 때에 행복합니다. 주님께서 우리에게 지상 최대의 선물 주심을 감사하며 우리도 베푸는 삶을 살아야 합니다.

2. 하나님의 선물은 우리를 사랑하시기 때문에 주신 것입니다

눈먼 자에게 최대의 선물은 눈을 뜨게 하는 것이요, 배고픈 자에게 최대의 선물은 배불리 먹게 하는 것이요, 갇힌 자에게 최대의 선물은 자유의 몸이 되게 해주는 것입니다.

마찬가지로 죄에 빠져 지옥에 갈 수밖에 없는 인생들에게 가장 큰 선물은 그들을 구원해 주는 것입니다. 하나님께서는 죄인 된 인간들을 불쌍히 여겨 은혜로 구원해 주셨습니다. 성탄절은 세상과 그 가운데 있는 인생들을 사랑하라는 메시지를 친히 보여 주신 날입니다.

하나님은 나를 사랑하시고, 여러분을 사랑하시고, 북한 동포를 사랑하시고, 아프리카 난민을 사랑하십니다. 교도소의 재소자들을 대상으로 선교하는 단체인 오네시모선교회가 있습니다. 그 선교회에서는 한때 잔악 무도한 죄를 저질러 사형을 받았던 지존파 일당들을 전도하여 세례를 주기도 하였습니다. 우리는 그들을 사랑할 줄 몰랐는데 그 선교회는 그 악독한 죄인인 지존파 일당일지라도 불쌍히 여기고 기도하며 사랑하고 있었습니다.

악한 자를 벌 주고 심판하는 것은 우리의 몫이 아닙니다. 우리의 몫은 그들을 불쌍히 여기는 일입니다. 누구든지 불쌍히 여기고 사랑하는 일 외에 우리에게 더 중요한 일은 없습니다. 하나님의 사랑을 생각하며 소외된 자들에게 사랑을 베푸는 성탄절이 되어야 할 것입니다.

3. 하나님의 선물은 영생입니다

　세상의 선물은 아무리 좋은 선물이라도 없어지고 낡아지고 소멸됩니다. 그러나 하나님의 선물은 멸망치 않고 영생을 얻게 하심이라고 했으니 영원한 생명입니다. 우리가 전도하여 그 영혼이 구원을 받는다면 우리가 그들에게 영생을 선물로 주는 것이 됩니다.

　하나님께서 우리에게 주신 그 영생의 선물은 얼마나 크고 신비한지 얼마든지 나누어 줄 수가 있습니다. 아무리 많이 나누어 주어도 줄지 않고 오히려 더 완전해지고 커지고 빛나게 됩니다.

　우리가 중국와 일본과 필리핀과 세계의 땅끝까지 선교하여 그들이 영생의 선물을 받게 된다면 얼마나 기쁜 일이겠습니까? 세계의 곳곳에서 절망 중에 살다가 멸망할 수밖에 없는 영혼들이 선교사들에 의해 예수를 영접하고 영생을 얻고 새사람이 되어 살아가고 있습니다.

　하나님께서 우리를 불쌍히 여기고 사랑하였으니 우리는 온 세상 사람을 불쌍히 여기고 사랑해야 합니다. 또한 이 선교의 대열에 힘을 모아 힘차게 전진하여야 할 것입니다. 성탄절을 맞아 주님의 선물인 영생을 나누어 줍시다. 먼저 가까운 곳에 있는 분들에게 정성스런 선물을 드리면서 그리스도의 사랑을 증거하는 성탄절이 되기를 바랍니다. (식)

122. 동방박사들의 경배를 본받자 (마 2:1~12)

1. 동방박사들은 어떤 사람들이었는가

마태복음 2장에 기록된 동방박사들은 어떤 사람들이었는가? 우리말 번역에는 '동방박사들'이라고만 되어 있으나 원문에는 마고이(Magoi)라고 되어 있습니다. 이들은 전통적으로는 '지혜 있는 자'로 번역했는데 70인역에는 '천문학자들'로 번역되어 있습니다. 그러나 신약의 다른 곳을 보면 '박수'(행 13:6, 8) 즉 마술사로 번역할 때도 있었습니다.

물론 이 때에는 천문학자들과 점성술사들이 구별되기 이전이기 때문에 번역하기가 쉽지 않습니다. 분명한 것은 이들은 하늘의 별들을 통해서 하나님의 징조를 찾아내는 사람들이었습니다. 아마도 '별들을 연구하는 사람들'이라고 번역하는 것이 가장 적합한 번역이라고 할 수 있습니다. 사실 이들의 숫자도 정확하게는 알 수 없습니다. 다만 그들이 가지고 온 예물이 세 가지였기 때문에 우리는 흔히 동방박사 세 사람이라고 말합니다. 당시 이들은 바벨론 가까이에 있는 파르티아의 고위직에 있는 사람들이었던 것 같습니다.

그들은 셉투아진트(70인역)를 알고 있었기 때문에 메시아의 예언에 대해 많이 알고 있었습니다. 중요한 것은 메시아로 오신 아기 예수님을 만나기 위해서 수천 킬로의 긴 여행을 했다는 점입니다. 이를 위해 오랜 시간을 소모했고, 게다가 세 가지의 예물까지 준비하여 경배하러 왔습니다. 본문 10절에 이렇게 기록하고 있습니다. "그들이 별을 보고 가장 크게 기뻐하고 기뻐하더라". 그 결과 메시아 되신 아기 예수님을 만났고 경배하고 돌아갔습니다.

2. 세 가지 선물의 의미

여기서 중요한 것은 그들이 가지고 온 선물이 그냥 가지고 온 것이 아니라는 점입니다. 황금과 유향과 몰약은 바로 그들이 예수님을 어떻게 보았느냐를 보여 주기 때문입니다. 황금은 아기 예수님을 왕으로 보았다는 뜻이고, 유향은 예수님을 대제사장으로 보았다는 뜻이고, 몰약은 예수님을 우리를 위해서 희생의 제물이 되어 죽으실 구주되심을 믿었다는 뜻입니다.

3. 헤롯을 만나지 않고 고국으로 돌아간 동방박사들

동방박사들은 헤롯 왕으로부터 자기도 왕으로 오신 예수님을 경배하겠다며 예수님이 계신 곳을 가르쳐달라는 부탁을 받았기 때문에 큰 부담이 되었지만, 꿈에 헤롯에게로 돌아가지 말라는 지시함을 받아 다른 길로 고국에 돌아갔습니다(12절). 여기서 우리는 주님을 만난 사람은 만나기 전의 길로 가지 말고 다른 길로 돌아가야 한다는 진리를 배울 수 있습니다.

아기 예수님의 탄생이 얼마나 큰 역사적 의미가 있는가는 성탄절이 가까워진 때에 이스라엘에 가보면 직접 눈으로 확인할 수 있습니다. 이스라엘 텔아비브의 국제공항에는 11월 정기항로 외에 임시 전세 비행기까지 날아와 성탄관광객을 쏟아놓습니다.

예루살렘에서 베들레헴까지 8킬로의 연도에는 전등불로 휘황찬란하게 장식되어 있고, 24시간 직행버스가 운행됩니다. 베들레헴의 성탄교회 앞 광장에는 200여 개의 스피커와 휘황찬란한 네온사인이 성탄 관광객들의 마음을 들뜨게 합니다. 성탄 전야에는 20여 개국의 찬양대가 합창하며 축하예배를 드리기도 합니다. 이것은 성탄절이 세계적인 의미를 가진다는 것을 말해 줍니다. (종)

123. 죄인을 부르러 오신 예수님 (마 9:9~13)

1945년 8월 6일 원자폭탄이 히로시마에 떨어졌습니다. 이 때 투르먼 대통령은 아우구스타의 갑판에서 점심을 들고 있었습니다. 그 때 백악관 참모가 투르먼 대통령에게 쪽지를 전달했습니다. "커다란 원자 폭탄이 워싱톤 시간 8월 6일 7시 15분에 히로시마에 떨어졌습니다." 대통령은 오랫동안 어리벙벙하게 침묵을 지키고 있었습니다. 그 후 그는 참모에게 "이것은 역사에서 가장 큰 사건이군." 하고 말했습니다.

물론 그것은 제2차 대전을 종결케 한 큰 사건이었습니다. 그러나 더 큰 사건은 바로 역사 속에 예수님이 오신 것입니다. 그래서 우리는 역사를 주전과 주후로 나누어 말합니다.

1. 예수님께서 이땅에 오신 목적

지금은 성탄절이 캐럴로 시작되고 있습니다. 예수님과 전혀 관계가 없는 절기로 변하고 있습니다. 이것은 대단히 심각한 것입니다. 이러다가는 예수님 없는 성탄절이 될 수도 있기 때문입니다. 우리는 왜 예수님이 이 땅에 오셨는지 알아야 합니다. 요한복음 10:10에서 예수님은 분명하게 말씀했습니다. "내가 온 것은 양으로 생명을 얻게 하고 더 풍성히 얻게 하려는 것이라"

두 가지의 중요한 목적을 말씀했습니다. 첫째, 양으로 생명을 얻게 하는 것과 둘째, 더 풍성한 삶을 살게 하는 데 그 목적이 있다고 했습니다.

2. 죄인 취급당하던 마태를 부르심

오늘 본문 마태복음 9:9~13의 말씀은 예수님께서 마태를 제자로 부르신 소명장입니다. 당시 마태는 세리였기 때문에 많은 사람들에게서 소외된 채 살았습니다. 죄인 취급을 당했습니다. 그는 외적 생활에는 풍족했으나 항상 마음이 공허했고, 괴로움이 많았습니다. 유대인들의 회당에도 들어가지를 못했습니다.

그러던 어느 날 그가 가버나움의 세관에 앉아 있을 때에 예수님께서 지나가시다가 마태를 보시고 그를 불렀습니다. 그는 지금까지 살면서 남들에게서 환영을 받은 적이 없었습니다. 그런데 주님께서 "나를 따르라" 하시며 그를 부르신 것입니다. 마태는 너무도 기뻐서 예수님을 그의 집으로 초대했습니다. 당시 바리새인들은 만날 수도 없고, 또 초대를 해도 만나 주지를 않았습니다. 그런데 예수님께서는 마태를 부르시고, 그의 집에까지 오신 것입니다.

3. 죄인들을 구원하시기 위해 오신 예수님

바리새인들에게는 세리 마태를 부르신 예수님이 이상하게 보였습니다. 왜냐하면 바리새인들은 세리들과는 전혀 교제를 하지 않았기 때문입니다. 이런 바리새인들의 비난에 대해 주님은 의원은 병든 자에게만 필요하다고 하시면서 주님이 바로 영적으로 병든 자들을 구원하기 위해서 오신 영적 의원이라고 말씀했습니다. 그러면서 "내가 의인을 부르러 온 것이 아니요 죄인을 부르러 왔노라"(13절)고 말씀했습니다.

여기서 우리는 예수님께서 이땅에 오신 근본 목적이 죄인인 인류를 구원하기 위함임을 발견합니다. 따라서 성탄절은 성도들끼리 함께 즐거워하는 것만으로는 부족합니다. 예수님을 필요로 하는 모든 사람들에게 소개시켜 주고, 그들로 하여금 죄의 문제를 해결할 수 있도록 해야 합니다.

성탄절을 전도의 기회로 삼으시는 성도들이 되시기 바랍니다. (종)

124. 기회를 놓친 여관집 주인 (눅 2:1~14)

누가복음 2장에 나오는 아기 예수님의 탄생 기록 중 가장 안타까운 것은 여관집 주인이 자기 집에서 태어난 메시아를 만나지 못한 일입니다.

1. 역사가인 누가

누가는 예수님의 탄생 기사를 기록하면서 가이사 아구스도가 호적하라고 영을 내린 해, 즉 "구레뇨가 수리아의 총독이 되었을 때에 처음 한 것이라"(2절)고 소개하고 있습니다. 이것은 예수님의 탄생을 세계사적인 면에서 보았기 때문에 그렇게 기록한 것입니다.

당시 호적령은 두 가지의 목적이 있었습니다. 첫째는 군인들을 징집하기 위한 통계자료로 사용하기 위해서였고, 둘째는 세금 징수의 액수를 결정하기 위해서였습니다.

이처럼 하나님께서는 아우구스도를 통해 주님의 탄생을 준비케 한 것입니다. 그것은 하나님께서는 세계의 모든 역사를 다 섭리하신다는 것을 보여 줍니다.

2. 말구유에서 태어난 예수님

당시 임신한 마리아에게는 해산의 진통이 시작되었기 때문에 어디든지 숙박해야만 했습니다. 아마도 여관집 주인은 이런 딱한 사정을 보고 말구유에 머물도록 허락하였을 것입니다.

작은 마을인 베들레헴에서 아우구스도의 호적령은 여관집 주인에게는 돈을 벌 수 있는 좋은 기회였습니다. 문제는 더 큰 기회를 알지 못한 데 있습니다. 영의 눈이 어두웠기 때문입니다. 역사상 최초로 아기 예수님을 모실 수 있는 기회가 왔는데 여관집 주인은 그 기회를 놓친 것입니다. 우선순위를 바로 알지 못했기 때문입니다.

만약 여관집 주인이 자기의 방이라도 내어놓았다면 이땅에서의 행복은 물론 천국에서의 상이 얼마나 컸을까요? 정말 장사를 할 줄 모르는 여관집 주인이었습니다.

인생의 모든 운명과 축복은 기회를 얻느냐, 잃느냐에 따라 결정됩니다. 이것은 당시에 살았던 헤롯 왕이나 동방박사들이나 여관집 주인이나 양을 치던 목자들의 경우를 비교해 보면 금방 알 수 있습니다.

성탄의 참 뜻에 대해 미국의 어떤 선교사가 이런 말을 한 적이 있습니다. 선교사 부부는 일본의 지찌부에 처음으로 선교하기 위해서 왔는데 마침 성탄절기 때였다고 합니다. 미국에서처럼 여기저기에서 서로 카드도 보내고, 크리스마스 트리도 세우고, 선물도 교환하고, 아이들은 산타클로스를 기다리는 것을 보았습니다.

그러나 그들은 정작 성탄의 주인공이신 예수님께서 그들 곁에 오셨다는 사실에는 전혀 관심이 없었습니다. (종)

125. 베들레헴에서 나신 주님(미 5:2~4)

구약에는 예수님이 여자의 후손으로 태어날 것, 아브라함의 자손으로 태어날 것, 유다 지파에서 태어날 것, 다윗의 위를 상속할 것, 동정녀 탄생, 헤롯이 유아들을 학살할 것, 애굽으로 피난할 것들이 모두 예언되어 있습니다. 예수님의 탄생이 이렇게 여러 군데에 정확하게 예언되어 있다는 것은 예수님이 메시아이시며, 성경은 하나님의 말씀이라는 증거 가운데 하나입니다. 미가는 예수님이 베들레헴에서 태어날 것을 예언했는데 베들레헴이 작은 곳이라는 것을 강조하였습니다. 예수님은 약한 존재, 작은 존재, 보잘것없는 존재, 주목받지 못하는 존재, 멸시받는 존재들 가운데서 그들을 위해 태어나셨음을 강조하기 위해서입니다.

1. 하나님은 작고 보잘것없는 존재를 들어 큰 일을 하십니다

"나는 작고 보잘것없는 존재이다."라는 자기비하의 생각을 갖고 있는 분들이 많습니다. 바른 생각이 아닙니다. 생각을 바꿔서 "나는 하나님의 형상을 따라 지음받은 귀한 존재이다."라고 생각해야 합니다. 다른 사람들과 비교하면서 내가 상대적으로 보잘것없다고 여기는 사람들도 많은데 이런 비교는 사람을 불행하게 만듭니다.

베들레헴은, 예루살렘은 물론 세겜이나 여리고 등과 비교가 되지 않는 보잘것없는 촌락이었지만 하나님은 예수님을 그곳에서 태어나게 하셨습니다. 하나님께서는 '말째(막내)'인 다윗을 들어 이스라엘의 성군을 삼으셨고, 그의 혈통에서 예수님이 태어나게 하셨습니다. 키가 작은 삭개오, 어부인 베드로, 몸에 질병이 있는 바울을 들어 귀하게 쓰셨습니다.

내가 작고 초라한 존재라고 느껴지면 메시아이신 주님께서 바로 나에게 오시는 것을 알아야 합니다. 내가 사는 곳이 누추하다고 여겨지면 메시아이신 주님께서 바로 그 곳에 오시는 것을 알아야 합니다.

2. 한국은 작은 나라이지만 영적으로 창대해졌습니다

한국은 세계의 여러 나라 가운데 국토 면적을 기준으로 할 때 작은 나라에 속합니다. 그러나 영적인 면에서 한국은 세계에 많은 영향을 미치는 나라입니다. 세계에서 사용되고 있는 성경 가운데 5분의 1이 한국에서 제작되어 수출되고 있고, 선교사의 파송 숫자를 기준으로 할 때도 한국은 세계 3대 선교강국 가운데 하나입니다.

그리고 대형 교회들도 많습니다. 세계적인 기독교 기구들을 움직이는 분들 가운데 한국 교회 지도자들이 많습니다. 한국이 영적으로 더욱 창대하여 이슬람권, 유대권, 땅 끝까지 복음을 전하는 사명을 앞장서서 감당해야 하겠습니다. 베들레헴의 이름은 떡집인데 영의 양식을 세계에 골고루 나누어 주는 큰 '떡집'과 같은 나라가 되어야 하겠습니다.

3. 하나님의 때를 기다려야 합니다

미가는 "여인이 해산하기까지 그들을 붙여 두시겠다"(3절)고 했습니다. '메시아가 탄생하기까지는 시간이 더 흘러야 한다. 그 때까지는 고생을 더하게 하신다.'는 뜻입니다. 임신한 여인이 출산하기 위해서는 일정한 시간이 필요하고 진통을 겪어야 합니다. 하나님의 뜻이 이뤄지는 데는 정해진 기간이 있습니다. 예수님은 미가의 예언 이후 수백 년의 세월이 지난 다음에 탄생하셨습니다.

우리는 하나님 뜻에 의한 해산의 시기를 기다려야 합니다. 아브라함처럼 서두르다가 이스마엘을 낳지 말고 하나님 뜻에 의한 해산의 시기에 이삭을 낳아야 합니다. 진통을 이기지 못하면 옥동자를 낳을 수 없습니다. 진통은 창조적인 고통입니다. 예수님의 베들레헴 탄생의 의미를 잘 알고 인내 가운데 진통을 이기며 성탄을 맞이하시기 바랍니다. (지)

126. 참 빛이 세상에 왔습니다 (요 1:1~13)

아기 예수의 탄생에 대한 직접적인 언급을 하지 않으면서 예수님께서 이 세상에 오신 진리를 가장 잘 전해 주고 있는 성경이 요한복음입니다. "빛이 어두움에 비치되 어둠이 깨닫지 못하더라"(5절)는 성탄절의 의미를 깊이 그리고 아름답게, 상징적으로 표현한 말씀입니다.

예수님 자신이 요한복음 8:12에서 "나는 세상의 빛이다"라고 말씀하셨습니다. 성탄은 빛이 어두움에 비춰진 사건입니다. 이 빛은 참 빛입니다. 9절의 "참 빛"을 영어 성경은 "True Light", 중국어 성경은 "진광(眞光)"이라고 번역했습니다.

1. 이 빛은 등대와 같은 빛입니다

이 빛은 저 먼 곳에서 우리에게 변함없이 바른 방향을 가르쳐 주는 빛입니다. 배가 항해하는 데 자체의 불빛보다 더 필요한 것은 저 멀리서 비치는 등대의 불빛입니다. 예수님은 등대의 불빛 같은 빛입니다. 이 점이 예수님께서 이 세상의 다른 종교지도자들과 다른 점입니다. 다른 종교는 그 자체의 헤드라이트 같아서 자기 앞만 조금 비출 수 있습니다.

등대의 위치가 변하지 않는 것처럼 예수님이라는 참 빛은 그 위치가 변하지 않습니다. 그리고 2천 년 전 베들레헴에서 켜진 이후 지금까지 그 불빛이 꺼진 일이 한 번도 없습니다. 시간이 흐를수록 더 밝아지고 더 넓게 퍼져 나갑니다.

2천 년 전 이 무렵에 베들레헴 마구간에 켜진 참 빛 하나가 이제는 거의 전 세계를 밝히고 있습니다. "빛이 어두움에 비치되"는 빛이 지금도 계속해서 비치고 있다는 뜻입니다. 우리는 이 불빛을 보고 바른 방향을 찾아야 합니다.

2. 우리는 이 빛을 받아들이며 이 빛에 대해 증언해야 합니다

자폐아(自閉兒)들은 다른 아이들과의 교제를 거부하고 웅크려 살면서 외부의 충고나 외부와의 접촉을 거부합니다. 참 빛인 예수님에 대해서 자폐아 노릇을 하는 사람들이 의외로 많습니다. 요한은 참 빛이 왔는데도 영적인 어두움 속에 머물러 있는 사람들이 많음을 "빛이 어두움에 비치되 어둠이 깨닫지 못하더라"(5절)고 말하고 있습니다. 이 빛을 받아들이기를 거부하는 사람은 영혼이 비참해지므로 그 삶도 비참해집니다.

참 빛이신 예수님 앞에 나를 비춰 보면 우리의 영적 상태가 밝게 드러납니다. 참 빛에 나를 비춰 보는 일을 거부하면 내 영혼은 자신도 모르는 사이에 더 병들고 더 시들어갑니다. 우리는 용기를 내서 참 빛이신 예수님의 빛에 자신을 비춰 보아야 합니다. 참 빛은 치유의 광선을 발합니다(말 4:2). 참 빛으로 나를 비춰볼 때 내 안에 있는 불결한 것들이 도망갑니다. 밤중에 불을 켜면 바퀴벌레들이 놀라 도망가는 것과 같은 이치입니다.

우리는 이 참 빛에 대해 증언해야 합니다. 요한은 참 빛이신 예수님을 증언하기 위해서 왔습니다(7~8절). 예수님은 우리를 증인으로 부르셨습니다. 참 빛으로 오신 예수님을 맞아들이고 이 빛에 자신을 비춰보면서, 또 이 빛에 대해 증언하기를 힘쓰면서 성탄절을 맞이해야 하겠습니다.

3. 참 빛이 아닌 빛들에 끌려서는 안 됩니다

술집의 네온사인은 매우 찬란한 빛이지만 그것은 사람들의 마음을 유혹하며 방탕하게 만드는 빛입니다. 오징어잡이 배들은 환한 불빛으로 오징어들이 몰려오게 합니다. 상대를 죽는 곳으로 이끄는 빛입니다. 이단 종파의 가르침도 빛인 것 같으나 사람들을 잘못된 곳으로 끌고 가는 거짓 불빛입니다. 그런 불빛들일수록 현란합니다. 많은 사람들이 참 빛이 아닌 빛에 미혹되어 잘못된 길로 가고 있습니다. 우리는 이런 불빛에 미혹되어서는 안 됩니다.

 예수님은 참 빛입니다. 우리에게 위로를 주고 새 힘을 주는 빛입니다. 마음이 몹시 상했을 때 십자가 불빛만 보아도 위로가 되는 일이 종종 있습니다. 성탄절은 이 빛이 오신 날입니다. 이 빛을 받아들이고 따르시기 바랍니다. (지)

127. 복된 좋은 소식 (사 52:7~10)

예수께서 이 땅에 태어나실 때에 기이한 일이 여러 가지 있었습니다. 그 중 하나는 들에서 양을 치던 목자들에게 나타난 천사들의 선포와 찬양이었습니다. 누가복음 2장을 읽어 보면, 목자에게 나타난 천사가 두려워 떠는 목자들에게 다음과 같이 말하였습니다.

"천사가 이르되 무서워하지 말라 보라 내가 온 백성에게 미칠 큰 기쁨의 좋은 소식을 너희에게 전하노라 오늘 다윗의 동네에 너희를 위하여 구주가 나셨으니 곧 그리스도 주시니라"(눅 2:10~11).

예수 그리스도의 탄생은 온 세상에 미칠 큰 기쁨의 좋은 소식이라는 말씀입니다. 이와 같은 말씀을 근거하여 오늘 본문의 의미를 생각해 봅시다.

1. 평화를 공포하는 소식

피 흘리는 전쟁터에 선포되는 휴전 소식은 죽음을 눈앞에 두었던 군인들에게는 큰 기쁨이 아닐 수 없습니다. 더더군다나 전쟁이 완전히 끝나고 평화의 시대가 열렸다는 소식이 전해진다면 말할 수 없는 환희와 기쁨을 맛보게 될 것입니다.

평화의 소식 그것은 언제 어디서든지 듣기 좋고, 듣는 이마다 기쁨을 주는 소식임에 틀림없습니다. 예수께서 이 땅에 오신다는 소식은 평화를 공포하는 소식입니다.

죄로 말미암아 자기 안에서 갈등으로 두 개의 자아가 싸우던 싸움에서부터(롬 7:19~23) 세상과의 싸움, 악의 세력과의 싸움을 비롯하여 심지어는 하나님과 원수되었던(엡 2:14~16) 우리들을 평화롭게 하신다는 소식이니 정말 복되고 기쁜 소식이요 좋은 소식이 아닐 수 없습니다.

2. 구원을 공포하는 소식

예수께서 이 땅에 오실 때 성령으로 마리아의 몸에 잉태하시게 되었습니다. 마리아와 정혼했던 요셉은 의로운 사람이었고 그래서 저를 드러내지 않고 조용히 약혼관계를 끊으려고 했습니다. 그때 주의 사자가 요셉에게 말씀하시기를 마리아 데려오는 일을 두려워 말라고 하시면서 "아들을 낳으리니 이름을 예수라 하라 이는 그가 자기 백성을 그들의 죄에서 구원할 자이심이라 하니라"(마 1:21)고 하였습니다.

예수께서 이 땅에 오심은 영원히 멸망받을 수밖에 없는 죄에서 우리를 구원하시고자 함이었습니다. 몹쓸 병에 걸려 죽어가고 있는 사람에게 의사가, "당신은 이제 병에서 놓여 살 수 있다."고 말했을 때 얼마나 기쁠까요? 사형수에게 "당신은 이제 특사로 살게 되었다."고 했을 때 기쁨이 얼마나 클까요? 하물며 영원히 죽을 우리에게 영원한 생명에 이르는 구원이 예수께서 오심으로 공포되는 일이니, 정말 기쁘고 복된 소식이 아닐 수 없는 것입니다.

3. 하나님이 통치하신다는 소식

예수께서 이 땅에 오셔서 "하나님의 나라가 가까이 왔다"고 말씀하셨습니다. 여기서 말하는 하나님의 나라란 어떤 특정지역이나 공간을 의미하는 것이 아닙니다. 그것은 하나님이 다스리는 곳을 의미합니다. 다시 말해서 하나님이 다스리시고 그래서 하나님의 뜻이 이루어지는 곳이라면 어디든지 하나님의 나라가 됩니다.

내 마음이 하나님의 다스리심을 받으면 하나님의 나라가 되고 내 가정이 하나님의 다스리심을 받으면 내 가정이 하나님의 나라가 되는 것입니다.

하나님이 통치하신다는 소식은 하나님의 나라가 이루어짐을 선포하는 소식입니다. 악의 다스림으로 슬픔, 눈물, 한숨, 좌절, 죽음이 쓰레기처럼 가득했던 곳에 하나님이 통치하시니 이젠 빛이 임하셔서 기쁨, 감사, 찬송, 희망 그리고 영원한 생명의 꽃밭으로 바뀌는 복된 역사가 일어난다는 소식을 의미합니다. 그러니 정말 복되고 기쁜 소식입니다.

이와 같은 하나님의 역사가 임하시게 될 때 황폐했던 예루살렘이 기쁜 소리를 발하며 함께 노래하게 되고 하나님의 백성들은 큰 위로를 받게 됩니다. 그리고 그 구원의 소식은 세계 만방으로 전파되는 것입니다. 복된 좋은 소식이 전해지는 이 아름다운 계절에 그 소식을 우리도 이웃에게 전하는 아름다운 발을 가진 자들이 되어야 하겠습니다. (남)

128. 은혜 위에 은혜 (요 1:1~18)

은혜란 받을만한 자격이나 조건이 없는데도 놀라운 선물을 값없이 거저 주신다는 의미가 들어 있습니다. 이사야 55:1에 "너희 모든 목마른 자들아 물로 나아오라 돈 없는 자도 오라 너희는 와서 사 먹되 돈 없이 값 없이 와서 포도주와 젖을 사라"고 하여, 거저 받으라고 하신 것을 볼 수 있습니다.

1. 독생자를 보내심

이렇게 거저 주시는 은혜만 생각해도 크고 놀라운 것인데 하나밖에 없는 독생자 예수 그리스도를 이 땅에 보내셨다는 사실에서 우리는 은혜 위에 은혜임을 발견하게 됩니다.

독생자란 하나밖에 없는 외아들이라는 의미입니다. 외아들을 준다는 것은 우리의 머리나 이해력으로 도저히 생각할 수 없는 것입니다. 그런데 하나님은 그렇게 하신 것입니다. 하나님 아버지의 품속에서 사랑을 받으며 계셔야 할 외아들을 이 땅에 보내신 것입니다.

본문 18절에 보면 "본래 하나님을 본 사람이 없으되 아버지 품속에 있는 독생하신 하나님이 나타내셨느니라"고 하여, 그리스도는 하나님의 품속에 계셨던 분임을 말씀하셨습니다.

2. 우리를 위하여

하나님의 아들 예수 그리스도가 이 땅에 오신 이유는 우리를 위하심입니다. 로마서 5:6에 보면 "우리가 아직 연약할 때에 기약대로 그리스도께서 경건하지 않은 자를 위하여 죽으셨도다"라고 말씀하였습니다. 계속해서 로마서 5:8에서 "우리가 아직 죄인 되었을 때에 그리스도께서 우리를 위하여 죽으심으로 하나님께서 우리에 대한 자기의 사랑을 확증하셨느니라"고 죄인을 위하여 오신 사실을 말씀하셨습니다.

예수께서 이 땅에 오심은 우리의 구원을 위함이라는 말씀입니다. 그래서 그가 오신 이유에 대하여 요한복음 1:12에서, "영접하는 자 곧 그 이름을 믿는 자들에게는 하나님의 자녀가 되는 권세를 주셨으니"라고 하여 예수 그리스도를 통하여 헤아릴 수 없는 큰 은혜가 약속되었음을 우리에게 말씀하고 있습니다. 우리를 죄에서 구원하시사 영원한 생명에 들어가게 하심도 은혜인데 우리에게 하나님의 자녀가 되는 권세까지 주셨다고 하니 정말 은혜 중에 은혜일 수밖에 없습니다.

3. 은혜 위에 은혜

예수께서 이 땅에 오신 지가 2천년이 지났습니다. 인간사로 보면 이미 과거지사가 되었습니다. 죄로 죽을 수밖에 없는 인간들을 위하여 외아들을 보내사 구원의 은총을 허락하신 지 2천년이 지났다는 말입니다. 그런데도 아직 깨닫지 못하고 제멋대로 사는 사람들이 얼마나 많은가요? 그만큼 지났으면 이젠 주님이 재림하셔서 심판하실만한 때도 되었는데 아직도 기다려 주신다는 것은 큰 은혜가 아닐 수 없습니다.

베드로후서 3:9의 "주의 약속은 어떤 이들이 더디다고 생각하는 것 같이 더딘 것이 아니라 오직 주께서는 너희를 대하여 오래 참으사 아무도 멸망하지 아니하고 다 회개하기에 이르기를 원하시느니라"는 말씀을 통해, 은혜를 더하시고 계심을 발견할 수 있습니다. 이렇게 생각할 때 은혜 위에 은혜요, 은혜 위에 은혜임이 분명합니다.

하나밖에 없는 외아들을 이 땅에 보내신 은혜, 우리를 죄에서 구속하시사 하나님의 자녀가 되게 하신 은혜, 또 지금도 그 큰 은혜를 베푸시고도 기다려 주시는 은혜를 깊이 되새길 때 주님이 오신 날이 더욱 의미 있을 것입니다. (남)

129. 하나님께 영광, 땅에 평화! (눅 2:1~14)

예수님의 탄생하심은 단순히 역사의 달력을 주전과 주후로 나눈 데만 있지 않습니다. 이것은 하나의 큰 혁명을 의미합니다. 예수님께서 하나님의 아들이시며, 인류의 구주로 탄생하신 일은 인류의 대사건인 동시에 전무후무한 사건으로 주님은 역사의 중심이시고 인류의 한가운데 서 계신 분이심을 선포한 것입니다.

예수님의 탄생은 인류의 구원사에서 거대한 전환을 가져왔습니다. 무엇보다도 인류에 진정한 평화를 선사해 주신 것입니다. 우리는 예수님께 참된 경배와 예물을 드려야 하며 이 복음에 참된 증인으로서 그리스도의 오심을 만방에 전파해야 합니다.

1. 주님은 말구유에서 탄생하셨습니다

우리 주님께서 말구유에서 탄생하셨다는 사실은 하나님을 향한 인류의 도전이요, 주님을 향한 첫 번째 박대라고 해도 그 이상의 변명이 없을 것입니다. 어찌하여 주님께 방 한칸을 비어 드리지 못하고, 모든 사람들이 자기 집에서 편히 잠자고 있을 때 말구유에서 탄생케 했단 말입니까?

우리는 아직까지도 주님을 우리의 안방 가장 귀한 자리에 모시지 못하고 구유에 눕히고 있지 않은가를 살펴봐야 하겠습니다.

주님이 탄생하신 밤, 그 신비한 밤에 주님이 오신 소식을 전해 들은 사람들이 밖에서 자기 양떼를 지키고 있던 목자였다는 사실은 아주 중요한 의미가 있는 내용이요, 사건이기도 합니다. 왜냐하면 자기 양떼를 보살피며 자기 직무에 충실한 자만이 이 기쁜 소식을 처음으로 전해들을 수 있었다는 사실에 중요한 의미가 부여되기 때문입니다.

이 신비한 밤을 경험하고 주님이 오신 소식을 처음 들은 목자들이야말로 정말 복받은 사람들입니다.

2. 평화가 이루어졌습니다

평화와 영광은 인류가 추구하는 최고의 가치입니다. 그런데 평화가 없는 영광은 반쪽 영광이듯이, 영광이 없는 평화도 반쪽 평화입니다. 하늘의 영광은 또한 인간에게 임하며, 땅의 평화도 하늘로부터 임하는 것입니다. 하늘과 땅이 서로 화답하듯이, 평화와 영광은 서로 화답하는 것입니다.

아기 예수님이 태어나실 때, 사실 이스라엘은 그 어느 때보다 평화로웠습니다. 이스라엘 민족주의자들의 무력 저항은 완전히 진압되었으며, 이스라엘의 파괴는 아직도 70년 후를 앞두고 있었습니다. 이처럼 평화로운 때는 이전에도 없었습니다.

그런데 왜 이토록 평화스런 때에 하늘의 천사는 새삼 평화를 선포합니까? 그것은 이 평화가 가짜 평화이기 때문입니다. 이 평화는 로마의 철저한 무력 진압에 의한 평화였으며, 이스라엘의 무력한 절망에 의한 평화였습니다.

진정한 평화는 아기 예수님으로부터만 옵니다. 그는 평화의 왕으로 오셨고, 당신의 몸을 화해의 제물로 찢어서 갈라진 대적들을 하나가 되게 하셨습니다.

3. 좋은 소식을 전해야 합니다

아기 예수님의 탄생은 하나님이 우리와 함께하심을 가장 분명히 드러낸 사건입니다. 그래서 천사는 예수님의 이름을 '임마누엘'이라고 했습니다. 하나님이 함께하심이야말로 이 세상의 그 어떤 것보다 가장 귀한 것이며, 이 함께함을 이루기 위해 자신을 낮추며 비우고 희생하는 것보다 더 영광스러운 것은 없습니다.

기쁨의 소식이란 하나님의 아들 그리스도가 인류의 구주로 탄생하셨다는 사건입니다. 천사들이 하나님을 찬송하는 내용처럼 "지극히 높은 곳에서는 하나님께 영광이요 땅에서는 하나님이 기뻐하신 사람들 중에 평화로다"(14절)라고 전해야 하겠습니다.

오늘 당장 주님의 평화를 전하십시오. 이것이 성탄을 맞는 여러분이 첫째로 실천해야 할 거룩한 의무입니다.

여러분을 평화의 사도, 하나님의 아들로 만드시기 위해 하나님이 이 비천한 역사의 수렁으로 오셨습니다. 우리들도 이 기쁜 소식을 온 천하 만방에 전해야겠습니다. 우리의 가족뿐만 아니라 이웃과 직장, 학원, 군문, 그 어디에나 이 기쁨의 좋은 소식은 계속 전달되어야 합니다. (명)

송구영신예배

✽✽✽✽✽✽✽✽✽

김우영(영) 김창근(근) 김형준(준) 변한규(규)
송기식(식) 유관지(지) 이승하(하) 최병남(병)
한명수(명)

✽ 설교자의 표시는 (　)안의 약자로 표기했습니다.

130. 이길 때까지 (마 12:9~21)

올 한 해 우리 개인과 국가에는 참으로 어려운 일이 많이 있었습니다. 그럼에도 불구하고 그리스도인들인 우리는 주님의 사랑 안에서 새로운 날들을 향해 발걸음을 내딛고 있습니다.

1. 은혜의 주님

올 한 해도 짓눌려 상한 갈대와 같이 되어버렸으며, 우리의 신앙생활은 사악한 타락의 바람 앞에서 꺼져가는 심지와 같이 연기만 내는 희미한 신앙생활이 되고 말았습니다. 세상 사람들은 상한 갈대는 아주 꺾어 버리려 하고, 꺼져가는 심지는 아예 꺼버리려고 합니다. 그러나 우리 하나님은 오히려 상한 갈대를 성하게 만드시고, 꺼져가는 심지도 밝혀 주십니다. 그래서 은혜의 주님인 것입니다.

시인 롱펠로우는 아무 가치도 없는 종이쪽지에 시를 써서 6천불의 가치를 내게 할 수 있는 천재였습니다. 숙련된 기계공, 지명도 높은 미술가는 몇 푼 안 되는 재료로 고가의 제품과 작품을 만들어 냅니다. 예술가도 귀한 작품을 만들거든 하물며 예수 그리스도께서랴. 주님께서 우리 인간들을 불쌍히 여겨 주시면 새롭게도 하시고, 강하게도 하시며, 귀하게도 하셔서 온전하고 값진 인간으로 만들어 주십니다.

우리 주님은 죄인을 버리지 아니하시고 오라고 부르시는 분이며, 버림받을 악인도 선한 도구로 만들어 쓰시고, 은혜가 풍성하시기 때문에 새 힘과 무한한 지혜를 선물로 주시는 분이십니다.

2. 소망의 주님

본문 가운데 상한 갈대를 꺾지 않고, 꺼져가는 심지를 끄지 않겠다고 하신 말씀은 어떠한 경우에도 은혜의 주님께서 함께하심을 믿고 소망을 잃지 말라는 강력한 권고의 말씀, 약속의 말씀입니다. 소망을 잃어버린 삶은 무덤과 같으며 소망을 소유한 삶은 아침에 떠오르는 태양 앞에 서 있는 것과도 같은 것입니다.

우리가 소망을 갖고 인내할 수 있는 것은 믿음의 법, 예수 그리스도를 믿는 신뢰의 법 때문입니다. 소망은 믿음의 별명입니다. 우리가 그리스도 안에 있으면 언제나 소망이 있습니다. 왜냐하면 그리스도는 소망의 주님이시기 때문입니다. 그래서 우리는 "이겨놓고 싸운다."라는 소망에 찬 신앙고백으로 살아갈 수 있습니다.

외형이 중요한 것이 아닙니다. 유명 인사들, 인기 연예인들의 삶을 보십시오. 과분한 외형에 인간적 내실이 부합해 주지 못하는 소망 없는 허무한 삶이 불행한 인생의 발자취를 남기며 살아가게 하고 있는 경우를 많이 봅니다.

그러나 성경은 소망의 주님을 바라보고 찾아온 모든 사람들이 그 소망이 부끄럽지 않게 된 사실들을 보여 주고 있습니다. 혈루병을 앓던 여인(눅 8:44), 하인의 죽음을 맞은 백부장(눅 7:2~10), 바다 속에 빠진 베드로(마 14:30) 등은 그 좋은 보기입니다. 그래서 "하나님께 소망을 두는 자는 복이 있다"고 하신 것입니다(시 146:5).

3. 성취의 주님

주님은 우리의 모든 믿음의 선한 소원을 성취케 하시는 분이십니다. 일을 행하시는 여호와, 그 일을 성취하시는 여호와이십니다(렘 33:2). "하나님은 사람이 아니시니 거짓말을 하지 않으시고 인생이 아니시니 후회가 없으시도다 어찌 그 말씀하신 바를 행하지 않으시며 하신 말씀을 실행하지 않으시랴"(민 23:19). 하나님은 완전하신 인격자이시기 때문에 하신 말씀에 대하여 책임을 지시는 분이시며, 반드시 하신 말씀에 대한 일을 성취하시는 분이십니다.

꺾지 않는다고 말씀하셨으니 꺾이지 않을 줄로 믿으십시오. 성하게 만들어 주실 것을 믿으십시오. 끄지 아니하시겠다고 약속하셨으니 성령의 기름을 채워 우리 신앙생활의 심지를 돋아 빛을 발하는 등불로 만들어 주실 것을 믿으시기 바랍니다.

성령께서는 지금 은혜의 주님을 바라보라고 하십니다. 소망의 주님을 믿으라고 하십니다. 반드시 성취케 하시는 주님의 손을 놓지 말라고 하십니다. 심판하여 이길 때까지 우리를 책임지신다고 말씀하고 계십니다.

볼테르는 "하나님께서는 이 세상에서 일어나는 갖가지 걱정거리의 보상으로 우리에게 소망과 수면을 주셨다."고 말합니다. 소망을 가지면 성취는 보장받은 것입니다. 은혜의 주님께 감사하십시오. 소망의 주님을 놓치지 마십시오. 성취의 주님을 믿으십시오. (영)

131. 두 번째 기회 (욘 3:1~5)

사람들은 인생의 변화를 원합니다. 보다 적극적이며 행복한 인생의 주인공이 되기를 원합니다. 그러나 결심을 할 때뿐 예전의 모습으로 돌아갈 때가 많습니다. 마음의 소원은 간절하나 현실 앞에서 무력한 자신의 모습을 발견하게 됩니다. 그러면 우리의 변화의 가능성은 어디에 있습니까? 선지자 요나는 근본적인 변화의 가능성을 보여 줍니다.

1. 변화의 가능성은 새 기회를 주시는 하나님께 있습니다

요나는 하나님의 명령을 불순종하고 하나님의 낯을 피하여 다시스로 가다 바다에 던지워졌습니다. 그러나 하나님은 그를 위하여 큰 물고기를 예비하셨습니다. 그는 하나님의 사람으로 자격이 없는 사람입니다. 그러나 하나님은 그에게 두 번째 기회를 주셨습니다. "일어나 저 큰 성읍 니느웨로 가서 내가 네게 명한 바를 그들에게 선포하라"(2절). 이때 요나는 하나님의 사랑에 감동을 받고 일어나 사명자가 됩니다.

하나님은 실패와 죄로 얼룩진 과거에 관심이 없으십니다. 하나님께서는 사람들이 당신의 사랑의 용서를 믿고 다시 일어나기를 원하십니다. 하나님은 완벽하고 흠이 없고 실패하지 않는 자만 쓰시지 않습니다. 하나님 앞에서 온전한 사람은 아무도 없습니다. 하나님은 불완전하고 실패 투성이인 죄 많은 인간을 새로운 사람으로 만드셔서 사용하기 원하십니다. 요나에게 새 기회를 주신 하나님은 오늘도 인간의 죄를 용서하시고, 변함없이 사랑하시고 다시 한번 사명을 주십니다.

2. 변화의 가능성은 순종하는 신앙을 전제로 합니다

하나님은 새 기회를 주시기 원하시지만, 순종으로 행동하는 믿음이 있어야 합니다. 요나는 여호와의 말씀대로 일어나서 니느웨로 갔습니다(3절). 요나가 선지자로 새롭게 쓰임받은 것은 그의 순종이 있었기 때문에 가능하였습니다.

후안 카를로스 목사는 "우리에게는 그리스도란 무한한 능력이 있다. 그러나 이 능력이란 엔진은 인간의 의지에 의해서만 발동이 걸린다."고 했습니다.

우리에게 새 미래를 열어 주시기 원하시는 하나님 앞에서 가치 있는 삶을 살기 원한다면 가치 있는 행동이 있어야 합니다. 물론 순종의 삶에는 어려움과 문제가 있을 수 있습니다. 요나가 가야 하는 니느웨는 '큰 성읍'이었습니다. 그러나 이 큰 성읍을 변화시키는 것은 요나가 아니라 하나님이십니다. 요나의 역할은 말씀에 순종하여 니느웨에 가서 하나님의 대언자가 되는 것입니다. 오늘 우리에게 아무리 어려움이 있어도 순종하는 믿음으로 나아가면 하나님은 큰 역사를 행하실 것입니다.

3. 변화의 가능성은 위대한 부흥을 보장하는 것입니다

요나가 순종하여 말씀을 선포하자 니느웨에는 놀라운 부흥이 일어났습니다. 백성으로부터 왕에 이르기까지 회개하고 금식하였습니다. 부흥의 원리는 항상 이런 것입니다. 하나님은 한 사람의 변화와 순종을 원하십니다. 왜냐하면 한 사람의 변화와 순종이 시대와 상황을 바꾸기 때문입니다.

요나는 하나님의 명령에 순종하여 자신과 수많은 사람을 부흥케 하였습니다. 요나의 변화는 바로 오늘 우리의 것이 되어야 합니다. 우리의 삶을 하나님께 드린다면 하나님은 새로운 일을 행하실 것입니다.

우리가 한 해를 돌이켜 볼 때 실패와 허물로 얼룩져 있어 실망하게 될지도 모릅니다. 그러나 하나님의 관심은 언제나 과거가 아니라 미래에 있습니다. 두 번째 기회를 주시는 하나님을 의지하고 다시금 새해의 계획을 세우시고, 용기를 가지고 일어나시기 바랍니다. (ㄹ)

132. 인생궤도 수정과 복(룻 1장)

오늘 본문은 매우 어둡게 시작됩니다. 사사들이 치리하던 때였고, 그 땅에 흉년이 들었다는 것을 말해 줍니다. 엘리멜렉의 가정을 배경으로 전개되는 룻기의 서두는 고향이 아닌 모압 지방에서 남편과 두 아들이 죽고, 세 명의 과부만이 남아서 살아가는 이야기로 전개되고 있습니다. 희망 없어 보이는 가정은 그 시대 사람들의 영적인 모습을 대변하고 있는 것과 같습니다.

그러나 룻기의 마지막은 다윗의 증조부였던 보아스가 룻과 결혼하여 나오미에게 아기를 안겨 주는 내용으로 끝이 납니다. 그렇다면 이들이 어떻게 해서 궤도 수정을 하고 복의 사람이 되었을까요? 어떤 선택을 하게 되었습니까? 오늘 우리의 삶 속에 적용하고 돌아볼 영적 원리는 무엇입니까?

1. 하나님의 약속의 땅에 대한 비전을 다시 바라보게 되었다(6절)

본문 6절에서는 "그 여인이 모압 지방에서 여호와께서 자기 백성을 돌보시사 그들에게 양식을 주셨다 함을 듣고 이에 두 며느리와 함께 일어나 모압 지방에서 돌아오려 하여"라고 말씀합니다.

엘리멜렉과 그의 아내 나오미 그리고 아들 말론과 기룐 네 식구가 유다 땅 베들레헴에 흉년이 들어서 하나님의 약속의 땅을 떠나 자기들 보기에 좋아 보이는 모압 땅으로 이사했습니다. 이제 집안의 남자들이 모두 죽고, 나오미와 며느리 룻만 남은 고통의 상황에서 그들은 모든 것을 내려놓고 다시 하나님의 약속의 땅으로 돌아가기로 합니다. 순종의 마음을 가지고 나아갑니다.

오늘 우리가 하나님께서 머물고 행하라고 하신 곳이 아니라, 인간적으로 보기에 유익하고 편하며 옳다고 생각하는 곳에 의미를 두고 살아왔다면 이제는 돌이켜야 합니다. 비록 그곳에 기근이 있고 고통이 있고 힘이 든다고 하더라도 하나님께서 우리에게 명하신 자리에 머물러 순종으로 나아가는 삶을 사는 것이 중요합니다.

우리가 감사해야 할 자리, 봉사해야 할 자리, 겸손해야 할 자리, 헌신해야 할 자리, 희생해야 할 자리, 기도의 자리, 사랑의 자리, 용서의 자리, 주님의 비전의 자리를 떠났다면 다시 그 자리로 삶의 자리를 옮기십시오.

2. 인생의 본질적인 문제를 깨달았다(8~9절)

처음에 나오미가 고향 땅 베들레헴을 떠날 때에 그는 '물질이 있어야 산다'는 가치관을 가지고 있었고, 물질을 얻을 수 있고, 유지할 수 있고, 누릴 수 있는 곳이 복된 곳이라고 생각하였습니다.

그러나 지금 그는 모든 것을 다 잃어버렸습니다. 자기 며느리들에게 물려줄 그 어떤 것도 가지고 있지 못합니다. 그런 가난에 처하게 되자 나오미는 복은 물질의 풍성함에 있는 것이 아니며, 모든 것이 하나님의 장중에 있다는 것을 알게 됩니다.

그래서 나오미는 자신을 선대하시고 깨닫게 하신 분이 하나님이라는 것과 자기의 며느리들에게도 가정을 허락하시고 남편을 새롭게 주실 분도 하나님이심을 선포하고 고백합니다. 아무것도 가진 것이 없지만 축복할 수 있는 이유는 무엇입니까? 자신이 복받은 하나님의 백성이요 하나님의 자녀로서 복의 근원이 되는 약속을 기억하기 때문입니다. 자기를 통해서 며느리들이 복받기를 원한다는 것입니다.

우리 가운데는 많은 문제가 있습니다. 다양한 문제들의 본질을 찾아보십시오. 모든 것의 열쇠는 하나님께 달려있음을 깨달아야 합니다. 나오미가 깨달은 것처럼 진정한 복의 근원은 하나님이시지, 장소가 옮겨지고 물질이 많아지고 인간적인 조건이 좋아지는 것에 있지 않다는 것을 깨달아야 합니다. 모든 문제의 원인이 나를 위한 하나님의 계획입니다. 그리고 나와 하나님과의 관계에서 먼저 풀어야 문제도 해결됩니다.

이제 인생의 궤도를 바꾸십시다. 복의 궤도로 바꾸기 위해서 지금까지 살아온 방식을 선택하지 말고 영적인 분별력과 순종의 마음을 갖고 하나님의 음성에 귀기울이시기 바랍니다.   (쥰)

133. 아름다운 마지막을 위하여 (딤후 4:7~18)

한 해를 보내며 인생에 가장 중요한 것이 무엇인지 돌아보아 마지막을 준비하는 인생이 됩시다.

오늘 본문은 일평생 하나님 뜻을 위해 살았던 사도 바울이 자신의 마지막 인생을 어떻게 정리하는지 보여 주고 있습니다. 마지막이 있기까지 달려온 사도 바울은 마지막을 어떻게 준비한 사람입니까? 바울의 마지막을 통해 우리가 한 해를 어떻게 마무리해야 할지 생각해 봅시다.

1. 바울은 믿음으로 자기 삶을 회고했다

사도 바울은 하나님의 관점에서, 즉 믿음의 관점에서 자신의 인생을 돌아봅니다. 사도 바울의 인생은 고달픔과 고통 그리고 괴로움의 연속이었습니다. 매로, 태장으로 맞은 것도 여러 번이요, 때로는 돌멩이로도 맞았습니다. 파선을 당했습니다. 동족에게 배신당했습니다. 굶었습니다. 어딘지 알지 못하는 흑암 중에서 며칠을 지냈습니다. 그러나 그는 자신의 몸에 그리스도의 흔적을 가졌노라고 고백합니다.

고달픈 인생이었으나 믿음의 관점으로 회고해 볼 때 불행하거나 실패한 인생이 아니었습니다. 자신이 달려갈 길을 다 가고 믿음을 지켰기 때문에 이제는 면류관이 마련되어 있음을 알았습니다. 반대로 오늘 자신의 삶이 형통하다고 생각하는 분들은 그렇게 생각하는 기준이 또는 관점이 바른가 점검해 보시기 바랍니다. 하나님 편에서 의미 없다면 각각의 회고록을 다시 써야 되겠습니다. 다시 쓰지 않으면 누구나 한 번은 겪을 수밖에 없는 마지막 순간에 다시 고쳐 쓸 기회를 얻지 못한 채 후회의 눈물을 흘리게 될 것입니다.

2. 바울은 아름다운 마지막이 되기 위해 말씀을 가까이 두었다

본문 13절 말씀에 바울은 아들 디모데에게 "네가 올 때에 내가 드로아 가보의 집에 둔 겉옷을 가지고 오고 또 책은 특별히 가죽 종이에 쓴 것을 가져오라"고 말합니다.

일흔이 넘은 노구를 이끌고 마지막 인생의 문턱을 습기 차고 칙칙한 감옥에서 보내야 하는 사도 바울은 현재 자신에게 가장 필요한 것이 무엇인가를 생각했을 것입니다. 그는 겨울을 나기 위해 외투 한 벌이 필요했을 것입니다.

그리고 또 무엇이 필요했을까요? 바로 하나님 말씀이 필요했습니다. 인생의 겨울이 와 모든 것이 다 떠나고 자신이 할 수 있는 일이 없어졌을 때에 힘과 용기 그리고 소망을 줄 수 있는 마지막 의지, 그것은 하나님 말씀이었습니다.

사도 바울은 어떤 어려움 속에서도 말씀을 가까이 했습니다. 마지막 순간 인생의 겨울에 서서도 말씀과 함께했습니다. 소망의 나라로 인도하실 주님의 약속을 붙들고 죽음 앞에 비굴하지 않고 당당하게 자기 삶을 아름답게 살았노라고 하는 사도 바울의 고백이 오늘 나의 고백이 되기를 원한다면, 지금 아무런 소용이 없어 보이는 이 말씀을 가까이 하십시오. 읽으십시오. 묵상하십시오. 이 말씀의 의미를 해석하십시오. 그리고 그에 따라 삶을 다시금 돌아보시기 바랍니다. 추운 겨울을 따뜻하게 보낼 수 있는 사람은 겨울을 준비한 사람일 것입니다. 봄, 여름, 가을에 준비하는 사람은 인생의 겨울을 춥게 지내지 않습니다. 인생의 아름다운 결산을 위해 말씀으로 준비하는 인생을 사시기를 바랍니다.

이제 여러분에게 남아 있는 인생은 얼마나 되십니까?

혹여나 많은 것이 남았다고 생각하기에 여러분의 시간과 젊음, 열정을 마음대로 쓰고 있지는 않습니까? 언젠가는 다가올 인생 마지막의 결산이 아름답게 되기를 위하여 오늘 준비합시다. (준)

134. 주인이 돌아와 결산할새 (마 25:14~21)

성경에 보면 예수님께서는 종종 알기 쉬운 주변의 이야기를 통해 천국의 심오한 진리를 비유로 말씀하셨습니다. 본문 19절의 오랜 후에 그들의 주인이 돌아온다는 말은 주님의 재림을 의미하는 것으로 그때의 회계는 우리의 행위에 대한 마지막 결산을 말합니다. 나의 행위에 대한 예수님의 심판입니다. 지난 한 해를 결산하며 우리의 믿음을 돌아보기를 원합니다.

1. 가정생활을 성실히 했습니까

가정은 하나님께서 우리에게 주신 좋은 선물로 에덴동산 같은 곳입니다. 그러므로 잡초가 생기지 않도록 하고 장미가 자라도록 하며, 사단이 침입하지 못하도록 조심해서 가정을 작은 천국으로 가꾸어야 합니다. 남편은 아내에게 잘해야 합니다. 가장은 가장으로, 주부는 주부로서의 도리를 하고 부모는 자녀를 잘 양육하고 자녀는 부모에게 순종할 때 그 가정은 복된 가정이 될 것입니다. 그리고 우리 가정의 문설주에 유월절 어린 양의 피 예수 그리스도의 보배로운 피를 바를 때 여러 재앙이 우리 가정을 넘어가게 될 것입니다.

예수님이 가정의 호주가 되어 존재하실 때 온 가족이 예수님을 닮아 갈 것이고 평안한 가정이 될 것입니다. 그러기 위해서는 가정예배를 드리며 아버지와 아들이 함께 기도하고 시어머니와 며느리가 기도해야 합니다. 이런 가정이야말로 '잘 하였도다'는 주님의 칭찬을 받을 것입니다. 주님의 칭찬을 받는 가정은 부족함이 없는 가정을 말합니다. 이런 가정은 믿음으로만 가능하고 그 믿음이란 예수 그리스도를 우리 가정의 주인으로 모시는 것을 의미합니다.

2. 사회생활을 착하게 했습니까

본문 21절의 "착하고"라는 말씀은 성도의 생활을 표현하는 것인데 성도의 사회생활의 법칙은 착하게 사는 것입니다. 마태복음 5장 산상수훈에서 "그들로 너희 착한 행실을 보고 하늘에 계신 너희 아버지께 영광을 돌리게 하라"(마 5:16)고 말씀하셨는데 믿지 아니하는 세상 사람들은 믿는 성도들의 착한 행실을 보고 하나님의 살아 계심을 알고, 또한 영광을 돌리게 된다는 말씀입니다.

거짓이 없고 착함과 의와 진실함으로 살아갈 때 나를 통해서 하나님의 영광이 세상 사람들에게 전달되는 것입니다. 본문의 착하다는 뜻은 참되다, 정직하다, 아름답다는 뜻으로 도덕적으로 부끄럽지 않고 신학적으로 빗나가지 않고 양심적으로 깨끗하며 인격적으로 존경할 만한 것을 말합니다. 또한 이 단어는 성전처럼 아름답고 소금처럼 넓게 쓰일 때 사용됩니다. 성도는 세상의 빛이고 소금입니다.

3. 교회생활에 충성을 했습니까

본문 21절에서 예수님은 "충성된 종"을 말씀하심으로 특별히 교회에서 맡은 본분에 충성할 것을 언급하셨습니다. 교회의 직분은 뽐내는 직분이 아니며 교만을 부리는 직분도, 머리를 드는 직분도, 높은 자리에 앉는 직분도 아닙니다. 봉사하고 수고하는 직분입니다. 자기의 이익을 구하지 아니하고 오히려 손해 보고 낮아지고 이름도 빛도 없이 가야 하는 그리스도의 종의 직분입니다. 종이요 심부름꾼이기 때문에 충성해야 한다고 바울은 말했습니다(고전 4:2).

직분을 맡은 자는 마치 배가 가도록 배의 밑창에서 열심히 노를 젓는 자를 말합니다. 교회의 일을 맡은 자는 밀알이 되고 누룩이 되어 충성해야 합니다. 작은 일을 소중히 여기는 것이 충성이요, 나중까지 잘하는 것이 충성입니다. 주인을 위함이 종의 본분인 것처럼 작은 일이든 큰 일이든 주님 중심으로 하는 것이 충성이요, 성도의 본분입니다. 죽도록 충성하는 일이 종의 일입니다(계 21:10). 그럴 때 열매가 맺히고 주님의 영광이 드러날 것입니다.

한 해를 마무리하는 이 시간에 주님 앞에서 우리의 신앙생활을 결산하는 일을 잊어서는 안 될 것입니다. 연초에 주 앞에 서약한 대로 이행했는지 1년을 회계하고 신앙을 결산해야 할 것입니다. 주일을 성수했는가? 말씀생활, 기도생활, 헌금생활은 부족함이 없었는가? 한 해 동안 몇 명이나 전도했으며 맡은 직분에 충성했는가? 물어야 할 질문과 회계하고 결산할 일이 수없이 많습니다. 우리의 믿음을 돌아보아야 합니다. (규)

135. 네 보던 일을 셈하라 (눅 16:1~8)

한 해가 저물어 갑니다. 세초에서 세말에 이르기까지 우리는 하나님의 도우시는 은총과 보호 가운데 살았습니다. "지금까지 지내온 것 주님의 크신 은혜라." 이것이 우리의 찬송이기도 합니다.

모든 일에는 시작과 끝이 있습니다. 인생에게 종말이 있고 역사에도 심판이라고 하는 이름으로 마지막 때가 있습니다. 마태복음 25장의 달란트 비유에서처럼 언젠가는 계산할 때가 반드시 옵니다.

1. 반드시 셈할 때가 옵니다

우리는 자신을 돌아볼 필요가 있습니다. 연초에 작정했던 한 해의 설계를 다시 올려 놓고 하나님 앞에 이 모습 이대로 드러내어 예배를 드려야 합니다.

우리의 믿음 생활은 출애굽 생활과 같습니다. 일년 열두 달을 광야에서 걸어야 했던 그들의 모습과 같습니다. 이스라엘 백성이 제 스스로의 능력으로 걸었던 것은 아닙니다. 낮과 밤을 가려 구름기둥과 불기둥으로 인도하신 하나님의 도움으로 길을 갈 수 있었습니다. 주릴 때 만나와 메추라기로 먹여 주시고 목마를 때 반석에서 생수를 내어 주신 하나님이십니다.

지난 한 해 동안에도 우리 가정에서나 생업에서 만난 어려움을 하나님의 도우심과 일으켜 주심으로 이겨낼 수 있었습니다. 지금 이 시간에 이르러 나의 출애굽 생활이 어디까지 왔는지 자신의 믿음을 점검해 볼 필요가 있는 것입니다.

만약 이러한 셈이 없다면, 생활규범은 무너지고 불의한 자의 세상이 되겠지요. 주인의 소유를 맡아 관리하는 청지기 인생이 주인의 재산을 자기 재산으로 착각하여 자기 멋대로 허비하고 잘못 사용하고도 그 과오를 깨닫지 못하는 경우가 많은 것 같습니다. 이러한 잘못된 물질관에 대하여 장부와 현금이 맞는지 셈하여 보자고 주인이 간섭할 때가 반드시 옵니다. 나의 인생의 계산서를 셈하여야 할 때가 반드시 올 것입니다.

2. 해고 통지를 받을 수 있습니다

지난 한 해가 외적으로는 직분에 따르는 본분을 다한 것 같으나 실상은 하나님 앞에 두려운 거짓 생활은 아니었는지요. 또 자신의 인생을 그럴듯하게 포장하고 경건과 의로움으로 착각하는 가증스런 한 해는 아니었는지요. 하나님의 음성에 양심의 귀를 기울여야 합니다.

일단 해고된 후면 끝장입니다. 땅을 파자니 힘이 없고 빌어먹자니 부끄럽구나 하고 탄식하여도 헛된 노릇일 뿐입니다. 해고와 통지와는 짧으나마 시간의 차가 있습니다. 늦어도 송구영신예배 전까지는 짧은 시간이지만 그 시간을 내 인생의 소중한 기회로 삼아야 합니다. 회개의 기회인 것입니다. 그리하여 부정을 청산하고 새롭게 출발하는 기회로 삼아야 합니다.

3. 청지기의 지혜를 보십시오

주인은 이 청지기의 지혜를 칭찬하고 있습니다. 우리 성도님들도 지혜롭게 살아야 합니다. 다만 우리 주님의 뜻에 따르는 지혜이어야 합니다. 어리석음을 청산하여야 하며, 반석 위에 집을 짓는 지혜로운 성도가 되어야 합니다.

우리는 바리새인을 멀리해야 합니다. 그들은 허물이 많고 외식이 많아 예수님께서도 자주 책망하셨습니다. 그러나 그들에게도 배울 만한 몇 가지는 있습니다. 그들이 내세운 바와 같이 7일에 이틀을 금식하며 소득에 대하여 십일조를 잊지 않고 바쳤던 일이 그것입니다. 돌아보건대 내 자신은 일년 동안에 몇 시간의 금식 기도를 드렸는지, 또한 하나님께 드려야 하는 예물은 과연 셈하여 합당하게 바쳤는지, 내 자신이 혹시 바리새인을 비난하는 바리새인이 아닌가 하고 겸손하게 스스로를 돌아보는 점검자가 되어야 합니다.

미국의 세계적인 부호인 록펠러의 감동적인 말을 기억합시다. "내가 주급 1달러 50센트였던 첫 봉급 때의 십일조가 아니었다면 몇 만 달러의 십일조를 바칠 수가 없었다."

성도 여러분, 우리는 자신의 물질생활을 셈하고 영적 생활을 셈하여 봅시다. 저무는 묵은해에 허물을 실어 보내고 다시는 그 허물을 답습하지 않는 참신한 믿음으로, 전진하는 믿음으로 저 높은 곳을 향하여 하나님께 영광돌리는 성숙한 그리스도인이 됩시다. (규)

136. 영원을 사모하라 (벧전 1:13~25)

금년을 시작한 지 엊그제 같은데 벌써 금년도 얼마 남지 않았습니다. 우리의 삶도 시작이 있었던 것처럼 마지막이 있고, 흘러가고 변합니다. 그런데 오늘 본문은 변하는 것과 변하지 않는 것이 있다고 말씀합니다.

1. 모든 육체와 영광은 다 변합니다

본문 24절에 보면 피조된 이 세상과 이 세상에 사는 사람들, 그리고 주변의 모든 것들은 다 변한다는 것을 말합니다. 화단의 꽃송이가 아름다운 자태를 뽐내고 있지만 며칠 있으면 다 떨어져서 초라한 몰골이 될 것입니다. 지식이나 학문도 변하는 것입니다. 오늘의 신지식도 영원하지 않습니다. 내일이면 새로운 지식이 나와서 지난날의 연구가 뒤집어지는 경우가 많이 있습니다. 우리 인생도 그러합니다.

그러므로 변하는 것, 없어지는 것에 소망을 두어서는 안 됩니다. 이전 것은 다 지나가고 변해가며 없어질 것입니다. 우리가 입으로는 영원을 말하지만, 바라는 것이 이 세상의 것이요, 육체의 것이요, 육체의 영광일 때가 많습니다. 세상의 것은 우리를 실망케 하고, 낙심과 좌절, 분노가 많다는 것을 기억할 필요가 있습니다.

2. 하나님의 말씀은 불변하고 영원합니다

세상의 모든 것은 시들고 변하지만 변하지 않는 것이 있습니다.
본문 25절을 보면 "오직 주의 말씀은 세세토록 있도다"라고 말씀합니다. 사람들은 알게 모르게 거짓말을 하기도 하지만 하나님은 어제나 오늘이나 영원토록 변함이 없으신 분이십니다. 오늘 본문 말씀에는 영원히 변하지 않는 것을 한마디로 '복음'이라고 요약하고 복음의 핵심을 설명하고 있습니다. "그는 창세 전부터 미리 알리신 바 되신 이나 이 말세에 너희를 위하여 나타내신 바 되었으니 너희는 그를 죽은 자 가운데서 살리시고 영광을 주신 하나님을 그리스도로 말미암아 믿는 자니 너희 믿음과 소망이 하나님께 있게 하셨느니라"(20~21절)고 말씀합니다.

이 말씀의 내용을 요약해 보면 "예수 그리스도께서 장차 오실 것이다. 그리고 그는 하나님의 약속대로 오셨다. 오셔서 죽으시고 부활하셨다"는 것입니다. 이것이 계시의 핵심입니다. 이 말씀을 믿을 때에 그 사람은 거듭나게 됩니다. 이 말씀을 믿을 때에 모든 죄인을 살려 구원하시고 하나님의 백성이 되게 하신다는 약속이 그의 것이 되는 것입니다.

스코틀랜드의 위대한 시인인 월터 스코트 경이 죽을 때가 가까워지자 자기 아들 로카드에게 이렇게 말을 했습니다. "나에게 그 책을 가져다다오." 이 말을 듣고 아들이 "아버님, 아버님의 도서관에는 수천 권의 책이 가득한데 그 책이 뭡니까?"라고 묻자 그 때 스코트 경은 위대한 말을 합니다. "얘야, 세상에서 책은 오직 한 권밖에 없는 거다." 그제서야 아들은 눈치를 채고 아버지에게 성경책을 가져다주었습니다.

우리가 추구하는 것이 무엇입니까? 내 가치관의 초점이 무엇입니까? 소망을 어디에 두고 살아야 합니까? 시들어버릴 육체와 그 영광에 소망을 두지 아니하고, 오직 변하지 않고 세세토록 계신 말씀, 이 하나님의 말씀에 우리의 인격과 생의 목표를 바르게 세워 살아가시기를 바랍니다.

여기에 참된 생의 의미가 있고 용기와 소망이 있고 자유와 영생이 보장되는 것입니다. 성경은 "모든 육체는 풀과 같고 그 모든 영광은 풀의 꽃과 같으니 풀은 마르고 꽃은 떨어지되 오직 주의 말씀은 세세토록 있도다"고 말씀합니다.

금년을 보내면서 우리의 삶에도 마지막이 있다는 사실을 인식하고 세세토록 계신 말씀에 우리의 삶의 기초를 두며 사시기를 바랍니다. (규)

137. 만물의 마지막이 가까이 왔으니 (벧전 4:7~11)

본문에서 "만물의 마지막"이란 세상의 종말을 뜻합니다. 현대인들은 종말론을 무시하나 아침이 있으면 저녁이 있고, 파종할 때가 있으면 추수할 때가 있듯이 만물의 마지막이 있다는 말입니다. 성경은 그때가 가까웠다고 말씀하시므로 이를 믿고 준비하는 삶을 살라고 권면하고 있습니다. 이제 우리의 구원이 처음 믿을 때보다 가까웠으니(롬 13:11) 성도가 교회와 가정과 직장생활에 충성해야 할 것을 말씀하고 있습니다. 만물의 마지막이 가까웠으니 무엇을 어떻게 해야 할까요?

1. 서로 기도하라

"만물의 마지막이 가까이 왔으니 그러므로 너희는 정신을 차리고 근신하여 기도하라"(7절). 기도해야 할 이유와 자세를 말씀하고 있습니다. 만물의 마지막이 가까웠다는 것이 기도해야 할 가장 중요한 이유입니다. 그리고 바른 기도를 해야 합니다.

시한부 종말론에 미혹되었던 사람들은 예수님의 재림 날짜를 정해놓고 밤마다 철야하고 학생은 학교를 그만두고 성인들은 직장을 버린 채 정신없이 기도했습니다. 그러나 성경은 정신을 차리고 근신하여 바르게 기도할 것을 말씀합니다. 또한 기도를 쉬는 죄를 범하지 않도록 해야 합니다. 운전 중에 순간적으로 깜빡 졸아서 사고를 당하는 것처럼 믿음생활 역시 깜빡 졸 때 마귀가 내 인생의 밭에 가라지를 뿌립니다.

정신을 차리고 기도할 때 사이비 종말론과 이단의 미혹과 거짓된 스승들로부터 승리할 수 있습니다. 또 서로 기도해야 합니다. 중요한 일이나 어려운 일을 만날 때 기도하되 서로 기도해야 합니다. 서로서로 기도

하는 일처럼 생명력 있는 일도 없습니다.

2. 서로 사랑하라

무엇보다도 뜨겁게 서로 사랑해야 할 것을 말씀합니다(8절). 뜨겁게 사랑하라는 것은 열정적으로 사랑하라는 말입니다. 그 열정은 믿음생활을 성공으로 이끄는 힘이요, 뿌리이며 바탕입니다. 부는 직장에서도 사업도 열심히 해야 열매를 맺습니다. 믿음이 성장하는 비결은 열심입니다. 성도의 별명은 사랑하는 자입니다. 사랑하되 뜨겁게 사랑해야 합니다. 뜨거운 심정을 의미합니다. 열심을 잃고 미지근하면 라오디게아 교회처럼 책망받을 것입니다(계 3:16). 부지런하여 게으르지 말고 열심을 품고 주를 섬겨야 합니다(롬 12:11).

사랑은 서로 주고받는 것으로 '서로'라는 말 속에 사랑의 본질이 숨어 있습니다. 참 사랑에는 대상이 있고, 진실된 사랑에는 응답이 있습니다. 일방적으로 주거나 받는 것이 아니라 서로 사랑해야 합니다. 이처럼 서로 사랑하므로 상대방의 허다한 죄를 덮을 수 있습니다(8절). 서로 사랑하는 것이 미움과 허물을 가리우고 죄를 덮어줍니다.

미움이 있는 곳에 멸망이 있습니다(갈 5:15). 그러나 사랑하면 흥합니다. 사랑은 사랑을 낳는 힘이요, 죽음보다 강한 능력입니다. 잃어버린 처음 사랑을 다시 찾아 서로 사랑합시다.

3. 서로 봉사하라

"각각 은사를 받은 대로 하나님의 여러 가지 은혜를 맡은 선한 청지기같이 서로 봉사하라"(10절). 은사란 하나님께서 선물을 주신 특별한 능력으로 여러 가지입니다. 하나님께서는 크든지 작든지 모든 성도에게 은사를 주셨습니다. 성도는 이 은사를 활용해 하나님께 영광을 돌려야 합니다. 자기에게 주신 은사를 개발하지 못하고 묻어두는 것은 악한 일입니다. 또 그 은사로 선한 청지기같이 봉사해야 합니다. 두 달란트나 세 달란트냐가 문제가 아니라 사용했느냐 안했느냐가 중요한 일입니다. 손은 손대로 발은 발대로 봉사하고 서로 탓하지 말아야 합니다. 그리고 그 봉사는 내 힘으로 내 주관으로 내 이름을 내세우지 않고 하나님께서 공급하시는 힘으로 해야 합니다(11절).

그것이 은사를 받아 봉사하는 자의 마땅하고 바른 자세입니다. 그리고 이 은사는 서로 봉사하는 일을 통해서 더 아름다워집니다. 봉사란 섬긴다는 뜻으로 집사로 번역할 수 있습니다. 그러므로 집사의 직분은 자랑하는 직분이 아니라 수고하는 직분입니다. 웨슬레는 내가 남을 돕고 있는 동안에 하나님은 나를 도우신다고 말했습니다. 우리의 봉사가 헛된 일이 아님을 깨닫고 서로 봉사하는 일에 열심을 냅시다.

교회는 마치 백화가 만발한 화원과도 같습니다. 그곳에는 작은 꽃도 있고 큰 꽃도 있으며, 붉은 꽃이 있는가 하면 노란 꽃도 있습니다. 성도는 저마다 교회의 꽃나무입니다. 각자가 받은 은사가 있고 감당해야 할 직분이 있습니다. 이 일을 위하여 서로 기도하고 서로 사랑하고 서로 봉사할 때 교회는 하나님이 보시기에 아름다운 화원처럼 될 것입니다.

아름다운 화원과 같은 교회를 만들며 이 한 해를 마무리하시기를 바랍니다. (규)

138. 한 해의 반성 (사 51:1~3)

이스라엘의 경건한 왕이었던 다윗은 매일 자신을 돌아보면서 하나님의 음성을 들었습니다. 다윗은 시편 4:4에서 "너희는 떨며 범죄하지 말지어다 자리에 누워 심중에 말하고 잠잠할지어다"라고 하였습니다. 매일 밤 잠자리에 들 때에 내가 어떻게 살았는지 하나님 앞에서 점검하였던 것입니다.

지난 한 해 동안 어떻게 살았습니까? 이제 한 해를 마감하면서 공연히 들뜨는 것이 아니라 하나님 앞에서 자신을 돌아보아야 할 것입니다. 오늘의 본문 말씀은 선지자 이사야를 통해서 이스라엘 백성들에게 자신을 성찰하도록 요구하는 말씀입니다. "의를 따르며 여호와를 찾아 구하는 너희는 내게 들을지어다 너희를 떠낸 반석과 너희를 파낸 우묵한 구덩이를 생각하여 보라"(1절).

채석장에서 돌을 떠내어 그것들을 다듬고 깎아 작품을 만들었습니다. 그러나 그 돌을 떠낸 자리는 우묵한 구덩이로 남아 있다는 것입니다. 보기는 흉하지만 틀림없이 그 작품을 떠낸 자리입니다. 하나님께서는 오늘 우리에게 자신의 과거를 돌아보라고 하십니다. 우묵한 구덩이를 생각해 보라고 하십니다.

1. 우리는 부끄러운 과거의 흔적을 돌아보아야 합니다

사람이 늘 과거에 매여 있는 것도 문제이지만 자신이 지난날 어떻게 살아왔는지를 전혀 돌아볼 줄 모르는 것도 큰 문제입니다. 사도 바울은 종종 자신을 돌아보았습니다. "나는 교회를 핍박하던 자요, 죄인 중에 괴수였도다. 나는 팔삭둥이처럼 모자라는 인간이요, 지극히 작고 초라한 인간이었다"고 고백하였습니다.

본문 1절 말씀을 보면 "너희를 떠낸 반석과 너희를 파낸 우묵한 구덩이를 생각하라"고 하십니다. 반석은 모양이 없고 개성이 없고 그저 평범한 돌판입니다. 그리고 깊이 패인 구덩이는 무엇으로도 메꿀 수 없는 어두운 과거입니다. 자기 자신을 알아야 합니다.

미국의 유명한 여류작가 펄벅은 중국대륙을 무대로 소설 「대지」를 써서 우리에게 잘 알려져 있습니다. 여기에 등장하는 주인공 왕룽은 자기가 어떻게 굶주리며 살았던 존재임을 생각하지 못했습니다. 우리도 자기가 알지 못하는 사이에 주님의 사랑을 배반하고 눈을 세상에 돌리지는 않았습니까? 우리는 지난 한 해 동안 세상과 교회를 비판하고 주님을 원망하지는 않았습니까? 한 해를 마무리하면서 철저히 자신의 모습을 하나님 앞에 아뢰이고 회개할 줄 아는 성도들이 되시기 바랍니다.

2. 우리는 하나님이 주신 복을 헤아릴 줄 알아야 합니다

본문 2절에 "너희의 조상 아브라함과 너희를 낳은 사라를 생각하여 보라 아브라함이 혼자 있을 때에 내가 그를 부르고 그에게 복을 주어 창성하게 하였느니라"고 하였습니다. 우리는 누구나 자신이 당한 슬픈 일을 잘 기억합니다. 고통이나 불행의 날수를 계산하는 데 익숙합니다. 자기를 섭섭하게 한 사람과 그 일들을 잊어버리지 않고 꼼꼼히 치부합니다. 이제 한 해를 마감하면서 지난 한 해 동안 하나님이 우리에게 베풀어 주신 은혜와 축복을 하나하나 곰곰이 생각하고 감사하는 성도들이 되시기를 바랍니다.

우리가 어떤 현실적인 어려움에 봉착한다 하여도 하나님의 축복받은 백성임을 잊지 말아야 합니다. 우리가 죄인이었으나 예수님의 은혜로 구원받아 하나님의 자녀가 된 축복을 기억하고, 오늘까지 일용할 양식과 신령한 말씀으로 함께하신 축복을 잊지 말아야 합니다. 지난 한 해 동안 우리에게 베풀어 주신 은혜가 또한 놀랍습니다. 우리가 최선을 다하지 못하였음에도 하나님은 우리에게 선하고 아름다운 것으로 채워주셨음을 믿으시기 바랍니다.

3. 우리는 기쁨과 감사로 새해를 맞이해야 합니다

본문 3절 말씀에 "나 여호와가 시온의 모든 황폐한 곳들을 위로하여 그 사막을 에덴 같게, 그 광야를 여호와의 동산 같게 하였나니 그 가운데에 기뻐함과 즐거워함과 감사함과 창화하는 소리가 있으리라"고 하였습니다. 이 말씀은 하나님의 기대를 포함한 예언의 말씀입니다. 우리의 지난날에 아무리 부끄러운 과거가 있다 해도 솔직하게 주님의 십자가 앞에 나아와 회개하면 흰눈같이 양털같이 될 것이라고 말씀하십니다. 사도 바울은 이미 지나간 것은 잊어버리고 새로운 푯대를 향하여 전진한다고 하였습니다.

하나님은 사랑과 긍휼이 풍성하십니다. 우리가 자신의 위치를 알고 지난 과거의 초라함을 깊이 인식하고 오늘까지 인도하신 하나님의 축복을 헤아릴 줄 안다면, 하나님께서도 모든 황폐한 곳을 에덴같이 복구하여 주시므로 주의 백성을 위로하실 것이라고 말씀하십니다. 하나님의 사랑과 긍휼을 믿으십시오. 그리고 새해에는 더 큰 은혜와 축복이 임할 것을 믿고 기쁨과 감사와 찬양으로 새해를 맞이하시기 바랍니다. (식)

139. 새해를 향한 행진 (막 10:32-11:14)

먼저 이 한 해를 믿음으로 살기 위해 힘써 오신 여러분께 감사를 드립니다. 하나님께서 여러분의 기도에 응답해 주시고 노고를 기억하여 주실 것으로 믿습니다. 또한 새해에도 변함없이 여러분을 푸른 풀밭 쉴 만한 물가로 인도하여 주실 것을 믿습니다.

예루살렘을 향해 행진해 가시는 예수님의 모습은 새해를 향한 우리 행진에 많은 깨달음과 도전을 줍니다. 우리는 그 모습을 본받아야 합니다.

1. 앞에 서서 가야 한다

예수님께서는 제자들의 앞에 서서 가셨습니다. 예수 믿는 우리들은 시대의 앞에 서서 가야 합니다. 처음 기독교가 이땅에 들어왔을 때는 시대에 앞장을 섰습니다. 새로운 교육, 의료, 문화, 생각에 앞장섰습니다. 교인들은 각 분야에서 앞서가는 사람들이었습니다. 이 위치를 되찾아야 합니다.

기자가 명 지휘관으로 알려진 장군과 인터뷰를 하면서 통솔의 비결을 물었습니다. 마침 탁자 위에 한 오라기의 실이 떨어져 있었습니다. 장군은 그 실을 잡고 "이 실을 뒤에서 밀면 밀리지 않지만 앞에서 끌면 잘 끌리는 것처럼 나는 앞장서서 부대를 이끌어 나갑니다."라고 했답니다.

교회는 여러 사회분야의 뒤를 따르며 걸레질이나 하는 것이 아니라 앞장서서 바른 방향으로 이끌어가야 합니다. 다시 말해서 인간성 회복, 창조질서의 회복, 평화와 공의 실현, 바른 가치관 확립에 앞장서야 한다는 것입니다.

2. 용기를 가지고 행진해야 한다

예수님은 예루살렘에 들어가면 십자가가 기다린다는 사실을 알고 계셨습니다. 예수님에게는 이미 체포령이 내려져 있었습니다(요 11:57). 그럼에도 불구하고 예수님은 앞장서서 가셨습니다. 사람들은 이것을 보고 놀랐습니다.

새해에도 어려운 일들이 많을 것입니다. 그러나 우리는 용기를 가지고 나아가야 합니다. 알지 못하고 덤벼드는 것은 만용입니다. 우리는 알면서 도전하는 진정한 용기를 가져야 하겠습니다. 예수님은 용기를 가지고 인생을 살아가는 이들에게 복 주시며 격려하십니다. 어려운 일들을 많이 만나더라도 우리는 용기를 가지고 이를 극복해야 합니다.

3. 함께 행진해야 한다

예수님은 열두 제자를 데리고 예루살렘에 올라가셨습니다. 그리고 그 열두 제자에게 예루살렘에서 당할 일을 구체적으로 말해 줍니다. 이 열두 제자는 예수님이 십자가에 달려 돌아가신 다음에 예수님이 하시던 일을 이어받았습니다. 바울도 혼자서 선교활동을 한 것이 아니라 누가를 비롯해서 여러 동역자들과 함께했습니다.

혼자서 하는 것보다 함께하는 것이 많은 효과를 거둘 수 있습니다. 요즘은 공동체가 강조되고 있습니다. '나'보다 '우리'가 중요합니다.

교회는 새해를 향해 같이 행진해 가는 공동체입니다. 공동체는 마음을 같이하여야 합니다. 예수님을 중심으로 마음을 같이하여 세상의 앞에 서서 하나님이 원하시는 방향으로 이끌어 나가야 하겠습니다. (지)

140. 시간의 흐름 (벧후 3:8~10)

오늘 본문은 어려운 말씀이 아닙니다. 시간은 흘러간다는 뜻입니다. 천 년이 하루이든지 하루가 천 년이든지 지나간다는 것입니다. 어느 철학자의 말처럼 "같은 자리에서 수영을 할 수는 있지만 같은 물에서는 할 수 없다"는 것입니다. 흘러가는 세월을 누가 막을 수 있습니까? 많은 시인들이 읊었습니다. 오늘도 많은 사람들이 세월의 빠름과 세월의 무상함을 느끼고 있습니다.

1. 시간을 기억합시다

먼저 시간을 기억하라고 말씀하십니다. 어떤 의미입니까? 시간의 개념입니다. 사람의 시간 개념과 하나님의 시간 개념이 다르다는 것입니다. 사도 베드로는 주님의 재림이 곧 이루어진다고 믿었던 사람입니다. 그러나 그 시간이 더딘 것은 많은 사람들을 회개시키기 위함이라고 설명하고 있습니다. 이것이 하나님의 참으심입니다. 시간의 흐름이 그냥 무상한 것이 아닙니다.

이렇게 흘러가는 시간을 믿음으로 살아가는 이들은 어떻게 해야 합니까? 사도 바울은 "세월을 아끼라"(엡 5:16)고 말하였습니다. 이 말의 뜻은 시간을 속량하라는 것입니다. 다시 말하면 돈으로 시간을 사라는 것입니다. 즉 가치 있게 살라는 뜻입니다. 허송세월하지 말고 땀을 흘리면서 그 시간의 흐름을 보다 가치 있게 해야 한다는 것입니다. 시간의 흐름을 원망하지 말아야 합니다. 시간이 흘러가는 것은 너무나 당연한 것입니다. 그렇다고 사람이 시간에 대해서 어떻게 할 수 있는 능력이 있는 것은 아닙니다. 그러면 시간을 어떻게 할 것입니까? 여기에 나의 자세가 필요합니다. 그것은 바로 정직하게 또는 성실하게 사는 것입니다.

2. 시간은 더딘 것이 아닙니다

어떤 사람이 약속 시간에 나갔습니다. 그런데 나와야 할 사람이 나오지 않았습니다. 좀 늦게 왔습니다. 그 기다리는 시간은 매우 지루하고 길게 여겨집니다. 그러나 기쁜 일로 인해서 웃으면서 친구와 함께 있는 시간은 매우 빠르게 지나가는 것으로 여겨집니다. 시간의 흐름은 항상 일정하지만 그 시간은 각 사람의 상황에 따라 다르게 느껴집니다.

시간에 대하여 정직하고 성실한 사람은 어떻게 살아가겠습니까? 그는 최선의 믿음으로 살아갈 것입니다. 성경에서 믿음이 있는 사람들은 오늘이라는 시간 속에서 초조해 하지 않고 살았습니다. 자신에게 주어진 시간을 감사하면서 하나님이 원하시는 일이 무엇인가를 찾아서 그것을 위하여 오늘 주님이 오셔도 자신의 일을 성실히 하다가 맞이할 것입니다.

시한부 종말론자들이 어떻습니까? 공연히 초조해서 서두르다가 큰 실수를 합니다. 그들은 그 불안한 생각 때문에 세상의 일을 거두고 기다렸습니다. 사업도 직장도 공부도 하지 않았습니다. 가정도 필요없다고 해서 이혼을 주장했습니다. 시간의 흐름 속에서 자신의 생각과 생활이 정지되지 않고 함께 흘러가는 것이 바로 역사를 바르게 살아가는 자세라 할 수 있습니다. 미래에 나타날 일을 지금의 일인 양 생각하고, 모든 일을 정지하고 그것만을 생각하고 기다리는 것은 죽음입니다.

3. 결정적 시간은 반드시 옵니다

결정적 시간이란 바로 '주의 날'입니다. 그 시간은 인간에게 알려지지 않았으나 반드시 오고야 맙니다. 그렇다고 사람이 그 시간을 점치는 것은 월권이요 허락된 일이 아닙니다. '그 날이 오면'이라는 심훈의 시가 있습니다. 그것은 민족의 독립을 애타게 기다리는 갈망이었습니다. 그러나 그 속에서도 언제라고 시간을 말하지 않습니다. 그는 그 광복의 날이 오면 어떻게 하겠다는 희망을 그렸습니다. 바른 신앙의 사람은 주님의 재림을 기다립니다. 그때에 주님을 맞이할 준비를 하고 기다리는 것입니다. 그 시간을 정해 놓으면 모든 것이 정지되고 맙니다.

인간에게는 달란트가 있습니다. 이것은 시간 속에서만 가능합니다. 그러므로 항상 지금 나에게 주어진 일이 무엇인가를 생각하면서 중단하지 말고 살아가는 사람이 되어야 합니다.

어떤 사람은 과거에 매여 살기도 합니다. 결국 이것도 죽은 인생입니다. 과거에서 멎어버린 사람입니다. 과거와 미래 사이에 있는 현재가 바로 나에게 주어진 시간입니다. 이것만이 내가 사용할 수 있는 시간입니다. 미래는 주님이 주관하실 것입니다.

주님이 허락하신 한계 안에서 살아가야 합니다. '지금'이라는 시간을 성실하게 사용하는 사람이 훌륭한 믿음을 가진 생활의 실천자입니다. 흐르는 시간을 탓하지 말고 그 시간을 가치 있게 만들어 가는 생활이 되어야 합니다. (하)

141. 여기까지 우리를 도우셨다 (삼상 7:1~14)

사무엘 선지자는 이스라엘 백성들의 심령에 부흥의 불길을 일으키기 위해서 그들을 미스바로 불러모아 하나님께 간구했습니다. 이스라엘 사람들이 한곳에 다 모였다는 정보를 들은 블레셋은 이스라엘을 전멸할 수 있는 좋은 기회로 알고 공격해 왔습니다. 아무런 전쟁 준비도 하지 않았던 이스라엘은 이 소식을 듣고 몹시 두려워했습니다.

그러나 블레셋이 이스라엘을 공격하려고 가까이 왔을 때 하나님께서는 블레셋 사람에게 큰 우레를 내려서 그들을 어지럽게 하심으로, 이스라엘 백성들은 승리를 얻게 되었습니다. 하나님의 도우심으로 승리하게 된 사무엘은 감격하여 돌을 가져다가 미스바와 센 사이에 세우고 그 이름을 '에벤에셀'이라 하였습니다. 그 뜻은 '하나님께서 여기까지 우리를 도우셨다.'는 뜻입니다. 오늘 우리는 1년을 마무리하면서 여기까지 도우신 하나님의 은혜를 기억하며 몇 가지 교훈을 찾아봅시다.

1. 하나님께서 이스라엘 백성을 도우신 배경

첫째, 하나님을 사모하는 이스라엘 백성들의 마음 때문입니다.

이스라엘 백성들이 법궤를 사모했다고 하는 것은 하나님의 살아계심과 임재하심에 대한 그들의 사모와 사랑의 표현입니다. "궤가 기럇여아림에 들어간 날부터 이십 년 동안 오래 있은지라 이스라엘 온 족속이 여호와를 사모하니라"(2절)고 하였습니다.

둘째, 회개할 때 하나님께서 도우셨습니다.

이스라엘 백성들은 우상을 제하고 온 마음으로 하나님만 섬기라는 선지자의 명령을 따라 이방신과 아스다롯을 없애고 여호와만을 섬겼음을

4~5절에서 말씀합니다. 이처럼 모든 우상과 죄악을 버리고 회개할 때 하나님께서는 도와주십니다.

셋째, 기도할 때 하나님께서 도우셨습니다.

온 이스라엘은 미스바로 모이라는 선지자의 명령대로 함께 모여 오랫동안 잊고 있었던 기도를 시작했습니다. 하나님께서는 이처럼 간절히 부르짖는 이스라엘 백성들의 기도를 들으시고 블레셋의 손에서 이스라엘을 건져내셨습니다.

2. 하나님께서 도우시기 전 당시의 시대적 상황

① 타락한 시대였습니다(삼상 2:12, 17). ② 탐욕과 포악의 시대였습니다(삼상 2:13~14). ③ 음란한 시대였습니다(삼상 2:22). ④ 불효의 시대였습니다(삼상 2:25).

그러나 하나님께서는 이스라엘 백성들이 하나님을 사모하고 사랑할 때, 지은 죄를 자백하고 회개할 때, 전심전력을 다하여 기도할 때 도와주셨습니다. 이 모든 것이 전적인 하나님의 은혜였습니다. 이스라엘 백성을 사랑하사 그들을 포기하지 아니하시는 하나님의 그 애정 때문에 하나님은 다가가십니다. 은혜 주시기를 기뻐하십니다.

3. 이 고백의 결과

① 승리를 가져왔습니다(13절). ② 블레셋이 다시는 이스라엘의 경내에 들어오지 못했습니다(13절). ③ 회복되며 확장되었습니다(14절). ④ 평화가 찾아왔습니다(14절).

하나님의 은혜 때문에 그들은 잊고 있었던 하나님에 대해서 관심을 갖기 시작합니다. 그리고 그 하나님을 사모하며 회개하기 시작합니다. 기도하기 시작합니다. 하나님을 향한 이 새로운 각성, 돌아선 회개, 이 모든 역사의 배후에 하나님의 손길이 있었음을 이스라엘은 보았습니다. 그래서 고백합니다. "여호와께서 여기까지 우리를 도우셨다." 그들은 그들의 신앙의 간증을 기념비로 나타냅니다. 그리고 고백합니다. "에벤에셀!"

여호와 하나님은 지난 1년 동안도 우리 개인과 가정, 교회, 민족과 국가를 숱한 시련과 역경 속에서 도와주셨습니다. 그래서 오늘 여기까지 왔습니다. 이것은 전적인 하나님의 은혜요, 하나님의 도우심 때문입니다.

이제 한 해를 마무리하며 새해를 앞에 놓고 승리와 안정과 회복과 확장, 평화의 약속을 굳게 붙잡으며, 복된 내일을 소망하는 삶이 되시기를 바랍니다. (병)

142. 날수를 계수하는 지혜 (시 90:1~12)

모세는 본 시편을 통하여 하나님의 영원성과 인간의 한계성을 노래하고 있는 바, 인간의 엄숙한 면을 가르쳐 줍니다. 특별히 12절에 "우리에게 우리 날 계수함을 가르치사 지혜로운 마음을 얻게 하소서"라고 하였습니다. 우리의 날을 계수한다는 것은 그 자체가 곧 지혜요, 이렇게 할 때 지혜로운 삶을 살 수 있다는 것입니다.

1. 날을 계수한다는 의미

첫째, 인간의 날에는 한계가 있다는 뜻입니다.

인간은 영원히 사는 존재가 아니며 반드시 죽을 날이 있습니다. 누구든지 한계가 있는 그 시간을 지나가고 있습니다. 히브리서 9:27에서도 "한 번 죽는 것은 사람에게 정해진 것이요 그 후에는 심판이 있으리니"라고 하였습니다. 우리는 죽음의 때와 장소, 순서와 모습 등을 알 수 없습니다.

이 세상에서 천년만년 항상 잘살 줄로 착각하며 살지만 한 번 죽는 것은 사람에게 정한 이치입니다. 그러므로 우리의 날을 계수하며 살아가야 합니다.

둘째, 시간을 아껴서 사용하라는 뜻입니다.

시간을 아껴서 사용하는 것이 곧 지혜입니다. 하나님께서는 누구에게나 24시간의 시간을 선물로 주셨습니다. 그런데 동일한 시간 속에서도 어떤 사람은 성공자가, 또 어떤 사람은 실패자가 됩니다. 이는 시간을 어떻게 사용했느냐의 결과입니다. 그러므로 시간을 지배하는 관리인으로서의 삶을 살아야 할 것입니다. 성경은 우리에게 항상 부지런하라고 권면합니다. 그러므로 시간을 잘 계수해서 보람 있고 값지게 보냅시다.

셋째, 매일매일의 시간을 하나님의 뜻대로 행하라는 뜻입니다.

"이 세상도, 그 정욕도 지나가되 오직 하나님의 뜻을 행하는 자는 영원히 거하느니라"(요일 2:17)고 하였습니다. 예수님의 보혈로 구속받은 그리스도인은 시간, 몸, 건강, 생명까지도 우리의 것이 아닙니다. 오직 하나님의 것입니다. 그러므로 하나님을 위하여 사용하고 하나님의 뜻대로 사용해야 됩니다.

시간은 하나님만이 주권적으로 전용하시는 인간 통치와 섭리의 도구이며, 인간이 하나님의 피조물이요, 유한한 존재임을 알려줍니다.

2. 우리의 날을 계수하며 살아야 되는 이유

첫째, 인생이 빨리 지나가기 때문입니다.

본문은 인생이 얼마나 빠른가를 가르쳐 줍니다. 티끌 같은 시시하고 하찮은 존재(3절), 천 년이 하나의 점을 찍어 놓은 것 같은 짧은 인생(4절), 홍수처럼 쓸려가는 무가치하고 풀과 같은 잠깐의 인생(5~7절)이라고 합니다. 그리고 한 번 숨을 쉬는 것처럼 잠깐의 인생(9절), 마치 새가 날아가는 것처럼, 혹은 쏜 화살이 날아가는 것처럼 짧은 인생(10절)이라고 합니다.

우리는 한 번 가면 두 번 다시 못 옵니다. 그래서 우리의 삶을 일생이라고 합니다. 그러므로 이 아까운 날들을 매일매일 하나님 보시기에 선하고 정직하게 살아야 합니다.

둘째, 인생은 헛되고 무상하기 때문입니다.

인생은 살면 살수록 허무함을 느끼지 않을 수 없습니다. 솔로몬도 이 세상 부귀영화를 다 누리고 나서 "헛되고 헛되며 헛되고 헛되니 모든 것이 헛되도다"(전 1:2)라고 고백하였습니다.

허무하고 무상한 인생이기에 우리는 이 세상에 매여 세상을 따르지 아니하고, 하나님만 의지하여 영원한 유업을 소망하면서 살아가야 합니다.

셋째, 우리의 인생은 수고와 슬픔뿐이기 때문입니다.

인생은 수고하지 않으면 살 수 없도록 되어 있습니다. 그러나 이러한 세상에 살면서도 감사가 나오고 찬송이 나올 수 있는 이유는 우리의 수고하고 무거운 짐을 대신 지시는 주님이 계시기 때문입니다. 우리에게 참 평안과 안식을 주시는 주님은 수고 대신에 평안을, 걱정 대신에 안정과 기쁨을, 고통 중에도 감사를 주시므로 삶 가운데 그 은혜가 풍성히 넘치게 될 것입니다.

한 해가 저무는 즈음에 우리는 우리의 날을 계수하는 지혜가 필요합니다. 우리는 우리의 남은 날들을 알지 못합니다. 그러므로 모든 한계의 제약을 극복케 하시고 영원을 사모하는 마음을 주신 하나님만 의지함으로 승리의 삶이 되시기를 바랍니다. (병)

143. 지난 일 년을 돌아보며 (엡 2:10~13)

금년을 마무리하는 즈음에 몇 가지 관점에서 지난 일 년을 돌이켜보고 새로운 다짐과 결단을 갖고 새해를 맞이합시다.

사람은 보통 세 가지 관계 속에서 살아갑니다. 그 첫째는 하나님과의 관계요, 인간과의 관계이며, 마지막은 자신과의 관계입니다.

1. 하나님과의 관계에서 지난 일 년을 조명해 봅시다

무엇보다도 중요한 것은 하나님과의 관계입니다. 왜냐하면 하나님은 한 민족이나 국가의 흥망성쇠와 인간의 생사화복을 주장하시는 역사의 주가 되시며 만왕의 왕이시기 때문입니다. 또한 인간을 하나님께서 창조하셨으니 하나님의 영광을 위해서 사는 것이 인간의 삶의 목적이 되어야 하기 때문입니다.

하나님과의 관계를 가장 적절하게 표현한 것은 곧 십계명입니다. 십계명의 제1계명에서 제4계명까지는 하나님과 어떠한 관계를 맺고 살아가야 할 것인가를 보여 줍니다.

제1계명은 오직 하나님만 섬길 것을 말씀하셨고, 제2계명은 우상을 만들거나 그것들에게 절하지 말고 섬기지 말 것을 명하셨습니다. 제3계명은 하나님 여호와의 이름을 망령되이 일컫지 말 것을, 또한 제4계명은 하나님과의 관계에서 빼놓을 수 없는 안식일을 기억하여 거룩하게 지킬 것을 명하셨습니다.

하나님께서 우리를 위해서 7일째 쉬도록 명령하시며 안식일을 거룩하게 지내라고 하셨습니다. 안식일인 주일에는 온종일 하나님을 기억하며 경건하게 지내야 하는 것이 그리스도인의 의무요, 책임입니다.

지난 일 년 동안 하나님과의 관계에서 안식일의 계명을 어느 정도 순종하며 살아왔는지 살펴보고 회개하며, 새해에 새로운 결단으로 출발하시기를 바랍니다.

2. 인간과의 관계에서 지난 일 년을 살펴봅시다

십계명에서 인간과의 관계는 제5계명에서 제10계명까지입니다.

제5계명은 네 부모를 공경하라고 하였습니다. 부모 공경은 하나님의 명령일 뿐 아니라 인간 윤리의 가장 기본이요 핵심입니다. 부모 공경의 정도를 통해 하나님을 얼마나 잘 경외하는지를 알 수 있습니다. 지난 일 년 동안 부모님과의 관계에서 지은 죄를 되돌아보고 잘못된 것은 바로잡아야 합니다.

제6계명은 살인하지 말라고 하였습니다. 성경은 사람을 미워하는 것이 곧 살인임을 가르칩니다(마 5:21~22, 요일 3:14~16). 사람과 불화하면 하나님과도 불화합니다. 사람과 불화할 때 하나님께서는 예물도 받지 않는다고 하셨습니다. 예수 그리스도를 믿는 사람들은 주님께서 피로 값 주고 산 사랑하는 사람들이기 때문입니다.

제7계명은 간음하지 말라고 하였습니다. 세상이 점점 악하고 음란해져 갑니다. 성적으로 타락했던 소돔과 고모라가, 또한 타락하고 범죄하여 방탕했던 노아시대의 많은 사람들이 하나님의 진노로 멸망당했음을 우리는 기억해야 합니다. 하나님은 악하고 음란한 세대를 심판하십니다.

제8계명은 도적질하지 말 것을, 제9계명은 이웃에 대하여 거짓 증거하지 말 것을, 제10계명은 이웃의 집을 탐하지 말라고 하였습니다.

이웃과의 관계에서 분명치 못한 부분을 깨끗이 청산합시다.

3. 나 자신과의 관계에서 지난 일 년을 살펴봅시다

자신의 인격과 삶, 자신의 신앙을 재점검합시다. 오늘날은 황금만능주의 시대로, 물질이 힘이요 능력이며 전부라고 생각합니다. 그래서 돈 있는 사람이 앞서가는 사람이요 유능한 사람으로 인정받는 시대입니다. 그러기에 세상의 것을 소유하기 위해서는 수단과 방법을 가리지 않습니다. 또한 사단은 문화라는 이름으로 우리의 심령을 피폐하게 만들고 타락의 길을 걷게 합니다.

우리는 이러한 세속적인 것으로부터 우리 자신들을 지켜나가야 합니다. 살아계신 하나님 앞에, 살아있는 믿음을 가지고 우리의 인격과 삶을 끝없이 연마해 나갑시다.

우리는 시시한 존재가 아닙니다. 하나님의 거룩한 형상을 따라 지음받은 위대한 하나님의 사람들이기 때문입니다.

올 한 해도 카운트다운에 들어갔습니다. 이 한 해와 다가오는 새해의 분기점에서 하나님과의 관계, 인간과의 관계, 자신과의 관계를 돌아보고 신앙으로 아름답게 정리하며, 새해를 새롭게 출발하는 복 되고 능력 있는 삶이 되시기를 바랍니다. (병)

144. 금년에도 그대로 두소서 (눅 13:6~9)

포도원에 무화과나무를 심은 것은 두말할 필요도 없이 열매를 얻고자 함이 그 포도원 주인의 뜻이겠고 과원지기는 그 주인을 위해서나 자신을 위해서나 포도원을 잘 가꿔야 함은 이론의 여지가 없습니다.

하나님 앞에서는 찍어 버려져야 할 쓸모없는 무화과나무 같은 나를 위해 과원지기가 되신 주님께서 "금년에도 두소서"라고 또 한 번의 기회를 주셨습니다. 3년간이나 열매를 맺지 못했다는 내용은 우리 성도들의 열매 없는 생활을 지적한 말씀이 확실하고, 과원지기의 간청을 들어서 앞으로 일 년을 더 연기하심은 하나님의 용서와 인내를 알리는 말씀으로 깊이 감사할 일입니다.

1. 열매를 구함은 주인의 당연한 요청입니다

포도원에 무화과나무를 심은 주인은 과원지기에게 열매를 구함은 당연한 일이라고 할 것입니다. 그럼에도 불구하고 3년간이나 열매를 드리지 못한 과원지기의 게으름이나 불충함은 가히 알 것 같습니다.

우리들도 지난 일 년의 생활을 되돌아보면서 과연 주인 되시는 우리 주님께 열매를 드렸는가 하는 자문에 자답해야 하겠습니다. 너무 불충하고 게을렀던 지난해를 되돌아보며 일 년을 다시 기약해야 할 것입니다.

이 비유에 나타난 포도원은 교회이고, 무화과나무는 선택받은 하나님의 백성들이며, 주인은 하나님이시고 과원지기는 주님이시며 또한 주의 종들입니다. 열매 없는 무화과나무를 찍어 버리라고 명령하신 하나님의 마음을 이해해야 합니다.

포도원에 무화과나무가 심겨진 것은 은혜이며 복입니다. 그럼에도 불구하고 열매를 맺지 못한 것은 주인에 대한 배은망덕한 행위입니다. 하나님의 자녀가 되고, 하나님 교회의 일꾼이 되고, 하나님의 교회에서 사랑받고 있는 것은 늘 감사해야 할 큰 은혜입니다.

2. 찍어 버리겠다는 주인의 엄명을 받았습니다

포도원에 포도나무를 심는 것은 포도라는 열매를 얻으려 함입니다. 농부는 열매를 바라보고 수고의 땀을 흘리는 것입니다. 그렇게 수고하여 열매를 기다렸는데 열매를 맺지 않은 것입니다.

무화과나무는 관상수가 아니며 재목감도 아니고 오직 열매를 얻기 위해 심겨진 것입니다. 그런데 아무런 열매를 맺지 못했으니 주인은 실망할 수밖에 없습니다. 그러니 나무를 찍어 버림은 당연한 일일 것입니다.

하나님께서 나를 향하신 목적이 있습니다. 포도원인 교회에 일꾼이 되게 하신 것은 오직 열매를 얻기 위함입니다. 땅(자리)만 차지하고 있는 불충성한 일꾼은 아닙니까?

포도원에 심기어진 무화과나무를 찍어 버리겠다는 주님의 말씀은, 우리의 포도원인 교회 안에서 성장하고 있는 우리 성도들이 좋은 열매를 많이 맺어서 주님께 드려야 함에도 불구하고 아무 열매도 맺지 못한다고 하는 사실로 인해 찍혀 버림받을 수밖에 없는 비극에 처하게 될 것임을 의미합니다.

3. 일 년만 참아달라는 소원을 드려야겠습니다

과원지기는 한 해만 기회를 주시면 땅을 더 깊이 파고 거름을 주어 반드시 열매를 맺도록 하겠다고 한 번의 기회를 요청했습니다. 그는 나무가 잘못된 것이 아니며 좋은 열매를 맺지 못하게 한 환경과 자신이 잘못 관리한 것이라고 책임을 통감하면서 한 해만 더 기회를 달라고 요청한 것입니다. 반드시 좋은 무화과 열매를 얻을 수 있도록 수고와 희생을 다하겠다고 과원지기가 말합니다.

지난 일 년간 아무 소득 없이 지나온 과거를 후회하고 있지만 이는 이미 지나간 세월이며 빼앗긴 시간입니다. 이제 이후로가 중요하므로 새해에 많은 열매를 맺도록 새로운 결심을 다시 다짐하면서 지난해를 되돌아보아 회개하고 주님께서 함께하실 것을 간구해 봅시다.

주님은 다시 일 년을 포도원에서 살게 하셨으니 우리들은 멸망을 받을 수밖에 없었던 저주의 자리에서 좋은 기회를 부여받은 것입니다. 우리 성도들은 새로 주어진 일 년을 큰 복으로 알고 앞을 향해서 열심히 살아야겠습니다. (명)

포인트 절기설교

●

2012년 9월 10일 1판 1쇄 발행

저자 (대) · 박종순 목사 외 25인
펴낸이 · 김기찬

펴낸곳 한국문서선교회

등록·1981.11.12   NO. 제 14-37호
주소·서울시 중구 신당 6동 49-20호
E-mail:mission3496@naver.com
☎ 2253-3496, 2253-3497
FAX. 2253-3498

정가 15,000원

●

잘못된 책은 바꾸어 드립니다.

* 판권 본사 소유 *

ISBN 978-89-8356-258-6-13230